覃玉强 著

闲坐说金庸

河北出版传媒集团
河北教育出版社

图书在版编目（CIP）数据

闲坐说金庸 / 查玉强著 .-- 石家庄：河北教育出版社，2024.5
ISBN 978-7-5545-8568-9

Ⅰ.①闲… Ⅱ.①查… Ⅲ.①金庸（1924-2018）—传记 Ⅳ.① K825.6

中国国家版本馆 CIP 数据核字 (2024) 第 093081 号

闲坐说金庸
XIANZUO SHUO JINYONG

作　　者	查玉强
出 版 人	董素山
策　　划	汪雅瑛　康瑞锋
责任编辑	赵　磊
特约编辑	夏春锦
装帧设计	宽　堂
排　　版	李建勤

出　　版	河北出版传媒集团
	河北教育出版社 http://www.hbep.com
	(石家庄市联盟路 705 号，050061)
印　　制	河北鹏润印刷有限公司
开　　本	880mm×1230mm　1/32
印　　张	9.5
字　　数	224 千字
版　　次	2024 年 5 月第 1 版
印　　次	2024 年 5 月第 1 印刷
书　　号	ISBN 978-7-5545-8568-9
定　　价	65.00 元

版权所有，侵权必究

序言

君自故乡来，应知故乡事。查玉强先生来自金庸故乡，同乡、同族，知根知底，加以研精覃思，撰成《闲坐说金庸》一书。查先生还编有一部《同学眼里的金庸》，将金庸各位中学同学的回忆文章搜罗、整理，汇为一编，蔚为大观。两部大著，凡我"金粉"世家，不可不读。

1994年，金庸在香港大学作《大众传媒与开放社会》的演讲，谈及："我本人在三十四年的《明报》主席任内，一贯要求编辑部的员工谨记一句格言：'评论是自由的，事实是神圣的。'多年来我们都在《明报》的'自由论坛'版刊登这句格言（'意见大可自由，事实不能歪曲'）。"查玉强先生的两部著作，是第一次由金庸的海宁故乡人以"事实不能歪曲"的诚实态度，对海宁查氏及金庸的亲友做系统性的研究与整理工作。

李敖早年就读台湾大学，许倬云教授即已发觉"李敖在《文星》上写文章，其中涉及我的老师们，我熟悉老师们的事情，发现文中有些东西完全出于李敖的编造"，殷殷劝诫："我们学历史别的没有什么，但基本的行规就是不许编造故事。"

可惜，李敖始终不肯嘉纳雅言。此人毁于"太聪明"。

我与查先生对金庸的解读，有很多不同处，这是"君子和而不同"，是"意见大可自由"，但我们都不会歪曲事实，不会编造故事。

总有人喜欢往牛肉里注水，为有限而珍贵的金庸资料，编造、"填充"数不尽的细节、巧合与奇情、奇闻、奇事。真搞不懂，他是何居心，所为何来，何苦来哉。

真假参半，真伪难辨，这样的传记类作品就失去了所有的可信度，一文不值！一本书，读过几十页，看出作者不能"立其诚"，我便弃之不读。读下去，徒乱人意，无益有损。

我更多是为他惋惜，而不是指责。

我为金庸写传，深知自己作为局外人，对海宁查氏以及海宁查氏查文清、查枢卿、查良镛祖孙三代的家庭情况，缺乏深入了解，乃敦请查先生帮我匡正，总为求一个"真"字，总要极力避免以讹传讹，误导读者。

当非故意歪曲事实，金庸本人关于其家事的描述也有讹误，也是可能误导读者的。金庸"少小离家"，对于海宁查氏的家史、家事，很多也并不了解，并不了然。

在《连城诀后记》中，金庸说祖父查文清因"丹阳教案"挂冠而去，"便在故乡闲居，读书作诗自娱"，又说祖父为查氏"义庄"购置数千亩良田，还在编印《海宁查氏诗钞》。此二事皆需耗费大量钱财。我就一直以为，查文清就算不是贪官如韦小宝，却怎么也称不上清官。看金庸的描述，其祖父辞去丹阳县令后便在故乡闲居，只能理解为买地、印书所需的大量钱财，皆是宦囊所积。

读了查玉强先生的文章，才知大谬不然。实则，查文清辞官后，并不如金庸所说，"便在故乡闲居，读书作诗自娱"，而是投身商业，开办茧行、丝行、酱园，还建了一座当铺，做起典当的营生。他买地与印书的资金，出于商业盈利，主要是当铺的盈利。查玉强先生收集到金庸的长兄查良铿二十世纪八十年代写给金庸的一封信，信中查良铿对金庸说起他们家院子里一棚神奇的木香花："传说是明季之物，赫山公（查人英）建基时栽的，据说关系我家枯荣，报应不爽，传说文字之狱前后十年无花，濒于死亡。焚当毁家，前一年及当年无花，是我亲闻的。"雍正时代查嗣庭的文字狱（查玉强即是查嗣庭二哥查嗣瑮后人）、查文清开办的当铺1923年遭焚毁，查家这两次大劫难发生时，这株木香都是长久地不肯开花。

"焚当毁家"，当铺遭焚，金庸家的家业就败落了。查良铿这封信，从侧面印证了查先生所言：查文清主要是凭着商业经营致富。

没有证据可以证明查文清不是清官。

书信中，查良铿还对二弟娓娓道来，谈起一部书：查文清葬礼及追悼会之后，查枢卿兄弟三人在先父的亲旧故交帮助下，所印制的《查公沧珊哀挽录》。这部《哀挽录》，金庸此前从未见过。金庸逝世前是否读到此书，都是有疑问的。

去年，我从查玉强先生处获睹此书。

90年代，金庸对日本学者池田大作说，其父查枢卿毕业于震旦大学。《查公沧珊哀挽录》上却写得清楚，查枢卿曾就读的实是复旦大学。虽不能完全确定，感觉还是《哀挽录》所记更可信一点。

关于海宁查家几代人的情况，一直存在很多误解，有些误解甚至是金庸本人所造成。查玉强先生编撰的这两部著作，正本清源，澄清了不少误解、误传与误会，于金庸研究，功德不浅。

今已将届金庸百年诞辰，金庸封笔不写小说已逾五十年，金庸逝世也已是五年前的事了。五年来，世界扰乱，世事扰攘，世局多变。我们面对的，是不确定的世界和未来。

幸好，有华发查生，为我们，闲坐说金庸。

刘国重[1]

2023年7月

---

[1] 山东烟台人，金庸小说研究学者。

图1 袁花旧景：市河

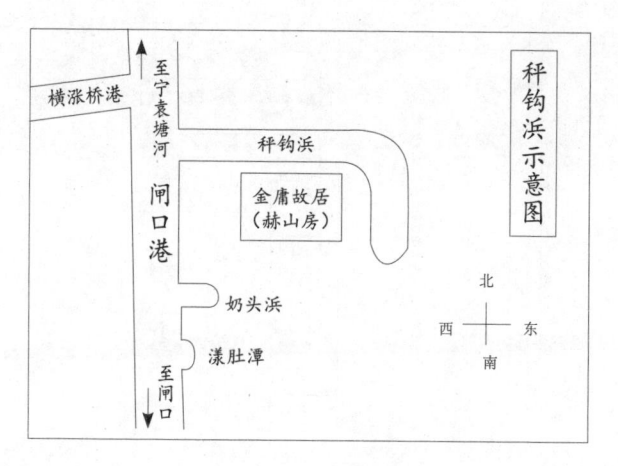

图2 秤钩浜示意图

图 3 澹远堂界碑

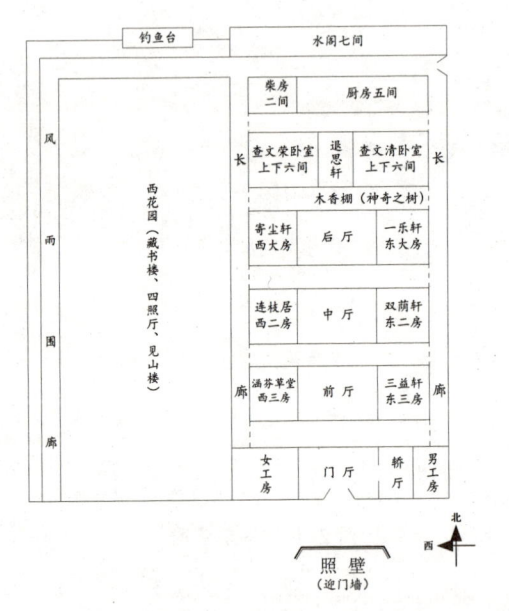

图 4 赫山房平面示意图（按查良铿示意而绘制）

图 5 金庸故居赫山房

图 6 金庸出生处

图7 金庸亲笔修改后的小传

图 8 黄苗子题《海宁查氏》

图 9 浙江省海宁县人民法院刑事判决书

图 10 《献给投考初中者》会文 1940 版　图 11 《献给投考初中者》会文 1941 版

图 12 《献给投考初中者》
大田 1942 版

图 13 《献给投考初中者》
南光 1946 年版

图 14 《献给投考初中者》南光 1947、1948、1949 年版

图15 湖光农场全景（李燕华 供）

图16 覃兴旺老人

图17 当年金庸在农场用过的红薯窖

图 18 金庸书《上虞赋》

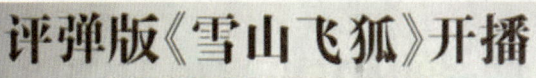

图 19 金庸在苏州大学的报道

图 20 金庸登上桃花岛

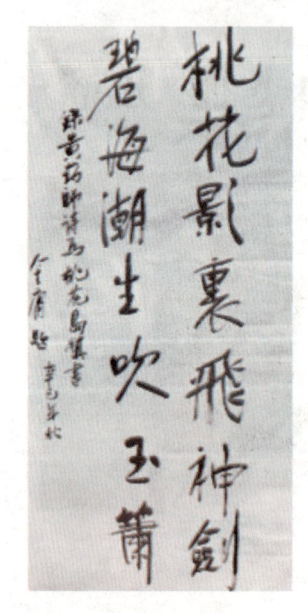

图 21 金庸题词

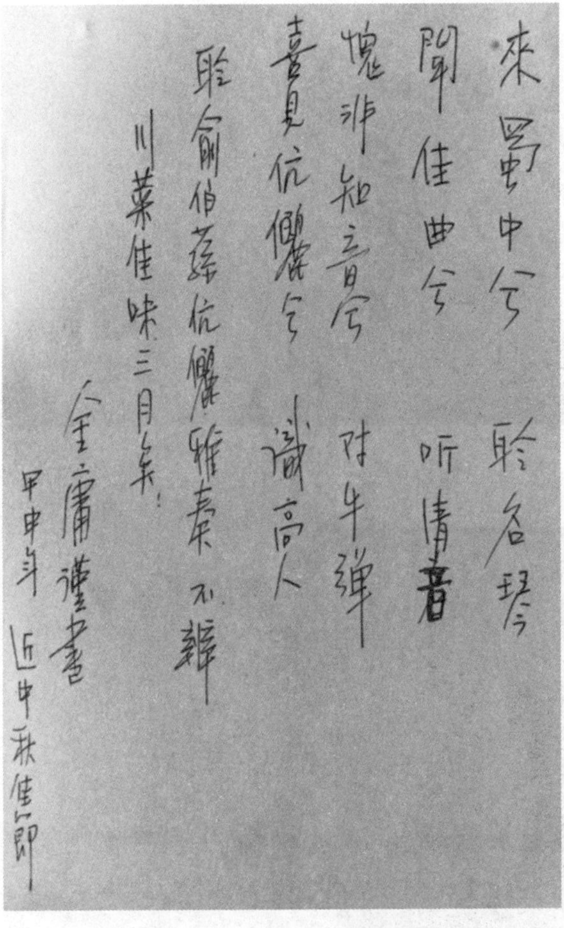

來蜀中兮聆名琴

聞佳曲兮聽清音

愧非知音兮對牛彈

喜覓伉儷兮識高人

聆俞伯蓀伉儷雅奏不辭

川菜佳味三月矣！

金庸謹書

甲申中秋佳節

图22 金庸为俞伯荪伉俪题诗

图 23 万润龙与笔者

图 24 查良琇及金庸给良琇的信

图 25 斯杭生与笔者

图 26 查良楠与笔者

图27 笔者与查传统

图28 1973年摄于金庸访台时（左起：查良鑑、查良钊、查良镛）

图 29 余兆文

图 30 王浩然

目 录

辑一

金庸的故乡——海宁袁花　03
记澹远堂之界碑　07
金庸的故居——赫山房　09
火烧同顺当、围攻赫山房的故事　13
《海昌查氏诗钞》钩沉记　17
金庸究竟何时生　22
再说金庸究竟何时生　27
三说金庸究竟何时生　30
查氏义庄、祠堂与族长　36
再说查氏义庄　43
金庸父亲是怎么死的　46
海宁查氏也是个医学世家　50

金庸家的亲戚	53
查良镛的笔名	57
试水商海	63
商人金庸	66
金庸掌故十则	70
金庸早年生平纪实（1924—1948年）	75

辑二

金庸在湘西	113
十次访台	122
故乡行	130
金庸在大理	139
三顾绍兴	142
姑苏行	146
与桃花岛的不了情	151

金庸在成都　　　　　155
问剑龙泉　　　　　　160

辑三

万润龙访谈录　　　　165
查良琇访谈录　　　　174
斯杭生访谈录　　　　178
查良楠访谈录　　　　189
查竞传访谈录　　　　195
查传统访谈录　　　　200
好友余兆文记　　　　205
好友王浩然记　　　　210

辑四

海宁查氏中谁为徐志摩写挽联　　　217
金庸武侠小说是何时正式亮相内地的　　220
域外金庸小说知多少　　226
斥"包衣"说　　229
话说金庸读博　　232
金庸被"政校"勒令退学原因之我见　　235
如何看待金庸对自己经历的失实表述　　243
别误读了金庸　　247
金庸小说创作为何终于《鹿鼎记》　　256
刘国重《金庸评传》读后　　260

后记　　270

辑一

金庸的故乡——海宁袁花

金庸的故乡在海宁袁花。

袁花向为海宁之重镇,位列三大中心镇之一,其地处海宁之东南域,镇内古迹、胜境遍布,其中"花溪十二景"(龙头烟雨、豹隐松风、板桥渔唱、石壁经声、妙果新篁、崆峒红叶、更楼望月、徐墓斜晖、东林残雪、西阡早梅、赢云积翠、龙尾蒸霞),更为人所赞誉。

袁花于夏、商时,地属扬州之域。春秋战国时,先属吴,后入越,再入楚境。秦统一后,袁花属会稽郡海盐县与由拳县之地域。

袁花亦名园花,别称花溪,其名之由来,见南宋建炎二年(1128年)《宋崇教寺记》及清钱泰吉《海昌备志》记载:袁花市中部有崇教寺,原名妙果寺,始建于五代后唐长兴二年(931年),原为梁江州长史戚衮(519—581年)宅基。寺后皆山,相传为戚衮夫人莳花处,袁花(园花)之名,始得于此。袁花历史悠久,据清吴骞《小桐溪随笔》记载:清中期,袁花南街的朱家建房起基时,曾挖出一古墓,见鲁肃之墓碑[1]。

---

[1] 在岳阳、汉阳、镇江、丹徒、句容,一直以来都说本地有鲁肃墓。至今,关于这五处的鲁肃墓,大多已被考证认定为衣冠冢。另据郑逸梅《三国闲话》所记:鲁肃墓在松江西门外秀野桥西市梢三秀园茶坊之庭除中;而本文所引吴骞《小桐溪笔记》,说鲁肃墓在袁花。鲁肃最终究竟葬于何处,还有待进一步考证。

结合当时在附近还建有陆逊庙，此地应是三国时辅佐东吴孙权的名士鲁肃（172—217年）的魂归之处。以此看来袁花在公元200多年时，就与名人实实在在搭上界，是一个令人向往的去处了。

袁花得名甚早，而最早见之名者，则是在唐贞元元年的《张希超墓志铭》（于康熙四十六年在海宁皇瑶山掘得）之上，其铭曰："其先清河人，汉末因避地过江，遂居于杭州盐官县，贞元元年（785年），终于袁花里之私第。"至唐大中六年（852年），《戚氏沈夫人墓志铭》中则称袁花市。明许令典（1567—1631年）《金牛随笔》记载："唐宣宗在位（847—859年）时，此地已有集市。"宋代，袁花设置盐场。至明万历三十八年（1610年），里人许敦俅《敬所笔记》有记："镇上色色俱全，与杭嘉无异。"并记述当时镇上光当铺就有"十四五处"之多。到了清代，袁花更加繁荣，至雍正六年（1728年），始称袁花镇。

民国元年（1912年），海宁改州为县，十七年（1928年）推行村里制，袁花设为区，（日寇入侵时，区署废；抗战胜利后，重新恢复），下辖一镇（袁花）数乡。

民国时期的袁花属重点产粮区，镇上开设的米行、米店多达五十余家，由此形成了浙北地区的一个重要的粮贸市场。1938年日寇进犯袁花，遭到我国军队的有力反击，伤亡数百人。为泄愤，日寇于8月8日放火焚烧袁花镇，大火持续数天，袁花的三里长街化为一片焦土，从此失去了昔日的盛景（图1）。直到新中国成立后，袁花才逐渐恢复元气。

袁花镇上一直有八大姓之说：查、祝、许、董、朱、陆、沈、冯。查氏一族，位列八姓之首，时有"袁花镇、查半边"之称。而其名声还不仅于此，查家还是享誉江南的名门望族。

袁花查氏原籍徽州婺源（今属江西），在查氏统宗六十三世查瑜时，为避战乱，于元至正十七年（1357年）举家迁檇李（今浙江嘉兴）之南门，不久，复迁海宁之袁花里，遂定居于龙山东之查家桥（后有此桥名）。至今，查氏占籍袁花已有六百六十余年矣。

当年龙山东之查家老宅，多年前已无人居住，查氏族人后来主要分布在柴场上、大坟头、秤钩浜、西兜里、查家园里、旗杆下、龙山西、横涨桥、更楼下等几个村落以及邻县的海盐、嘉善等地。而誉享海宁（称海宁三绝之一）、著称族内（康熙朝查家六翰林之一）的查昇（金庸的九世祖）之家就在镇南太平村（今新袁村）的秤钩浜。

说到太平村的秤钩浜，其地形还是蛮有讲究的，它就像一杆秤：一条由北向南的闸口港，如同秤杆；向东呈弯曲状的一条河浜，如同秤钩；又一条向西延伸的横涨桥港，如同秤纽绳；另一条伸向东面短短的奶头浜，则像一个秤砣；而被秤钩样的河浜围成的那块二十来亩的圆形地块，则如同一轮满月。（图2）当年，曾有风水先生对此说道：像秤杆一样的闸口港，带着"财丁双运"流向秤钩浜之南，过奶头浜口，河面突然开阔，形成了一个"漾肚潭"，水（财）流到这"漾肚潭"里一屯，打了个漩涡，然后回流到了秤钩浜，以此形成了秤钩浜这块风水宝地。

金庸的先祖查继序（海宁查氏第十一世），当时相中了秤钩浜这块地，后于明天启五年（1625年），查继序在将病亡之时，嘱其妻一定要买下来。几年后，继序妻购得这块地，在此建了住宅，随后将全家从查家桥迁来，由此成了秤钩浜的第一代主人。

至康熙年间，查继序的儿子查嗣琪（海宁查氏第十二世、查昇之父）对秤钩浜的住宅作了一次翻建，始成了前后两进的一个宅院。到了嘉庆年间，查嗣琪的六世孙、赫山公查人英（海宁查氏第十八世）将原在农田上建造的、地势低洼的宅院拆除，在抬高地基后进行了扩建，至此，形成了一个前后四进、颇有模样的大宅院，人称"赫山房"。而后，至十九世纪末，查人英之孙查文清（海宁查氏第二十世、金庸之祖父）在除官归里后，又斥巨资对赫山房进行了更大规模的扩建，在此扩建前，于光绪九年（1883年），查文清曾对赫山房作过一次修缮，遂形成了前后五进，其中第五进为楼层，并附带西花园的一座大型庄园。至1922年，又由查文清侧室查黄氏化四百银圆的私房钱在赫山房的第五进后与沿河水阁之间的竹园地上加盖了一栋平房，以作厨房与餐厅用，同时将河岸边的水阁也作了一番整修，对这些新修建的房子，家人又称其为"新屋里"。至此，赫山房实际上已排成了七进。

　　金庸就出生在这座由他爷爷查文清扩建的宏大庄园里。金庸曾说过，他小时候就在这座庄园西花园的一座堆满雕版（刻印《海昌查氏诗钞》的雕版）的藏书楼里，常与小伙伴们玩耍。直到十四岁那年（1937年），金庸随学校迁徙浙南，才离开这座庄园。1945年，抗战胜利后，金庸父亲查枢卿（海宁查氏第二十一世）又对赫山房作了简单的修缮。1946年，金庸自湘西归来，在这修缮后的赫山房小住了一段时间。过后，他虽到了杭州、上海工作，但仍断断续续地回赫山房。直到1948年去了香港后，金庸才告别了这座经历了三百多年风雨的老宅子。

　　1949年后，赫山房的大部分房屋分给了贫苦农民，金庸家就住在"新屋里"这部分房屋里。1956年遭特大台风侵袭，赫山房部分房屋遭毁。至"文革"，赫山房只剩下一些残垣断壁了。

　　1998年，当时海宁市的领导应中良赴香港，将复建赫山房的方案呈递给金庸，以征求金庸的意见（金曰：视财力允许而建）。随后由市财政拨款，在原址上进行了复建。1999年，赫山房建成，即更名为金庸旧居，对外开放。

　　复建后的金庸旧居，虽只是恢复了赫山房前后三进，但还是较好地保持了当年的面貌。如今，金庸已仙逝，旧居也成了故居，但它仍敞开着大门，成了金庸粉丝们追忆金庸、举行各种文化活动的一个重要场所，更是成了一个爱国主义的教育基地。这座至今已经受近四百年风雨冲刷的老宅子，也如同一位年迈的长者，正在给八方的来客静静地诉说着海宁查家那段曾经的辉煌。

记澹远堂之界碑

这是一块澹远堂的界碑（图3），碑面所镌系康熙手迹。今袁花的金庸故居（赫山房）中澹远堂牌匾之字体虽与此界碑相同，为康熙之手迹，但已是与此笔迹稍有差异的仿制品了。至今只有此饱经风霜的界碑，才是当年海宁金庸家硕果仅存的属二度创作的一个老物件，富含文化信息与艺术价值。

澹远堂最早为海宁查氏六世祖（南支）雪坡公查绘（1466—1528年）家的堂号，数代沿用之。康熙四十一年（1702年），该堂号因为康熙帝近臣、雪坡公之七世孙声山公查昇（1650—1707年）所乞，而亲笔书之。声山公得此御笔，即制作牌匾，悬挂于堂上；镌刻界碑，安置于地沿。同时还治澹远堂之印而专用之，并将己之诗集也名之以《澹远堂集》。自此，澹远堂则专属于声山公一支之堂号，甚至"澹远"还成了声山公的代称。至其九世孙查良镛，澹远堂之牌匾（当然已是复制品了）仍悬挂于赫山房厅堂之上。

澹远堂之堂号距今已存在五百多年历史了，康熙为之御书始专属于声山公一支也有三百多年矣。今于此展陈赫山房澹远堂之界碑，既佐证了海宁查家这段过往岁月，也在大力弘扬中华优秀传统文化，

"以史明志、知史爱国""不忘初心、砥砺前行"之当下,则更有一层全新的时代意义了。

【附】
　　老家袁花镇建聚贤馆,拟展出由笔者保存的海宁查氏赫山房澹远堂界碑,遵馆方所嘱作此说明。

金庸的故居——赫山房

赫山房坐落在袁花镇太平村（今新袁村）秤钩浜，为金庸的故居。嘉庆年间，金庸的高祖查人英在拆除老宅，抬高地基后，于原址上又重建宅院。因查人英号曰赫山，遂称新建宅院为赫山房，其名一直沿用至今。

赫山房之前的老宅始建于明天启年间，其后有过数次扩建、重建。至查人英建成赫山房后，其孙查文清（金庸的祖父）于涉"丹阳教案"除官返籍后又斥巨资重建了赫山房，终使其形成前后五进（第五进为楼房）附加西花园的一座大型庄园。

查文清重建后的赫山房，为七开间外加左右廊房（或称备弄），面宽约二十九米，进深自南面照壁至北面围墙外的水阁，长约一百三十米。整个赫山房占地（不含西花园）约5.5亩，总建筑面积（不含西花园内建筑及水阁）近三千平方米。

赫山房作为一座古宅，自建成以来历尽沧桑。因历代赫山房主人未曾留下相关的物业信息，故在几度兴废后，今人对早年赫山房状况之了解，则几成空白矣。兹经多处访寻，终获点滴信息，于此即供读者一阅，同时也可作为乡邦资料，聊备一格，见图4、5。

一、赫山房坐北朝南，进门的厅堂上方悬"恩纶永祚"一匾，为乾隆廿五年（1760年）探花王文治所书；入前厅，则见高悬的"澹远堂"一匾，为康熙御笔，此厅堂正面不设座，亦无书画，而悬古琴两床、剑两柄；两边各列编钟、编磬六架；过中厅、后厅，至第五进，其正屋有"退思轩"一匾，为内阁学士翁方纲书，东屋书房的"晚香吟馆"匾，则由查文清的同年曾熙所书。

二、赫山房三个主厅（前厅、中厅、后厅）均可移除厅内之屏门，然后在三厅之间的庭院上空用篷布遮盖，即能将三厅合而为一。查文清七十岁时，家人为贺其七十寿诞，曾将三厅打通连成一片。当时，在此摆了百桌筵席招待四方来宾，其空前之盛况，一时传为美谈。时查良铿（金庸的哥哥）四岁，隐隐约约记得当年之情景，及长，记此事于日记中。其曰：那天其实摆了八十二桌，号称百桌。故赫山房三厅又合称"百桌厅"。

三、查文清的卧室在第五进的东屋，楼上楼下共六间房，楼上作卧室，楼下作客厅与书房用。其卧室前的庭院里种了一棵木香棚，每年夏初花开时，满院飘香。此树十分神奇，据查良铿于1986年6月写给其弟查良镛的信中说："厅后院子里，靠书房那边有棵木香棚，荫半亩，传说是明季之物，赫山公建基时栽的。据说关系我家枯荣，报应不爽。传说文字之狱前后十年无花，濒于死亡。焚当（铺）毁家（那次），前一年及当年无花，是我亲闻的。当时我四岁（笔误，实为七足岁），无论家人外人，传述历久不衰，故我尚能记忆。"

四、查文清重建赫山房后，至1922年，文清公（包括其弟文荣公之后）已有孙辈男女二十四人之多，时公之侧室查黄氏（金庸的祖母）嫌赫山房的厨房及用餐处太拥挤，遂拿出私房钱四百银圆，在第五进正屋与沿河水阁之间的竹园地上加盖了一栋五开间的餐厅、厨房与两开间的柴房，还将沿河的水阁重新整修。过后，家人将这些新建的与整修的房子统称为"新屋里"。

五、赫山房的西花园也有三处建筑物。靠赫山房宅院西面有五楼五底的藏书楼一座，楼上五间为藏书处，楼下五间为阅览室。当年金庸的姑妈查引璋（字玉珺）在此成立了一个诗社，还不定期地举办活动。藏书楼的门额上方悬有一匾，曰"来青阁"，此匾由查引璋所书（二十世纪二三十年代，上海福州路开了一家很有名的旧书铺，也叫来青阁，当时鲁迅经常出入其间）。查文清故世后，可刊印《海昌查氏诗钞》的雕版，就一直堆放在来青阁楼下。在藏书楼的西面建有四照厅，所谓四照厅，就是房屋的四面都是落地玻璃长窗，其厅内陈列了书画与博古。后四照厅拆除四面的落地长窗，装上了美人靠，将厅改成亭子了。在四照厅的西面，原是一个金鱼池，环池皆太湖石，后有小孩落水，遂改作花坪。鱼池之南，建有见山楼（远眺则可见龙山），门额上有匾，为管夫人所书，内为茶厅。茶厅内正面墙上挂管夫人绘《竹趣图》的丈二中堂，左右大副对联则由查引璋书写。厅房两旁墙上各挂四条屏《蟠桃图》，这是查引璋为其父查文清所绘，乃预祝其八十大寿（惜天不假年，文清公于七十五岁寿终），在这四条屏的图中，各绘八十枚寿桃，其大小姿态无一相同。

六、西花园之西、之北两面临河，沿河建风雨围廊，河边植垂柳三百余株，河岸边建有垂钓台（上盖屋顶）一座。花园内立有假山三座（即见山楼近见之山）。园内植被以竹子、桂花树、梅树为主，间以蔷薇、芍药、紫藤等。

七、赫山房南面的照壁前有一块场地，场地之南则栽了一排榉树。种榉即是中举之谐音，隐含着主家对其后辈的一种诉求。

金庸的故居赫山房，作为一座老宅子，时跨明、清、民国、新中国四个时代，历经风雨，于二十世纪六十年代遭毁坏仅剩断壁残垣。1998年，海宁市政府拨款重建了部分赫山房。最近，又传来好消息：海宁市与袁花镇两级政府拟假金庸百年诞辰之机，准备扩建赫山房，尽可能复其旧制。笔者闻之，欣喜万分，爰翘首以待之。

火烧同顺当、围攻赫山房的故事

金庸出生在海宁袁花一个官宦富商家庭，其家由数辈人惨淡经营，家境渐见殷实，在远近也有了点名声。但就在金庸将出生之时，家庭突遭变故，几乎顷刻之间被掏空了家底。

此话还要从金庸的祖父查文清说起。光绪十二年（1886年）查文清进士登科，至十六年（1890年），分发江苏丹阳，授知县。十七年（1891年）四月，位于丹阳城东的天主教堂被当地百姓焚毁。为此，洋人状告到了两江总督刘坤一那里，要求缉拿、惩办纵火犯。作为地方主官的查文清很快接到上方指令，札饬严办。但查文清早已看不惯洋人在中国领土上横行霸道的行径，认为教堂被焚系事出有因，故不打算惩办纵火者。为此，他故意拖延时间，让几个所谓的罪犯逃之夭夭。对此，洋人极为不满，遂对刘坤一不断施加压力。不久查文清即遭追责，被革去官职，随后便"打道回府"了。

年方四十三岁的查文清被革职回籍后，便全身心地搞起了实业。他集中家里的资金开办了茧行、丝行、酱园等，还将一部余钱借给别人家的钱庄，以钱生钱。没几年，就赚得了一点资本。随后，就在袁花镇上的皋木桥北堍（今袁花茧站）建造了一座当铺——同顺当，自己开始做起了典当的营生。

查文清自从事经商始，夙兴夜寐，事必躬亲，经过数年的奔波，总算打开了局面，也积攒了一些钱财。到了光绪二十三年（1897年），查文清开始对祖居赫山房进行改扩建，拟将此建成一个前后五进加一西花园的大型庄园。赫山房的整个改扩建过程，历时数年。当时的砖瓦船、砂石船等供料船只日夜不停地上货，木匠、石匠、泥水匠等各种工匠纷纷入驻，赫山房所在的秤钩浜一时忙碌非凡。

可能查家的动静也大了一点，就在查文清为赫山房大兴土木之际，被钱塘江对岸、四明山里的土匪给惦记上了。在不知不觉中，这帮土匪让查文清"放血"的阴谋也即将付诸实施。

光绪二十六年（1900年）三月的一个早晨，同顺当的一位伙计照例去打开当铺的大门。突然发现大门上戳着一把匕首，匕首还钉着一封信，这位伙计小心翼翼地拔下匕首，取了信，急匆匆地送到了查文清手上。

查文清拆开信封，顿时大惊失色，连呼"糟了，糟了！"原来这是四明山的那帮土匪送来的勒索信，上面写着要查文清备银一万两，且不准报官，否则将他全家老少全部杀害！此时的查文清犯上了愁，报官肯定不是好法，因为首先要给官府花销银两，而官府那帮人是不是与土匪勾结在一起也难说，若先去报官，到时可能反会人财两空。查文清反复掂量，最后决定由自己直面这桩凶事。查文清曾听说道上有个规矩，即：六折七折不伤命，八折九折谢财神。土匪勒索的出价也是有虚头的，可以打点儿折扣。查文清更清楚家里的这本账，照原先，凑齐一万两银子也不是一桩难事，但这两年正扩建赫山房，大兴土木，所以在此时要凑齐这一万两银子就有点问题了。于是，查文清通知钱庄和当铺将所有的钱汇集起来，最后能动用的只有四千银圆。接下来查文清便故露声色地（让土匪知道，家里没钱了）到处去借钱，最后凑齐了六千银圆。

没几天，几个蒙面土匪上门来取钱。土匪见查文清只拿出六千银圆，抓住查文清不由分说就是一顿毒打，最后在查文清不断求饶下，加上两房妻子何氏和黄氏也在旁苦苦哀求,并将身上的饰物都摘下来拱手以呈。这几个土匪一看,觉得也真的榨不出什么东西了,于是拎起几袋银圆,一声口哨,便消失在黑夜当中。

查文清也是个不屈不挠的强者,这一次破财并没有使他就此消沉,这时他的年龄也不过五十出头,于是顶着压力,更加努力经营,几年后就又恢复了元气。

时光如梭,一转眼,至宣统辛亥岁(1911年),查文清已年逾甲子又三载矣,年龄不饶人,始感精力不济。而此时长子教忠虽近在身边,且年亦正当令,但教忠不大务实,喜欢做些虚头巴脑的事,当时正热衷于镇上的商会事务,查文清想让他管当铺,他不愿意。而次子钊忠、幼子枞忠(金庸的父亲)才十五六岁,年纪尚小。于是,他将家里的主要产业——同顺当铺,逐步交给自己多年培养的一位远房亲戚——朝奉阿大,自己基本上不再参与每天的具体业务活动。又过了几年,到七十岁,查文清就此正式退居幕后,仅参与镇上与族里的一些公益事业。

而这个受查文清托付的朝奉阿大,在接受重托经营数年后,见同顺当日进斗金,眼有点"发红",开始生出异心。到了1923年立夏前后,阿大将当库内贵重当物席卷一空,心一横,一把大火将同顺当化为灰烬。

火烧同顺当震动了海宁全境,查文清知晓后,急火攻心,当场晕倒在地……

烧了当铺,不仅是毁坏了几间房屋,烧掉了当物与账册,那些当票可还在当户手中。对此,查文清不得不拿出"老底"照赔。当时,当户在当铺当物,当价是压得很低的。当铺烧了后,对一般小当户,按当票上的价赔当物也就应付过去了,但对持有大额、巨额当票的人来讲,照当票上的价照赔,那损失就大了,这些大当户对这种赔法,肯定接受不了。于是，这批情绪激愤的当户，手执棍棒向赫山房赶来。一路上加入的人越来越多，待赶到赫山房时，竟已聚集了千人之众！

这批人气势汹汹地围住了赫山房，一连数天，在赫山房安营扎寨。查文清躲在了阁楼上，不敢露面，他让家人备菜烧饭，对这些人管吃管住。而此时镇上的警察所怕触犯众怒，见赫山房被围，也都装聋作哑，靠在一边不动声色、袖手旁观。

最后，被逼无奈的查文清只得让大儿子教忠赶到长安镇（袁花、硖石当时还都没有电报），拍了一份电报给同年、已离职的前总统徐世昌。这个电文上只有寥寥数字：当铺被烧，当户反，请求保护。徐世昌收到电报后，利用余威，即向浙江的同僚打了招呼，这事很快从上面"捅"到了海宁。最后经官府调解，当物还是按当票额赔偿，事情总算平息了下来。

查文清经历了这场变故，掏空了家底，心力交瘁，便一病不起，就在当年桂花盛开时节（9月22日）撒手归西了。

全家的顶梁柱轰然塌下，查家人一时难以从悲痛中走将出来。在凄凄惨惨悲悲切切中，很快就到了天寒地冻时分。就在此山重水尽之时，一声啼哭冲散了笼罩在赫山房上空沉闷、郁结的气氛：金庸降生了！（图6）这个新生命的诞生也给全家人平添了几分喜气，就像在黑暗中，射来了一束光线，让人生出了一点盼头。这也就是当年在袁花盛传的"火烧同顺当、围攻赫山房"的故事中，突遭变故后的赫山房查家，所交相逢遇的一悲一喜的两桩大事。

而说起这位生于忧患中的金庸，特别在前半生经历许多深彻的人伦隐痛的遭遇，所幸者，自他后半生起，渐趋安定，献瑞呈祥，最终重振家声成就了一番大事业；从而"圆满无碍走完了人生旅程（林乐怡语）"。当然，这些都属后话，此处不赘，看官意欲了解，且听下回分解。

《海昌查氏诗钞》钩沉记

2009年3月,福建三明学院中文系教授金文凯老师作为访问学者前往中国社会科学院文学研究所,将进行为期一年的研究访问。以中国古代文学及地方文化研究为专长的金教授,一到"文研所"很快就瞄上了该所善本室收藏的一部出自明清时期、由一个家族成员诗集汇编的古籍孤本,这就是集明、清两代海宁查氏族人诗学大成的《海昌查氏诗钞》。金教授很快将此选定为自己在访问期间的一个研究课题,最终以扎实的学术功底,撰写论文《论稀见稿本<海昌查氏诗钞>》,推出了自己的研究成果,此诚为可贺之事!而可喜者,金教授此举也无意间唤醒了沉睡于"文研所"善本室五十余载让海宁查氏后人苦苦寻觅而不得的这部稀世珍笈;同样也使世人知道,现世尚存《海昌查氏诗钞》。

说到"沉睡五十余载",此话就得说回到二十世纪五十年代。1953年,学界批判胡风的基调业已形成,对此一些知识分子内心感到惶恐不安,时即将从丹阳中学调往南京六合中学任高中语文老师的查良铿亦然。也就在此时,查良铿将手持的这部《海昌查氏诗钞》的古籍孤本捐赠给了中国社科院文研所。平心而论,身处当年的政治氛围,良铿先生没有把这部书籍焚毁而予以捐赠,也是明智之举。良铿先生如此而为，也完全是为了保护这部稀世珍笈。所以无论怎么说，捐书不是什么坏事，还应该是为之称道的一桩好事，但其结果又显然是明摆着的：此书一被"文研所"入藏，差不多就石沉大海了，特别是近些年来（2009年知道有此书后），查家人想上门去看一眼也成了件难事，别说要通读此书后再作点什么研究了。

关于这部《海昌查氏诗钞》的来历，良铿先生于1986年6月在写给他大弟查良镛的信中曾提及："《海宁查氏诗钞》系义庄事业之一，始创于乾隆年间，选编历代（诗文，前后）接连，最后系柴坊上某，名字已忘，然非太爻先生，名查猛济，字宽之。阅其编后（语，编者言及）多次咯血，似以瘵亡。此公故后，稿存义庄。其时义庄在大来钱庄后，原址为袁花市中心洋场上同顺典当焚余旧屋。我借得后，一直无人索取。（此书）手抄校雠计正编八册，续集四册，外集两册，厚两尺许。虽经历丧乱，保存完整无缺，但多颂祖德诗，编选亦以时代局限……然念先人手泽，几代相因或可作某事佐证。后批胡风事起，今后事难料，恐丧我手，于来六合初，奉献中国科学院文学研究所资料馆，蒙奖百元。"

《海昌查氏诗钞》一书，分钞本与校本两种，共计十五册（其中钞本有补集四册、续集四册、别集一册；校本有前集二册、补集二册、续集二册）。全书所辑海宁查氏族人之诗作起于明成化年间，讫于清同治末年，前后跨度达四百余年，共涉及海宁查氏第五世至第二十世之诗人244家，收录诗作3539首（其中有钞本中所见的3115首加查虞昌从《查氏同宗诗钞》中选录的424首）。此《诗钞》校本之卷首页有"查虞昌（梧冈）原辑，有钰（式庵）重编"的字样。查虞昌（1717—1788年），海宁查氏第十四世，乾隆甲戌（1754年）进士。查有钰（1839—1890年），海宁查氏第十七世，咸丰时州庠生。其实对这部《诗钞》来讲，乾隆年间的查虞昌只是首辑者，他编纂《海昌查氏诗钞》只是起了个头，其时所选诗人至于十六世"世"字辈。尔后，《诗钞》又经过了几代人的接续，至查有钰则是"选编历代诗文前后接连"最后的一位编纂者了。查有钰辑录诗人讫止于二十世的"美"字辈，截止时间已到了同治末年。作为最后一位编纂者的查有钰与查良铿差四辈，长七十七岁，其生前与查良铿没有交集，查良铿对其也知之甚少，他在写给他大弟的信中甚至称查有钰为"柴坊上某"，只知道他家在柴坊上，但连他的名字也叫不出来。

查有钰在续接前贤编成《诗钞》后，将书稿交给了查氏义庄。义庄随后便于同治甲戌（1874年）冬着手开雕，至光绪丁亥（1887年），历时十三年完成了全部雕版的刻制，接着则刊印之。书成后，流传于书肆与坊间，义庄当然也会存放几部。良铿先生是后来向义庄借得《海昌查氏诗钞》的，这借书的时间推算起来应该是在二十世纪三四十年代，而四十年代的可能会更大些，因为良铿先生三十年代基本没在老家待过。他借了《诗钞》后，一直没有人向他索回（此时应该已到二十世纪五十年代初了，义庄自土改后已不复存在，当然不再有人向他索书了）。这样，这部《诗钞》也就搁在良铿先生手上了。时间到了1955年，良铿先生刚调入南京六合中学，此时值"批胡风事起"，良铿先生担心"今后事难料，（《海昌查氏诗钞》）恐丧我手"，相信良铿先生在当时也是经过反复考虑才决定将此书捐给社科院文研所的。应该说当时良铿先生也确实给这部稀世珍笈找到了一个十分安全的地方。要说安全确实是安全，不过也藏得实在太深了，直至五十四年后，因为有了金文凯教授赴社科院文研所的研究访问，并将之作为研究课题，才将此书的信息予以披露，告知于天下。

对于编纂《海昌查氏诗钞》，查家人一直将之视为家族文化的一个重大工程。对于《海昌查氏诗钞》，查家人一直视之为宝物，金庸先生也曾多次提及此书，他说到祖父查文清去世后留下了一屋子《海昌查氏诗钞》的雕版，自己在孩童时，常与小伙伴们在存放雕版的房子里玩耍。金庸还说这些雕版本来就是祖父想要刊印《诗钞》的，但最终未成。那么查文清留下的雕版是否就是现存的那本《海昌查氏诗钞》的母本？从时间上推算，两者可能没有什么关联。据记载，《海昌查氏诗钞》开雕于同治甲戌冬，完工于光绪丁亥岁。而光绪丁亥岁正值查文清高中进士后的第二年，此时的查文清处在人生的上升期，其踌躇满志即将要新官上任，在这个时候他的重心不可能放到刊印书籍上去的；且更有力的证据是现存的这部《海昌查氏诗钞》，其校本的版心下方有"南野草堂校本"六字。而南野草堂则是查有钰的堂号（金文凯教授曾引《诗钞》前集上册查美亮《家式庵叔曾祖招饮南野草堂即席赋呈》诗，以此证明南野草堂即为查有钰的堂号），应该说是十分明确的了。金庸提到他祖父查文清曾打算编纂刊印《海昌查氏诗钞》，这可能是查文清对查有钰编纂《诗钞》后的"接连"，期以通过续编，欲连接同治后的查氏诗人的诗作。但到了1923年，自家的同顺典当被焚毁，查文清元气大伤，并于当年遽归道山，增辑一事则成未竟，最后只是给后人留下那一屋子雕版。

　　话虽是这样说，然进而思之，倒也不排除另有一种可能：即这些雕版与现存的那本《诗钞》是有关联的，可能就是义庄在光绪年间刊印《海昌查氏诗钞》后留下的，此即为现存的那本《诗钞》的母本。因为金庸祖父就是查氏义庄的经营管理者，当时属义庄所有的义田都是由金庸家"承包经营"的，可以说除了分配权由族里把控外，义庄的财物本来就和金庸家财物差不多都混在一起的，当然也包括这些雕版。在良铿先生给金庸的信中就透露出这种情况："其时义庄在大来钱庄后，原址为袁花市中心洋场上同顺典当焚余旧屋。"此时的义庄就在自家的旧屋，这不是完全混在一起了吗？当然，说这些雕版就是当年印书后留下来的，这只是笔者的推测，仅仅是存在着这样一种可能。

岁月嬗递,光阴荏苒,早先堆放在金庸家那一屋子的雕版,早已成为他人炉中之燃物了。故而再来探讨其究竟是那本存世孤本的母本与否,其实也没有多大实质性意义了。现如今,说起那些雕版,不过只是再次勾起人们对当年的一段略带苦涩味道的回忆而已,而唯一值得庆幸的,是《海昌查氏诗钞》还在。

金庸究竟何时生

几年前，笔者写过一篇《金庸究竟何时生》的小文章，明确提出金庸生于1924年公历2月6日，为此笔者还附了一份由他人起草再由金庸亲笔修改的小传以作佐证（图7）。记得当时《嘉兴日报》就金庸生日事在询问了金庸秘书李以建后，也发表了一篇关于金庸生于1924年2月6日的文章。本以为解铃已用了系铃人，即凭着金庸自己改定的小传这种过硬的证据，就能够对多年来关于金庸生日众说纷纭、莫衷一是的现象一锤定音了。谁知，公布了这份小传后，还是有一部分人坚持认为金庸生于1923年3月22日，或坚持说金庸生于1924年3月10日……反正都是振振有词的。对此，笔者实在不知道除了摆事实讲道理外，还有没有更好的招数去说服这些固执己见的人？一位白发苍苍的老者，向家族谱局递交了由自己认真填写的生辰信息，竟不能作数，不能被一些人所接受！此事情何以堪？笔者真有点懵了。说到这里，忽然想到"重要的事要讲三遍"那句话，那么确证金庸生日也算是一件重要的事？照此说来，笔者对《金庸究竟何时生》只提过一遍，若把《嘉兴日报》那篇文章算进去，也只是提了两遍，会不会就是这个原因？那不妨在此再提一次以凑足三遍吧。爰引旧文如下：

金庸先生的出生时间一直是"金学"专家们以及金庸粉丝们争论不休的一个话题。这大概是属于个人隐私的范围吧，所以金庸自己也从未公开披露过。

目前较多的资料认为金庸生于1924年3月10日。而《金庸传》的作者傅国涌先生说金庸出生于1923年2月，其依据是，曾见到过金庸亲笔填写的简历，上面写了"出身于民国十二年（1923）二月"。傅还提供了一份旁证，就是杭州东南日报社档案里保存的一本1947年3月的"职工名单"，其中查良镛的年龄一栏填了"二十五岁"。早几年，金庸的胞弟、时任淮南市政协副主席的查良钰撰文则说："小阿哥良镛是属猪的，生在农历1923年底，公历1924年初。"（《金庸与我的手足亲情》）而在金庸故世后的第二天，《嘉兴日报》披露金庸的出生年月为1924年2月6日，并声明此说法刚刚得到金庸生前的秘书李以建先生的确认。

众说纷纭如此，又都那么有根有据的，究竟何以为准？

这还要从2006年上半年说起。当时海宁查家正在续修家谱，修成的谱中要有查良镛的小传，知道金庸先生忙，为不过多打扰他，谱局的工作人员即代撰了一份小传，寄给了金庸，让他作出修改最终予以确认。当时寄去的稿子里关于金庸的出身年月是这样写的："查良镛出生于民国十二年（1923）二月初六日（西历3月22日）。"金庸收信后，一直没有回应，最后还是经家谱的主修人查济民先生催促后，金庸才动笔作了详细的修改。他当时对自己的出生年月作了这样的改动："查良镛出生于民国十三年（1924）二月六日。"他把"民国十二年"改为"民国十三年"，把括号内"1923"改为"1924"，再把"二月初六日"的"初"

字划掉，还划掉了带括号的"西历3月22日"。金庸在对这份小传改定后，为示郑重，还特地在稿子的右下角钤了"金庸之印"的私章。

照此说来，金庸的出生年月可作定论了，金庸自己不都已经写明日期了？应该说出生1924年这个年份是毋庸置疑了。但这个2月6日究竟是公历还是农历，还是有点说道。若说是公历吧，只要七十岁以上的老人都能回想得起，自己生日哪个是记公历的。尽管当时已有了公历一说，金庸出身于海宁袁花乡下，按当地的习俗，父母一般也不大会以公历来给金庸记生日的，所以目前较多资料认为金庸生于公历3月10日。而这个公历3月10日，也就是从金庸填写的2月6日换算过来的。但真要说金庸出生于公历3月10日吧，金庸为啥会在小传稿子上划掉了只有在农历记时才用的"初"字？以此为据，查家人在新修的家谱上，才将金庸的出生时间写成了1924年2月6日。这次《嘉兴日报》所说金庸生于1924年2月6日，也正是见到这份小传修改稿后才照此披露的（按老规矩，家谱一般不对外族人公开的）。相信对家族修谱之事，绝大多数族人都会抱有一种敬畏之心的，金庸老先生也当如此，其郑重其事地在改定后的小传上加盖印章，即证明了他的这种态度。所以面对这样的情况我们只能作这样的解释：金庸出身于农历正月初二，换算成公历即为2月6日。

行了，让老先生耳边清静一下吧，这毕竟是老先生自己说的。反正3月10日与2月6日也就差个把月的时间，想必也无大紧要，老先生现已作古，又无法请他再次确认了，姑且以公历2月6日之说为准吧，在明确自己出生时间的问题上，我们不听老先生本人，还能去听谁呢？

今值老先生九十五诞辰，谨撰此小文以记之。

2019年2月6日

至此，关于金庸生于1924年2月6日的话已讲过三遍了，这也算是重申吧！在本该结束本文之时，因笔者最近看到一篇讨论金庸生日的文章，题目叫《金庸究竟属猪还是属鼠》，该文作者坚称金庸生于1923年3月22日，并透露了金庸生前曾告诉过这位作者："（查氏）家谱记述公历2月6日是错的。"读了此文，笔者如鲠在喉，故借此想再说上几句。

不知究竟是《金庸究竟属猪还是属鼠》的这位作者，真的是金庸所讲，"家谱记述公历2月6日是错的？"说记述有错这种话，单独听听也没啥问题，谁能保证没错，有点错也没啥大不了，改过来就是了。但在这里，结合金庸自己亲笔修改的小传来看，那问题可就大了！难道说金庸一面对由查济民宗长（金庸十分敬重的前辈）主修的家谱及在老宗长指定的谱局工作人员提供的小传上注明自己出生时间是公历2月6日；一面又对这位作者讲"家谱记述公历2月6日是错的"。若真有这样的事，那可是涉及一个人的品质问题了！这可不是开开玩笑随便说说的了，那是要提升到人格高度上去说道了。我坚信，老先生无论如何都不会讲这样的话！对此笔者认为，这位作者若坚持认为金庸生于1923年3月22日未尝不可，讨论嘛，可以各抒己见。但你千万不要煞有介事地借老先生的嘴来讲这些老先生根本没讲过的话，以此来证明你的观点。笔者之所以在本该结束的文章的末尾再说上这些话，就是因为觉得若不对这位作者说的金庸曾对他讲"家谱记述公历2月6日是错的"这件事加以澄清，那么本文所提金庸生于1924年公历2月6日的事实，即便已说过三遍，可能还是会让人一头雾水、将信将疑的。因为这位作者所编造的（说是金庸亲口讲的），实在太有欺骗性了！

最后，话还得说回来，金庸究竟何时生，其实这个时间就是弄错了，写错了，甚至把金庸老先生生日也过错了，都不是什么大问题，粉丝照样在追，地球照样会转！说1923年生或者说1924年生，也就是差个一年；说2月6日生还是3月10日生，也就是差个把月。只要别去添油加醋地编造，都是无伤大雅的。至多就是那些金粉们每年祭拜老先生，在给老先生过生日时，那颗虔诚的心与老先生在天之灵的对接交流会因时光的错位而变得不大顺畅罢了，除此，还能有什么呢？

2022年3月22日

再说金庸究竟何时生

前几天得闲与几位网友探讨一个问题,即金庸先生究竟何时出生。对金庸先生生于1923年还是1924年一直存在着不同说法(其实还有其他的说法),此次经讨论,依然找不到共识,双方还是相持不下,各执己见。

笔者凭着手持金庸亲笔修改的金庸小传手稿及金庸的秘书李以建先生与金庸中学时期的同学斯杭生老人等人的说法,坚持"24年说"。然坚持"23年说"的网友则以金庸的一部分亲友曾说过金庸是属猪的,还拿出了两个颇有分量的证据。其证据一,是金庸曾对池田大作说过,自己出生不久,祖父才去世的(祖父查文清于1923年9月22日故世);其证据二,是金庸说自己的小名"宜官"(还有个小名叫"宜孙")是祖父给取的。

金庸确实讲过这些话,不假。但是话要说回来,金庸所说,并非金庸亲临亲见(即使金庸真的生在祖父去世之前,一个才几个月的婴儿,也不可能会有这种记忆),金庸讲的这些话都是听家人们说的。那么,既然定性为"听说",这个信息传递就不是直接的,已在中间转个弯了,这样的话,那就不排除会存在多种可能了,包括说的人说错了,听的人听错了。

为此,笔者针对"23年说"的网友们所提出的这两个证据,谈谈自己的三点看法。第一点:金庸讲自己出生在祖父去世之前,如何来确定这件事,至今还缺少实证依据。金庸对池田大作所说的,那是他根据在念小学时或者在更小的时候听大人们所讲的话,因为金庸读中学及读大学时,人已离家了,他不大会有机会再听大人们讲了。当时,金庸年幼,心智尚未成熟,故不排除有听错或记错的可能。第二点:金庸说自己"宜官"的小名(即昵称)是祖父给取的。"宜官"的发音按海宁本地话,与"二官"是相同的。江浙一带,特别在乡村,叫"二官""三官"的人实在太多了,有的村子,两户人家都给自家的老二取了"二官"的小名,为示区别,晚一点出生的那家,就把小孩叫成"小二官"了。"官"放在小孩子的名字里,是一种美称。排行老二的金庸,小时候叫"二官",这是大概率的事。至于叫成"宜官",那只是过后的一种文雅化的变称罢了。其实,这种"二官""三官"之类的小名,就相当于"阿二""阿三"的意思,这样的小名是不值得也没必要由祖父当回事来取的。按乡间的习俗,小名(昵称)通常是在大名未取之前,由与小孩最亲近的父母给取的,取小名,没啥大讲究的。而给孩子取大名的事,那就比较郑重了,往往会交由家族里最有文化并且是德高望重的长辈来办。所以金庸若真由祖父取名的话(这完全是有可能的),那一定是让祖父取大名才对,应该为之取名"良镛",而不是取名"二官"。而且还须说明的,取(大)名的时间,也不一定非要在这个孩子生下来后才取(特别是对老大以后的老二、老三)。有些人家在生下一个孩子后,就为这个孩子包括接下来将生的孩子们都取好名字。金庸在苏州的几位堂哥堂弟就是这样的,他们的父亲查忠礼在大孩子良望出身后,就给接下来将生的孩子全取好了名字,他们分别叫:良平、良安、良中、良华、良全。关于这一点,笔者倒是比较同意前几天与刘国重老师探讨时,刘老师所说的"有可能是祖父给他起了'良镛'的学名，但金庸小时候不记得，家人误传，说是'宜官'的小名是祖父起的"。第三点：同样是金庸在与池田大作对话时讲的，金庸讲："我那年是十三岁，正在上初中二年级，随着学校逃难而辗转各地。"金庸很明白地讲1937年那年自己在读初中二年级，是十三（足）岁。而1937年十三足岁，那就是1924年出生的。持"23年说"的网友又怎么视这个讲话而不顾？

另外，笔者再提供一个旁证，或许也能说明点问题。在金庸老家袁花一直流传着一个"火烧同顺当、攻打赫山房"的故事。故事里讲到，在1923年的下半年，金庸家里发生了一悲一喜两桩事情。悲者，因经营当铺（同顺当），遭两次破财，心力交瘁的查文清在9月22日去世，查家倒了顶梁柱；喜者，在那年天寒地冻之时，金庸出世了，查家又添丁增口了。这个故事可以证明一点，即金庸出生是在其祖父去世之后。至于这"天寒地冻之时"，究竟是指1923年之末，还是指1924年之初，则没有细说。因为这是一个真实的故事，所以还是有点参考价值的，故顺便一提；当然，这毕竟又是个故事，所以笔者只把它当作一个旁证，供各位参考。

总之，对持"23年说"的网友们所提供的这两个证据，笔者认为：第一个证据不太可靠，可信度不够；第二个证据基本不成立，且即使成立，也说明不了问题。当然，金庸究竟何时生，各位仍坚持自己的观点，一无碍于大局，二这也是各位热爱金庸的体现。故笔者觉得，在持"23年说"的认为还缺少更有说服力的证据没有出现之前，不妨让子弹再飞一会。

三说金庸究竟何时生

笔者曾针对金庸生年存在的几种不同说法：（一）生于1923年3月22日；（二）生于1924年2月5日之前，即生于癸亥年；（三）生于1924年2月6日；（四）生于1924年3月10日。（其实生于1924年3月10日之说来自生于1924年2月6日的说法，持此说法者以为2月6日是农历，便以此换算成公历，成了3月10日，所以实际上存在三种说法）。笔者所说金庸生于1924年2月6日，是依据金庸自己的说法（金庸在小传上明确写下生于1924年2月6日）与查氏宗谱的记载一致（谱载金庸生于1924年2月6日）。可能因为笔者过分地强调金庸生于1924年公历2月6日，反使人特别是持金庸生于1923年3月22日说法的那些人，以为金庸生年原本就是1923年3月22日，只不过后来金庸出于某种因素的考虑，才将自己的生年改成了1924年的，至于查氏宗谱那不过是根据金庸自己后来的说法才这样记载的。所以笔者越是强调金庸生于1924年2月6日，越是使持有金庸生于1923年3月22日说法的那些人更坚持自己的说法。看来要使金庸生于1924年的说法让人接受，真的还得要针对金庸生于1923年3月22日说法的那些人所持的观点，具体地作点儿分析。

观点一：金庸确实说过自己生于1923年。比如1946年，金庸在杭州《东南日报》填写简历时，就写了生于民国十二年二月。又比如1956年，金庸在写《漫谈＜书剑恩仇录＞》时，说"梁羽生是我的知交好友，我叨长他一岁"（梁羽生是1924年生人）。但看了金庸所写的这些，又不难发现，大多是在他的前半生时说的。到了2009年梁羽生去世时，金庸送给梁羽生的挽联上则写"同行同事同年大先辈"了，此时金庸已改说自己与梁羽生是同年生人了。特别到了海宁老家修谱时，他在自己的小传上，更是明确地写了1924年2月6日生。其实，在现实生活中，特别在身份证制度没有实行之前，改变自己出生年月的情况还是蛮常见的。金庸出道早，十三（虚）岁就小学毕业了，为怕受人欺侮（这只是笔者的估计），给自己年龄加了一岁（这种主意还往往都是父母出的），成年后，当人生境况稳定时，就又把年龄改了回来（也有一辈子不改过来，将错就错了）。金庸这样做也是有可能的，笔者认识的好几位朋友就是这样做的，这种情况是蛮常见的。所以单单以金庸曾经说过自己是1923年生的，就以此肯定金庸生于1923年，这不一定正确，特别在当事人的年龄存在几种不同说法的情况下。那么，一个人对于自己年龄有几种不同的说法时，最终究竟以哪种说法为准？应该说，若无功利的驱使，一般情况下，其晚年的说法应该更为可信，这也算是一种返璞归真的体现吧。

观点二：金庸说过自己生在祖父查文清过世前（祖父故世于1923年）。这个说法更值得商榷了：（一）若此说成立，那么要问：金庸出生几个月后祖父去世了，一个才几个月大的孩子能记得此事？这显然是听大人们讲的吧，这个大人是谁？金庸没说；（二）这个信息既然不是金庸自己直接获得的，那么间接获得的信息其真实性就可能会存在一些偏差了，这包括传错、听错，各种可能都有；（三）金庸的回忆，也不一定都准确，比如，他当时跟池田大作说："可惜我出生不久，祖父就去世了。"跟着这句话之后，他接着说："祖父设立了一座义庄，买了几千亩地收租，租金用于资助族中的孤儿寡妇。"海宁查家的义庄设立于明万历三十八年（1610年），金庸家不过是义庄的经营管理者，他祖父没有为义庄买进过土地。金庸这个说法显然是不准确的；（四）金庸获得这个信息只是个孤证，还缺少其他方面的佐证；（五）金庸老家有一些传说，比如"火烧同顺当、围攻赫山房"，都不支持金庸出生在祖父过世前的说法（对这些传说这里就不作展开了）。

观点三：金庸实际生年是1923年，只不过因命理方面的原因，才改成1924年的。金庸可能是相信命理的，有一位比较了解金庸的香港作家沈西城曾说，金庸"对玄学深信不疑"。据说金庸还曾找过香港的"董半仙"董慕节算过命，且在算命后为了化解自己命理当中的不利因素，还将自己的生年改成了1924年。对于这个铁板神算的算法，金庸曾这样说过："香港有一种铁板神算，也是很准确，但是我想它算过去是很准，对它所算的未来，我则存疑。"（《金庸一百问》）以此看来，金庸虽是信铁板神算那玩意儿，但对"董半仙"算未来则是存疑的。所以讲金庸信命理而改年龄，其理由是不成立的，至少是不充分的。金庸本身对"董半仙"算未来是"存疑"的，那他怎么会为一个"存疑"的未来去改年龄呢？笔者不相信金庸会如此愚昧，会采用改年龄来改变自己命理的这种自欺欺人的做法。再退而言之，若金庸真的信这一套，将自己的生年从1923年改成1924年，那么按理来说，他从此得守口如瓶才对，但他又怎么会去跟好多人（包括对张纪中）说自己其实是1923年生的呢？他自己在"泄露天机"，在跟自己过不去？这像是金庸的做派吗？

综上所述，在对金庸生于1923年3月22日说法的几种观点进行细辨之后，便会发现这些观点其实是存在很大问题的，好多地方也是逻辑不通的。

本文在分析了金庸生于 1923 年 3 月 22 日说法的几种观点后，就金庸生于 1924 年一说，再讲以下三点：

一、金庸于 2006 年交给海宁查氏谱局的资料当中，明明白白亲笔填写了自己的生年为 1924 年 2 月 6 日。当年海宁查氏家谱的倡修人是查济民与金庸两位。修家谱，修好谱，既是倡修人的愿望，也是全体族人的愿望。作为发起人，金庸对修谱是认真、重视的，也是虔诚、敬畏的。记得当时，族里几位老人提出要请金庸题写家谱的书名，金庸坚决推辞，连连说自己不够资格题写，最后还是请饶宗颐、黄苗子题写了谱名（图 8）。当时金庸不仅对家谱上的"金庸小传"作了认真修改，还对自家的几位兄弟姐妹的身份信息也都作了认真地修改（笔者至今仍保留了这些修改底稿）。笔者相信，对修家谱金庸还是心存敬畏的，他亲笔写到家谱里的特别是关于自己的那些身份信息是不会有问题的。退而言之，至少他主观上是不会去弄虚作假的（比如改动自己真实的出生时间）。这里不妨把话再扯得稍微远一点，海宁查家人（不仅仅是金庸）对修谱持认真敬畏的态度是有传统的，这种风气可以追溯到很早的年代。海宁查家早年是从江西婺源迁来的，赣北一带（包括婺源）对修谱的重视、对家谱的敬畏程度可能为其他地方所不及。在赣北的原住民村庄，除了过一段时间（一般为三十年）要修一次谱，在每年还要举行两次关于家谱的重大活动。正月初一这一次叫"游谱"，或称"谱出方"。每年的正月初一，村庄里的族人吃过早饭，就自发地聚到一起开始燃放鞭炮，然后按辈分、齿序大小，每年轮着接送家谱（家谱每年一回轮着放在族人的家里）。送出家谱的人家要放鞭炮，几个族人则抬出轿子，往轿里装进家谱，开始在全村游走；而迎进家谱的人家也要放鞭炮，还要烧纸点香，摆上酒席，请族中长辈上席，这时家里就像办喜宴一样当作一件重大的事情。这天下午，族人们还要到祠堂里，将各家去年新添男丁的名字写进家谱里去，这叫"上谱"。到了年中的六月初六，这一天则要"晒谱"，就是将年初迎进家里的家谱，用轿子抬到村中的晒场上去晾晒。这一天，各家还要把当年故世家人的去世时间，写进谱里，这叫"殁谱"。这天中午，也要举行谱会集聚，为"晒谱"而摆上好几桌酒席。据说，这一年迎进家谱（这叫"坐谱"）的这一家人家的媳妇若怀了孕，生下的孩子准保是个男孩（据说很灵光）。这对全家人来说，既是一件很神圣，也是一件欢天喜地的大事。因此很难想象在这种风气的熏陶下，有哪一位族人敢对修谱、坐谱、游谱、晒谱等仪式有哪怕是一丁点的怠慢与不敬。赣北农村的这种遗风至今仍保留着。而这种遗风也深深影响着自赣北迁来的海宁查家的族人们，特别对上了年纪的人群，包括查济民、金庸也概莫能外。

二、去年，笔者从金庸同学余兆文的档案中，见到余兆文填写的一份关于其社会关系的表格，表格上有他的两位同学：查良镛、斯杭生。在年龄一栏里，他给查良镛填了三十岁，给斯杭生填了三十一岁。由此看出斯大查一岁，而斯杭生的出生时间是确定的，也一直没有改变过，为1923年，那么这份表格则表明金庸是1924年生的。而最近笔者在衢州市档案馆又发现了一份材料——1941年衢州中学高中部第一学期的学生军训名册。在此名册中有三年级新生江文焕、查良镛、王浩然的年龄填报，江文焕填了二十岁。查良镛与王浩然都填了十八岁。在这个名册上，查良镛与王浩然明明白白为同岁，王浩然出身时间是确定的，也一直没有改变过，为1924年，那么金庸也应该是1924年了。

三、对目前关于金庸生年的三种说法（另有倪匡的1925年生人说，则可以排除了。新近发现《查公沧珊哀挽录》，见1924年4月15在袁花召开的查文清追悼会的名单上，已有查良镛的名字）当中，其中有金庸生于1924年2月5日之前的（癸亥年），即金庸弟妹们的说法。因为这个说法，来自最了解金庸、与之最亲近的人，所以倒是值得关注的，应该说是有一定可信度的。笔者觉得金庸的弟妹们决计不会事先串联而统一口径将小阿哥本来是1923年生的硬说成是1924年生，这没有必要。其五弟良钰于2000年发表在《人物》杂志上的《金庸是我的小阿哥》一文中讲道："小阿哥他生于阴历1923年，公历1924年初，是属猪的。"而七弟良楠更坚持此说，还列举出几位同村的金庸的同龄人以佐证。大妹良琇直到2020年笔者采访她时，还在说小阿哥属猪，与她差两岁（良琇生于1926年）。应该说金庸弟妹们的这个说法，与笔者坚称的说法（其实是金庸自己最终的说法）都是比较接近事实真相的。这两种说法都说金庸生于1924年，只是在具体时间上差了几天。但可以确定的，说金庸生于3月10日肯定是没有依据的。那么这两种说法，究竟该取哪种说法呢？即金庸究竟出身于2月6日（甲子，属鼠），还是出生于2月5日前（癸亥，属猪）？笔者认为这有待于进一步的考证，目前可以同时保留这两种说法。但考虑到一个人不能同时写上两个生日，在尚无新证据出现之前，是否尊重金庸的意愿，暂取1924年2月6日的说法？

查氏义庄、祠堂与族长

义庄、祠堂、族长，这些都是农业社会宗法制度下的产物。义庄是指宗族全体人员所持有的田产；祠堂是指宗族成员祭祀祖先的场所，也是宗族成员商议宗族重要事务的地方；族长则是指宗族的首领，通常为族内行辈、地位最尊之人。关于义庄、祠堂、族长，相互间也有内在联系：义庄是祠堂存在的经济保障；祠堂是族长召集族人行使族权的平台；而族长则是祠堂与义庄存在与运行的象征与掌门人。

海宁查氏于元至正十七年（1357年）自徽州府婺源（今属江西）迁海宁袁花，距今占籍已六百六十余年。查氏自定居海宁袁花后，安居乐业，繁衍生息。而有关家族建造祠堂的起意及设置义庄的动议则肇始于第七代"秉"字辈（十六世纪中后期建祠堂，十七世纪初置义庄），此两桩关乎海宁查氏家族兴旺发达的大事，据记载皆与七世京兆公查秉彝（1504—1561年）有关联。查嗣易的《重建统宗祠记》曰："至二世御医仲容公（查恕），谕葬时以近宅，故祠宇之制，尚未有闻。厥后雲礽秋尝，科第辈出，而我京兆公（查秉彝）首捐田以供春祀，绍庭公（查志隆，1534—1589年）亦捐田以备秋尝，都事友峰公（查志宏，1532—1612年）遂捐水西诚字号基地以作祠址，学宪虞皋公（查允元，1560—1610年）建庙宇以妥先灵，复置赡产以备修葺，设义田以周贫乏，立育才以厚英俊，合计田几及五顷，而奕恩之祠，始甲于一方。"这就是在讲海宁查家在袁花镇奕恩桥西的统宗祠（即南、北、小三支共同的祠堂，建成后族人皆称其为"大祠堂"）之形成、兴建系自查秉彝首捐田以供春祀始，后历经三代人（秉、志、允），直至虞皋公查允元时，方告竣而甲于一方。

而此时，即在兴建奕恩桥统宗祠的同一个时间段里，查氏在袁花镇南的庞郎堰另建了一座专属南支的祠堂，族人为别于统宗祠，则称其为南祠堂。查嗣珣的《重建南祠记》曰："吾宗迁祖始自仁斋公（均宝，1325—1385年），吾宗科第始自东谷公（查焕，1464—1510年）暨愍斋公（查约，1472—1530年），初未有南北之分也。支之别为南也，始有南祠始。五世金事一愚公（查益，1434—1519年）以子中顺公（查绘，1466—1528年）贵封，六世雪坡公（查绘）以子京兆公（查秉彝）贵封，封且累赠、两赠。（两）公（查益、查绘）卜葬于塘南之庞郎堰，附葬者为长孙五山公（查秉中，1493—1530年）斥土并窆，遂于地之西偏建祠焉，京兆公（查秉彝）司之。"以此看来，与统宗祠建造差不多时候，或者说根据统宗祠由"虞皋公建庙宇以妥先灵"，南祠由"京兆文司之"之说法来看，建南祠之起意虽不一定比统宗祠早，但其建成的时间则比统宗祠要早了一些。

据家谱记载，查氏祠堂建成后，祠堂（统宗祠）大门两边挂了一副对联，曰：忠孝开宗唐宋由来旧族，文章华国东南有数人家。祠中还设簿四面：一书美行，虽微必悉，善可日进也，大过附书以示戒，期于能改也；一书生卒居葬；一书国恩，凡蒙大典，皆得备录；一书义田之出入存给。此四簿平时俱匣而藏之，毋私阅。随着祠堂的建成，作为一处重要而庄严的社交场所，祠堂还立有各种规矩："凡查氏子弟只要在干名犯义之列，小则痛责于祠，大则摈不许入祠。""出于优隶人役矣贱，不得入祠，改业入祠。鬻子女为人役贱，其子女不得入祠，复子女入祠。娶妇于人役，求贱也，不得入祠，出妇入祠。以异姓子为子，不止于贱也，乱矣，不得入祠，弃其异子入祠。"同时还规定，"祠堂凡以义事相聚，视其事大小轻重。或议不易决者，须祠中备膳，看不过五，饮不至醉，仆不过二，崇俭也，毋烦费捐助额"。随着查氏祠堂的建成，以及随后各种族规家法的确立，有效地增强了家族成员的向心力与凝聚力，同时也使宗法制度得到进一步的固化。

就在查氏族人合力兴建祠堂之时，高瞻远瞩的京兆公（查秉彝）则已有设置义庄的构想。可以说，对海宁查氏而言，或者至少在京兆公的思想中，建宗祠与置义庄原本就是一项前后、表里相配套的、缺一不可的系统工程。时京兆公参照了外族设置义庄的成功做法，向族人们发出了设置查氏义庄的倡议，并列入族里的议事日程。然天不假年，京兆公未及实施其倡议，则已归道山矣。其后，因缺少了领头人，此事被搁置起来了。五十年后，即至万历三十八年（1610年），时任江西布政使右参政的查允元深感由祖父京兆公倡议设置义庄的事再也不能拖下去了，于是带头捐出自己名下的三百亩地，作为设置义庄的第一桶金。与此同时，查允元又为义庄建立了一整套的管理制度，其中包括十二条规章，即极不足、次不足、助读、助婚、助敛、助葬、赡寡、育才、养年、抚孤、励节、保残，以及为确保十二条规章实施的一些配套性细则。而后，又经过了数代人的努力，义庄规模不断扩大，实力逐年增强，至道光年间，则远近已颇有名声，义田数量达到三千六百余亩，土地广及海宁、海盐和嘉兴等地。

义庄设立后，每年清明，查氏族人都要到祠堂内参加祭祖活动，俗称"吃坟酒"。在这一天，义庄的管理者还要向全体族人公布上一年义庄的经营与收支情况，以接受族人的监督与审议。与此同时，族长还要会同族中的长辈议决族内发生的重大事件，如有族人违反祖训族规，发生一些不轨行为，则由族长会同族中长辈们议定处罚方式，重则将之废黜族籍，轻则让其向祖宗磕头认罪，并对其酌情或停或减赡济资助。因此可以说，义庄是祠堂得以存在的经济保障，它使得宗族的各项活动得以有效运行，从而确保了整个查氏大家族的可持续发展。

当一族之祠堂建成后，当一族之义庄设立后，应该说一族之首的族长就更有用武之地了。但海宁查氏宗族的族长较之别的宗族的族长，似有不同。海宁查氏家族，建成南北呼应颇有气势的两大祠堂，设置有颇具规模使族人受益匪浅的查氏义庄，名声日隆，而作为祠堂与义庄的象征与掌门人的族长却稍显逊色。关于海宁查氏宗族的族长，史料（族谱）上一直以来鲜有介绍，有关族长其名不详，历任族长的更替，更是无从查考。只有二十世纪四十年代查氏宗族最后一位族长的情况，还有族里尚健在的老人们的回忆，才略知一二，但也是模糊不清的。这些老人们说，没听到过在族里有族长一说，只知道查家有一位老太公，每年清明"吃坟酒"时，这位老太公就一人端坐在祠堂正中位置，接受所有族人的作揖。在这一天里，族里其他的人，不管其家庭财产多么富有，不论其社会地位多么高贵，凡进入祠堂都只能坐在这位老太公左右两边。这一天，族人进入祠堂，首先向老太公作揖，然后向先到者作揖。待人员集聚得差不多了，这位老太公便带领全体族人到河东的祖坟地去扫墓，并由这位老太公主持祭扫仪式。扫墓毕，众族人再回到祠堂，接着就是听取义庄的管理者公布义庄一年来的经营与开支情况。倘若此时族中还有重大事情需要商议处置，则由老太公会同族中长辈们议定处置办法并付诸实施。最后，全体族人便在祠堂里（女子不得进入）分桌用餐吃坟酒。

对于查家的这位族长的具体情况，金庸是这样回忆的："那时我见到族中的白胡子老公公也向我们四五岁的小孩子拱手作揖，不由得心里暗暗好笑。"按照时间的推算，金庸所见的"白胡子老公公"可能还不是查家最后的那位族长。而笔者听目前族中辈分最高的二十世的"美"字辈乾伯宗老是这样说起查家最后一位族长的:"查家的老太公是个竹匠,识字不多,他的辈分很高,但我也一直不知道他叫什么名字。"乾伯宗老还讲到1948年的清明,那天叔父查猛济带着他一起去祠堂(统宗祠),这也是他最后一次进祠堂,当时他见到了端坐在祠堂正中的一位老者,叔父告诉他,这就是查家的老太公。大家进祠堂后,都纷纷向老太公作揖,老太公则点头致意。据乾伯宗老提供的这些线索,笔者又从《海宁查氏宗谱》上仔细寻找踪迹,发现1948年尚存世的长辈中,有明确记载十六世的"世"字辈的只剩下了一位,名叫查世绶(1887—1948年)。而十七世的"有"字辈还有五位,分别为查有安(1881—1948年)、查有信(1882—1958年)、查有茗(1886—1968年)、查有恒(1915—1989年)、查绍铿(1922—1948年)。就这六位长辈当中,查世绶、查绍铿父子已离乡,一直居住在上海,与老家联系不多;查有信与查有恒从商(不是竹匠);查有茗虽职业不详,但与我同辈中人,有好多人在二十世纪五六十年代还见过他,当时有茗很是落魄,差不多到沿街讨乞的地步,完全不像是曾经受人尊重的老太公;而关于查有安,虽谱上没注明他的从业情况,但在介绍查有安的条目当中,却很特别地很醒目地加上了一句"人称六太公"(谱上唯此一人,称作"太公")。至此,根据查家早先几位健在老人曾讲过的"没听到过叫族长,只知道有位老太公"那句话;根据乾伯宗老所提供的线索,再结合族谱上对六位前辈的记载,以此推论,查有安这位人称"六太公"的长辈,大概率就是海宁查家最后的族长了。

可能是海宁查氏族人中大多能较好地发扬儒家文化中包括和亲睦邻、尊长爱幼等优良传统,也可能是海宁查氏制定的宗族制度相对完备齐全(祠堂设四簿以扬善惩恶,并确立多种族规以规范族人行为;

义庄定有十二条规则，凡事皆有章可循），其拟定的相关措施与细则可操作性较强，故使族长的主宰功能与引领作用呈弱化的倾向，使查氏宗族的族长更多地在扮演一个召集人、主持人的角色。长此以往，以至族人们竟然不知族中还有族长，那位实际上的族长（即端坐在祠堂正中的这一位）早被人尊称为老太公，仅仅把他当成为一位修髯飘飘、和蔼可亲的老长辈了。

话说到这里，笔者又想起了苏州的查良中宗亲曾回忆起1946年发生的一件事。那年，海宁的查钊忠与查枞忠（金庸之父）兄弟俩专程赶到苏州，想请查忠礼（查良中之父）回乡担任族长。说当时族里多数人推举钊忠或枞忠出任族长，但兄弟俩觉得不合适，遂有此次苏州之行，欲搬查忠礼这位曾跟着孙中山干革命的德高望重的族贤出山。但此时查忠礼因患眼疾，眼睛已瞎，行动已诸多不便，故回绝了两位堂弟所请。但从此事中可以看出，当时海宁查氏族长的位置，基本上处于一种虚设的状态，仅有一位老太公在撑着场面。在族人眼里的这位老太公只是逢年过节到祠堂里出个场、应应景的人物，至多也就是在祠堂里主持一下例行的仪式，而真正的行使宗族权力的族长或者说族长应该起的功能差不多已经不存在了。

行文至此，笔者觉得有必要再提一提查氏的义庄。当年查氏义庄的管理还是颇有特色的，它不同于别姓的义庄大多是由族长兼任。查氏义庄实际上实行了分配决策权（主要是体现在对宗族资源的配置上）与经营管理权的分离，义庄的管理者没有分配义庄产出物的权力。这样的做法，可以有效地防止由于族长与义庄管理人合一所带来权力过于集中、缺少监督、易生腐败的弊端。这种机制也可能正是查氏义庄三百多年来（除了几次战乱）一直能够正常运行、誉播四乡的主要原因。查氏义庄为求精细化的管理，自太平天国运动过后，还改由赫山房代管，由此，带有了一定的"承包"的色彩，从而更有效地落实了义庄的责任制，最终则是增加了义庄的经济效益。

　　说到了义庄，顺便还得提一提查氏义庄的最后一任管理者，即赫山房的传人查楙忠。二十世纪四十年代虽有多数族人想请楙忠出任族长，但他没有接受。楙忠不想改变义庄的这种两权分离的机制，自己只想专心致志地做好义庄的经营管理工作。应该说，他的这个想法是明智而正确的，是有利于义庄可持续发展的。当然，后来因义庄发生一场变故使他命丧黄泉，那又是另外一说了。

再说查氏义庄

义庄，又称义田，这是一个宗族为赡济族人而设置的一份归该宗族全体人员共享的田地物产。遇上困难的族人可按规定，定期向义庄领取口粮、衣物，所有族人都可以接受关于婚、丧、养老、科举等方面的资助，即所谓"嫠孤有恤、老弱有养、婚丧有助、考试有给"是也。义庄作为农业社会的产物，最早起源于北宋。海宁查氏义庄则设立于明万历三十八年（1610年），至新中国成立初"土改"时结束，前后经历三百四十年。

关于设置查氏义庄的设想最早是由查秉彝（1504—1561年）提出来的。为使家族可持续发展，时任顺天府尹的秉彝公参照外姓设置义庄的做法向族人发出了倡议，然未及实施，秉彝公已归道山，此事一直到其孙查允元（1560—1610年）才实施。万历三十八年（1610年），在江西布政司右参政任上的允元公年届五十，时已重病缠身，此时的允元公深感由祖父提议设置义庄的事再也不能拖下去了，于是拿出自己名下的三百亩地以设置义庄，"设义田以周贫乏，立育才以厚英俊"，并为义庄建立了一整套周密的管理制度，以及为确保十二条规章实施的一些配套性的细则。对于资助族人应科举这一块，更有明文规定。据《查氏义田酌定规条》，"参加县试者助费一千文，参加府试、院试各资助两千文，应岁试者资助两千文，乡试正举科者助闱费六千八百文，录遗有名者助闱费六千文。""中举人无论南北榜俱送贺仪银二十四两，每次公车程仪二十四两；会试中试者贺仪五十两，列入一甲者一百两，一甲第一名者倍之。"

义庄设立后，每年清明，查氏族人都要汇聚到祠堂内参加祭祖活动，而管理义庄的人此时则要向全体族人公布义庄上一年的收支情况。同时，族长还要议定并处理族内的重大事件，如有族人违反祖训族规，发生一些不轨行为，则由族长作出处罚决定，重则废黜族籍，轻则向祖宗磕头认罪，并对违规人员酌情或停或减赡济资助。因此也可以说，义庄是宗族制度下，使祠堂的各项宗族活动得以有效运行从而确保家族可持续发展的重要的经济支撑。

查氏义庄设置三十多年后，逢李自成农民起义，紧接着清兵入关而明亡，随后延至清初顺、康二朝，义庄迭遭战乱。由此，田产散失，田租无收，经营上受到很大影响，义庄对族人的救助能力也大为减弱。直至乾隆年间，太史公查昇（1650—1707年）的孙子查懋（1701—1775年），因在北方经营盐业而致富，遂于乾隆十三年（1748年）向义庄捐银两万余两，由此义庄的经营方见起色。过后，其子查莹（1743—1803年）与查世俶（1750—1821年）兄弟又购田两千余亩划归义庄。道光二十一年（1841年）世俶子元偁（1772—1855年）再向义庄捐地七百亩，至此海宁查氏义庄的实力与规模达到了鼎盛，义田数量增至三千六百余亩，广及海宁、海盐和嘉兴等地。

至咸丰初年，太平天国战争爆发，海宁查氏义庄的田地物产又一次遭受冲击而散失。这场战争结束后，查昇的后人查元复（1826—1906年）受族人之托对义田进行勘查，并将义庄重新登记造册。此后，经族人商定，在散失的义田收拢后，将统一交由赫山房的查元复代为管理。

此后将近百年间，查氏义田的管理由查元复交其子查文清（1849—1923年），再由查文清交其子查枢忠（金庸之父，1897—1951年），直至新中国成立初"土改"时。在此期间，查氏族人无论遇天灾与人祸，始终得到了义庄的接济与照应。在抗战时期，日军大规模侵华，世道混乱，民生凋敝，义庄也遭到了自设置以来最大地冲击，义田仅剩两千亩，损失将近三分之一，但义庄还是没有停止对族人的赡济资助。

说到查氏义庄，这里不能不提及赫山房金庸的父亲查枢忠。虽说查氏义庄归海宁全体查氏族人所有，但近百年来，赫山房的几代主人受宗族所托，一直代管着义庄。到了"土改"时，因三千亩义田名义上都挂在了查枢忠名下，因此查枢忠被评上了大地主（其实赫山房一支只有三百多亩土地归赫山房东房的教忠、钊忠、枢忠和西房的炳忠四兄弟所有，若将此分摊到四兄弟名下，每家还不足百亩地）。新中国成立初，政府在农村实行减租减息，当时三千亩义田基本上已经收不到田租了，但土地税还得向政府交纳，查枢忠只得将自家在袁花镇上三四十间店铺贱卖了出去，凑足了钱为三千亩义田交上了土地税。但想不到查枢忠这番举动非但贴尽了家产，为此，还得了个"转移财产、对抗土改"的罪名，为义庄背了个大黑锅，让查枢忠因此无辜受累。加上当时又爆出一个所谓在家中窝藏枪支的意外事情，最后查枢忠连性命也丢了。

海宁查氏义庄在长达三百四十年间，虽经历了几次散失与重置，但对族人的赡济基本上没有中断过。义庄的设置在当时的社会背景与历史条件下对当年海宁查氏家族的生存与发展起到了十分重要的作用，有着不可抹杀的历史功绩。

金庸父亲是怎么死的

1951年4月的一天,袁花镇上在召开"斗地主"大会,镇里领导动员村民特别是新伟村的村民,检举揭发对抗"土改"的不法地主查枢忠(金庸的父亲)的罪行。但是,在村民的心目中,这个查枢忠一向行善积德,年年资助穷苦百姓,是个规规矩矩的好人,所以,当场没有一个人站出来检举揭发。最后在镇上的和农会的干部再三引导下,邻村有一个人站了出来,他揭发查枢忠在家里藏了一杆枪。当时话音刚落,会场就像炸开了锅似的!镇上的和农会的干部立即带领大家赶到秤钩浜查枢忠家进行查抄。果然,在他家的柴房里发现了一杆已经生锈的枪。到了这个地步,事情有点不可收拾了。查枢忠当场就被政府拘捕,给关押了起来。

这是怎么回事呢?原来查枢忠的内弟顾富生在抗战时,从散兵游勇手中以两只公鸡的价钱买了一杆枪。但这枪内膛已坏,是打不响的,只不过用来吓吓人而已。临解放了,顾富生怕出事,又舍不得丢掉这杆枪,于是动了坏脑筋,偷偷地把枪藏到了姐夫家的柴房里。当时查枢忠不知枪已藏在自己家里了,只知道内弟手上有杆枪,还在做他工作,要他把枪交给政府。

镇里在查枢忠家抄出枪之后,又根据他对抗"土改"的表现,由此推定他窝藏枪支就是为了谋杀干部，于是在他对抗"土改"的罪名之上，又给按了个"窝藏枪支，企图谋杀干部"的罪名。至此查枞忠已是大祸临头，性命难保了！

查枞忠家里抄出枪支，只因其对抗"土改"而被检举揭发所引起的。那么他又是如何对抗"土改"呢？这件事说起来更是莫须有的了。"土改"刚开始，经农会查实，查枞忠名下有田三千多亩，由此，他是毫无悬念地被评为地主了。其实这三千多亩田，真正属于查枞忠兄弟几人的只有三百亩，其余三千亩都是查氏义庄的公田，只不过多年来一直挂在"赫山房"名下，由其管理。而查枞忠就是"赫山房"的主人，所以这义田就由他顶着。为此，税务部门查过查枞忠家上年的帐，发现这三千亩田的土地税确实是由查枞忠交的，所以这一年的土地税还得由他来交。当时税务部门还告知，如果不交，就属于"抗税"。而说到这三千亩的义田，一直以来都是租给别人耕种，查枞忠每年只是代为收租，然后再代为纳捐交税及支付义庄与祠堂的开支。可这一年，正开展"减租减息"，运动轰轰烈烈，矛头直接针对有田地的富户。当时查枞忠吓得连面也不敢露，哪还有胆量去收租。但虽然租收不到，这个土地税还得要交，否则会以"抗税"论处。于是，查枞忠只得将自家在袁花镇上的三十多间店铺半送半卖地转让了出去，好不容易凑足了三千亩义田的土地税。若就吃这个哑巴亏，查枞忠是打算认的，他是自愿的。谁知，此时镇里领导认定查枞忠这是在转移资产，是属于对抗"土改"的行为。于是，镇上为进一步搜罗、查实查枞忠对抗"土改"的罪证，就召开了"斗地主"大会，动员村民检举揭发查枞忠的特别是对抗"土改"的罪行。而让人意想不到的，那天在批斗会上，在查枞忠身上又蹦出了一个更大的罪行——窝藏枪支、企图谋杀干部！这真是一波未伏，一波又起。

但在确定查枞忠种种罪名的过程中，特别是定其"企图谋杀干部"

的罪名，这完全是由推论而得出的，当时除发现一杆破枪，别无其他证据。所以这几个给查枡忠定罪名的干部，其实心里头也不是很踏实的。于是决定在最终拍板前，再走一次"群众路线"，再次征求群众的意见。

几天后，镇上便召集村民开会，对查枡忠如何定罪量刑，征求村民的意见。这次会上的气氛更加沉寂了，当场没有一个人吭声。最后会议的主持人直接挑明了话题："今天召开这个会议，就是想听听大家的意见，按照查枡忠'窝藏枪支，企图谋杀干部'的罪行，那是要判死刑的，但我们还是想再了解一下有没有不同意定查枡忠'谋杀干部'罪的，我们将会考虑大家意见的。"此话一说，会场响起了一阵嗡嗡声，但很快又回到死一般的沉寂当中。这个时候，主持人又喊："不同意判查枡忠死刑的请举手。"在场群众，谁也吃不准主持人的真实态度，虽大家都不想查枡忠判处死刑，但又怕举了手，会落得查枡忠一样的下场，所以整个会场始终没有人举手。在继续冷场了一阵后，主持人便宣布散会，收了场子。

这个会议结束后，镇上便将相关情况上报了县人民法庭，当时法庭根据镇里上报的材料，加上了解到在再次征求群众意见时，又无异议（实际是吓得不敢说），最终海宁县（现为海宁市）人民法庭宣判：判处查枡忠死刑，立即执行。

4月26日那天，查枡忠从牢里被带了出来，验明正身后，不换衣服，不赏酒饭，五花大绑，便押往袁花镇上的龙头阁小学操场，当场被枪决了。过后，家里人接到通知。其妻顾秀英当时刚生下孩子未满三月，强忍着悲痛，踉踉跄跄地赶来收尸。当她赶到现场，见丈夫已横尸操场，也不敢啼哭，即差人赶紧运回家中，遂将之净身入棺，暂厝堂屋两年。随后择地于赫山房之东南，入土而葬之。当时，坟前连块牌也不敢立。

时至1985年7月2日，海宁县人民法院拨乱反正，就查枡忠以不法地主罪被判处死刑一案，由审判委员会重新审理后宣判："撤销海宁县人民法庭一九五一年四月二十六日第134号刑事判决，宣告查枢卿无罪。"（图9）此时，距查㭎忠（枢卿）被错杀，时间已过去了三十四年零三个月短三天。当时在香港的金庸闻讯，即致函海宁县委："大时代中变乱激烈，情况复杂，多承各位善意，审查三十余年旧案，判决家父无罪，存殁俱感，谨此奉书，着重致谢！"

（根据查良楠及部分查氏族人口述整理）

海宁查氏也是个医学世家

海宁查家久有崇文尚儒之风,而不为良相便为良医作为儒家所倡导的一种人生理念,同样也是立志经世济民的查氏弟子所追寻的人生目标。

自元末从婺源迁往海宁的查氏一世祖查瑜,原本就是一位集儒术与医术于一身的处士,瑜公之医术师于何人,其后人查克敏在乾隆二十五年(1760年)修的庚辰族谱中曾有交代,但其言之不详,云:"公尝遇异人受岐黄术。"此所谓,似有点神秘。但瑜公擅医术倒是不争事实。二世祖查恕子承父业依然悬壶济世。查恕多年行医,留意访寻各地名师,四处讨教各种绝技、秘方,在转益多师、刻苦钻研医术的实践过程中,医术更上层楼。洪武十一年(1378年),坐稳龙椅风光无限的朱元璋,却因身患痔疮之疾坐卧不宁,其身边虽有不少御医侍候,但对此都是束手无策。无奈之下,只能张贴皇榜,招海内高手为之诊治。查恕闻讯,自忖己之实力,已有稳操胜券之把握,遂果断前往京城揭榜。随后被召入宫中,果然药到病除,很快把朱元璋的顽疾治愈了。朱元璋大喜,遂破格册封查恕为太医院正使(正三品)。其后,《海宁查氏族谱》也记录了这段令族人为之骄傲的真实事件:"以医学征翊圣躬,效捷。拜郡守,固辞,授太医院正使。赐一品服加蟒玉。"

有明一朝，除二世祖查恕医术高超，名震朝野，在海宁查家谱上记载精通岐黄、医德高尚的名医，还有正德年间的查诚（云山），万历年间的查志沐（南河）和查允腾（君述）等。而到清代更是朝朝有传人，不胜枚举：康熙朝有查嗣锟（省三）；雍正朝有查景（寅仲），其还被招为太医；乾隆朝有查克霆（时鸣）、查克赞（晚香）与查奕智（宏淳）；嘉庆朝有查奕善（吟香）、查奕芸（耕岩）与查世厚（慕岐），其中查奕芸还留下了医学专著《证治要诀》与《医必本经》；道光朝有查世鲲（乘波）、查世潮（侃如）、查春荣（桐山）、查奕尚（春圃）与查人渊（冲泉）；咸丰朝有查慰曾（心圃）、查仲诰（竹洲）与查人骥（巽澜）；同治朝有查人蕙（友三）、查有钰（式庵），而查有钰还撰有医学专著《南野医话》《医学杂缀》《摄生真论》；光绪朝有查济眉（又春）；宣统朝有查济梅（和哉）。入民国及至建立中华人民共和国后，那更是人才辈出、遍地开花：有我国公共卫生创始人之一的查良钟；有我国临床营养学领军人物的查良锭；有成为共和国领导人保健医生的查良镒；有其父称"查一帖"（只服一帖，药到病除）、其子为首届"华佗杯"医学论文金奖获得者的查钟美、查益中父子；有以医术高超而享誉京华与沪渎的查良望、查良华姐妹；有成为教授级医疗专家的查良澄、查良侃、查良伦兄妹；更有走出国门的美国哥伦比亚大学医学博士后、中医师查明传（诗人穆旦之子）。还有一位被历史尘埃所掩盖的人物，也不能不在此一提，此人即为金庸的兄长查良铿。查良铿作为上海正风文学院毕业生、清华大学研究院研究生（未毕业），还曾一度从章太炎游。其于二十世纪三十年代在其三伯父查忠礼任中方经理（即院长）的上海合组医院（医生为清一色的欧美外籍博士，并拥有当时中国最先进的医疗设备及数种发明的新药）学医。学成后在沪、苏两地设立诊所坐堂行医，后为照顾家庭，回到家乡开设诊所，一时名震四乡。要不是后来偶遇早年的学生冯其庸被其荐介当了教书匠（高中语文教师），良铿先生本来完全有可能成为一代名医的。

还有值得一提的是金庸的祖父查文清也精通医术，在他三个儿子为之所写的《行述》中说："府君深晓医理，有久病而得治愈者。然矜慎不为人医，而于家人则虽深夜也诊视之。"查文清在"丹阳教案"除官归籍后，曾着手整理家藏的各种医书，将查家数代医者的诊疗处方汇编成《海昌查氏医案》，虽这部书稿后因查文清故世未能刊印，但从中可窥海宁查氏族人从医之实力。

最近，又有一个大数据的统计显示：查姓人虽仅占全国总人数的万分之五点六，但查姓医学家却要占历代医学家总数的千分之一；查姓人口在全国总人口中排名第252位，但查姓医学家的排名则远高于人口排名，达136位。可见，一直来以文宦之家称于世的海宁查家，其实也是个医学世家。

金庸家的亲戚

自从金庸成了明星，成为一个公众人物后，人们会时不时地聊起他，除了说到他家族里众多的杰出人物，还会讲到他那些名声显赫的亲戚，比如徐志摩、钱学森、陈从周，等等。可是对金庸与这些亲戚究竟是什么关系，人们大多只知其然，不甚明了了。今日得闲，也来聊聊金庸这几门亲戚。

（一）

人们（包括金庸自己）常把钱学森的夫人蒋英（1919—2012 年）称作金庸的表姐，这层关系是怎么来的？原来金庸的从祖父查燕绪，娶了同邑"衍芬草堂"主人蒋光焴的女儿，而蒋英则是蒋光焴的堂兄蒋光煦的曾孙女，因这层关系，金庸便称蒋英为表姐了。但问题是还有一层与金庸更直接的关系摆在这里，蒋英父亲蒋百里的原配夫人查品珍，她是海宁查氏的"济"字辈的人，比"良"字辈的金庸，要高出三辈，金庸管她叫太姑奶奶。而这位太姑奶奶恰又是蒋英的嫡母。这样论起来，金庸应该称蒋英为表姑奶奶才是。

以上出现的两种不同称呼，有着不同的来历。按常理讲，随着蒋百里娶进查品珍，就不能再让金庸称蒋英为表姐了。但金庸一直来还是顺着从祖父查燕绪这层关系去称呼蒋英。

既已说到了蒋家，那就不能不提到另外的两个人。一位是蒋复璁（1898—1992年），蒋复璁为蒋光煦的曾孙，蒋英的堂兄。他于二十世纪二十年代毕业于北大哲学系，四十年代任中央图书馆馆长。1949年，为守护国宝（故宫南迁文物），孤身赴台。六十年代，任台北"故宫博物院"院长，台北"中央图书馆"终身名誉馆长，在文博领域，蒋复璁也算个大咖级的人物了。金庸与蒋复璁有交集，他于四十年代曾在蒋复璁的图书馆担任过管理员。后来金庸访问台湾，还专门去见了蒋复璁。他对蒋复璁一直以表兄称之，其实这与称呼蒋英一样，正确的称呼，金庸应该叫蒋复璁为表爷爷。另一位是陈从周（1918—2000年），同济大学教授，著名古建园林艺术家，且兼精绘事，为张大千的入室弟子。金庸称陈从周为表兄。2006年，金庸受聘于同济大学，任顾问教授。当时他在写给万钢校长的信中说："陈从周教授与弟为同乡，且有姻亲关系，弟应尊之为表兄。"陈从周长金庸六岁，是蒋光煦的曾孙女婿（光煦—佐尧—钦顼—陈从周），而金庸的从祖父查燕绪则是蒋光煦的女婿，金庸故与陈从周平辈。

（二）

金庸的武侠小说与琼瑶的言情小说多年来在华人圈内好似双峰并峙，一直受到众人的热捧，人们常常这样说：男爱（读）金庸女爱（读）琼瑶。而这两位当红作家相互间还有着一层亲戚关系。事情是这样的，金庸有个堂妹叫查良敏（1926—2009年），当年嫁到了武进望族袁家，其丈夫是中国社科院历史研究所研究员袁行云。袁先生有个堂妹叫袁行恕，她就是琼瑶的母亲，因此琼瑶管查良敏叫舅母。而金庸是查良敏的堂哥，由此也就成为琼瑶的表舅了。人们常将琼瑶的小说与金庸的小说相提并论，但琼瑶对此还是有点自知之明的。即使拿自己的强项与金庸相比，琼瑶也承认："要写爱情，我们都写不过金庸。"

说到查良敏，那还得提一下她的一位小叔子，就是北大教授、国学研究院院长袁行霈（生于1936年）。这位袁先生还是现任的中央文史馆馆长。2009年金庸读完了英国剑桥博士，又到北大去读博。当时北大也可能不知道袁与金有一层亲戚关系，安排了袁行霈担任金庸的博士生导师。后来金庸因健康原因，最终没有完成学业，没拿到北大的博士学位。但袁行霈这位金庸堂妹的小叔子，与金庸之间的师生关系倒已经是明摆着的了。一日都能称师，何况他俩已伴几年了。

（三）

徐悲鸿一生娶妻有三，其中第二位夫人是蒋碧薇。蒋本来名花有主，早已许配给苏州（早年自海宁迁入）查家的查紫含。但到了谈婚论嫁时，这位蒋家小姐却与徐悲鸿私奔了。这位可怜的查家公子就是金庸的堂叔，其原名叫查华照（1899—1934年）。当时，这位查家公子哥刚从复旦大学毕业，打算要完婚，未婚妻却被徐悲鸿拐跑了，这对于查紫含来说不亚于晴天霹雳！尽管当时蒋家佯装其女已亡故而设灵堂以作遮掩，没有让查、蒋两家出丑，事后查紫含也另娶妻生子，但受此羞辱，这位查家公子整天失魂落魄，郁郁寡欢，最终只活了三十五个年头便撒手西归了。查家人每每谈到这段往事，心里总有点憋屈而愤愤不平。

话说到此，倒不妨再提一下查紫含的胞姐，即金庸的堂姑查式如女士。她当年倒嫁了个好人家——苏州富过十五代的贝家。查式如的丈夫为当时中央银行总裁贝祖贻的胞兄，贝祖贻的儿子贝聿铭（1917—2019年）就是查式如的侄子了，贝聿铭应称查式如为伯母。贝聿铭那可是大名鼎鼎，为世界级顶尖的建筑大师。尽管金庸与贝聿铭没有交集，但论关系，贝聿铭为金庸的表兄，这一点也假不了的。当年金庸的堂姑查式如嫁到了贝家，也算是门当户对的，贝家号称苏州四大富户之一，曾为苏州名园狮子林的主人。而查式如娘家也不赖，其五世祖查世倓，告老回乡后，曾花重金购置拙政园，一度成其园主，风头也是不输贝家的。

说起金庸家的亲戚，若真要攀起来，其实还有很多。比如从姻亲方面论，还有张元济、陈大齐、顾维钧等。这几门亲戚关系都是从其祖父查文清辈上论下来的，其中海盐的张元济、陈大齐称查文清为表兄，而嘉定的顾维钧在查文清面前则自称为姻晚，即表侄了。当年在查文清的追悼会上，他们都送了挽联，以致哀思。张元济还应查文清的三位儿子所请，为查文清撰写了行述。而后来的金庸称张元济则是"菊生前辈先生"（金庸于1996年11月在海盐参观张元济图书馆时所题）。但具体说来，张元济、陈大齐与顾维钧他们与金庸家究竟是怎么样的关系，那些具体的情况，还有待于进一步的考证。

查良镛的笔名

在海宁查家的族谱上载有两位查良镛，一位是大名鼎鼎的，后来被人们叫作"金庸"的查良镛；另一位则是被这位大名鼎鼎的金庸称为堂兄的查良镛，前者出生于海宁，后者出生于北京。这位北京的查良镛，也是个斯文在兹的文化人，当年在铁路学院毕业，就一直从事教育工作，长期在北京的一所小学担任校长。较于常人，他也算过得不错的，且因教子有方，膝下四子二女也都相当出色。老先生曾不无得意地言于人："当年京城几项赛事，俩犬子都摘得过桂冠（拳术、航模）。"只不过比起海宁的查良镛，后者就大为逊色，被全覆盖了。由此看来，同样一个名字，于不同的人，照样会有两种不同结局，这说明一个人名字取得怎样，其实是无关乎此人前程的。

顺着取名字这个话题，不妨单说说这位叫作金庸的查良镛吧。查良镛生于海宁的一个地主和银行家的家庭，其幼承庭训，及长又接受了西式教育，踏上社会后凭着一支笔打拼，终而横扫天下，成了"天下无人不识君"的巨擘明星。多年来查良镛一手写小说，一手写社评，旁人见之眼花缭乱，自己却是游刃有余。作为华界巨擘、香港明星，其所凭者就是为文，但能以文致富，本身就是一个无人企及的奇迹！

查良镛之于写作,多署笔名,偶尔也用本名。但凡用本名者,都是一些严肃题材,都是作者自认为比较重要的文章。查良镛在不同时期曾使用过众多的笔名,然其虽有众多笔名,但在签署时也不是信手拈来,而是有所分工、各有用途的。比如:"金庸"多用于写武侠小说,"徐慧之"专用于写社评与专栏文章,"姚馥兰"是用来写影评、写剧本的,"乐宜"则用于翻译西人文章……他有意地用不同的笔名扮演不同的角色,将文艺创作、评论、政论和翻译等加以区别,以撰写不同类型的文章。

接下来,就捋一捋查良镛曾使用过的那些笔名:

金庸 这是查良镛用得最多、最为人熟知的一个笔名。据目前掌握的材料,其最早是在1953年6月18日于《大公园地》上发表《罗森堡案惊人的原始证据一张螺形脚桌子》时,已用了"金庸"的笔名。但这个笔名主要还是用于写武侠小说,1955年2月8日,查良镛的首部武侠小说《书剑恩仇录》开始在香港《新晚报》的"天方夜谭"栏目连载。本来,查良镛取此笔名时,自称"没有什么含意的",就是将名字中的"镛"字拆分两半而已。其后,因为武侠小说的成功创作使之誉享全球华人世界,最终,人们甚至只知金庸而不知查良镛了。而今天,"金庸"更是成为一个品牌了,当然这个结果也是查良镛自己意料之外的。但有趣的是,不管"金庸"这个名字被叫得多么响亮,若你要叫他"金先生",他是不会理会你的,你要叫他"查先生"。

查理 这是查良镛早期使用的一个笔名,他的一帮中学同学都熟知这个笔名。1941年9月4日,查良镛还在读高中期间,即以此笔名向《东南日报》投稿《一事能狂便少年》,这是他投给《东南日报》的第一篇文章,此文当时刊登在由陈向平任主编的"笔垒"副刊第874期上。同年12月7日,仍用"查理"的笔名又在"笔垒"

副刊第 954 期上发表《人比黄花瘦——读李清照词偶感》的文章。凭着这两篇出色的文章，查良镛也与"笔垒"副刊的主编陈向平交上了朋友。1945 年 2 月已从中央政治学校退学的查良镛在重庆自筹资金创办了《太平洋杂志》，当时用的就是"查理"这个笔名。他在杂志上撰写了发刊词与编后记，还发表了自己创作的第一部长篇小说《如花年华》的第一章。1946 年 11 月，经陈向平推荐进入东南日报社后，其主持第一个栏目"信不信由你"时，也是用"查理"来作笔名的。

良莹 这是查良镛在太平洋杂志社。翻译《爱》时所用的笔名。这也是查良镛翻译外文最早使用的笔名。

宜 1947 年，查良镛在《东南日报》的副刊上主持"咪咪博士答客问"栏目。在首期的文章里他的署名是"宜"，这应该是他小名"宜官""宜孙"的简称。后在"东南周末"的《看你聪明不聪明》栏目里，他也署笔名"宜"。

白香光、香光 查良镛的笔名白香光，最早是用在 1947 年 5 月 1 日上海的《时与潮》副刊中的一篇《万能衣服》的译文上。1947 年 5 月 31 日，查良镛还署"香光辑译"，在《东南日报》上发表了一篇《自由职业者》的小品文。至 1950 年 9 月 4 日，《大公报》刊登的《世界名导演蒲多符金》，则是以白香光的笔名所留下的最后一篇文章。

徐宜孙、宜孙 "宜孙"最早出现在 1947 年 11 月 1 日《时与潮》半月刊的一篇译文里。而"徐宜孙"，因为金庸母姓徐名禄，所以又有了笔名"徐宜孙"，不过这个笔名，查良镛仅在《香港的自由贸易》一文中用过，此文发表于 1948 年 9 月 13 日的《大公报》。说到"宜孙"这个笔名，不妨稍微展开一下："宜孙"本是查良镛的小名，他的兄长查良铿的小名叫稚孙，所以其弟就是"二孙"。叫着叫着，为文雅一点，"二孙"就变为"宜孙"了。

小渣、小喳、小查 这几个笔名，是查良镛于 1948 年到 1949 年在《大公报》期间，撰写一些小文章时使用过的笔名。

乐宜 从 1950 年到 1951 年 9 月，查良镛在《新晚报》以"乐宜"的笔名，翻译了美国记者贝尔登撰写的长篇纪实报道《中国震撼着世界》。随之，又翻译了哈罗德·马丁撰写的《朝鲜美军被俘记》。又于 1952 年 1 月至 6 月 5 日，在该报以"乐宜"的署名，连载了由其翻译的英国记者 R. 汤姆逊撰写的《朝鲜血战内幕》。

温华篆 查良镛于 1952 年 6 月，以"温华篆"的笔名，在《新晚报》上发表了由其翻译的丹蒙·伦扬的三篇短篇小说。

林欢 这是仅次于"金庸"而广为人知的笔名。查良镛在给《长城画报》写特稿时即署名"林欢"。他在 1950 年曾以"林欢"为名写过十几个剧本，后来还以此笔名在《大公报》撰写各种影评与文艺批评。1956 年 10 月，长城画报社出版的《中国民间艺术漫谈》，也是用了笔名"林欢"。关于这个笔名，查良镛的第一任妻子杜冶芳在信中透露，"林"是因为查与杜两个字的部首都是木，"欢"是指他们婚后幸福快乐的生活。

姚馥兰 这是"你的朋友"的英文音译，是查良镛在主持《新晚报》副刊《下午茶座》时使用的一个女性化的笔名。查良镛以此笔名编剧本，写马经、剧本、戏曲小说等，当时的读者对其影评专栏《馥兰影话》特别叫好。

林子畅 查良镛用"姚馥兰"笔名写了一段时间的影评后，于 1952 年 8 月 22 日起，换了笔名"林子畅"继续撰写影评专栏。署此笔名的第一篇文章是《关于〈城市之光〉的故事》。

萧子嘉 这是查良镛从《新晚报》重回《大公报》后开始使用的笔名，第一篇文章是 1953 年 4 月 28 日，在"每日影谈"中发表的《蜡像院魔王》。自此，查良镛以这个笔名写影评，一直到当年年底。

姚嘉衣、嘉衣　是继"萧子嘉"后撰写影评时使用的笔名。第一篇文章是 1954 年 2 月 7 日写的《相爱与谅解——谈欢喜冤家》。

畅　出现在 1953 年 7 月 1 日《大公报》的"今天广播音乐"专栏，题目是《〈蜂飞〉及其他》。

子畅　用在连载美国剧作家约翰.劳逊《美国电影分析》的最后一期上。时在 1954 年 10 月 20 日。

徐慧之　这个笔名专用于"明窗小札"之类的专栏文章上，查良镛自 1962 年 12 月 1 日至 1968 年 10 月 30 日，在"明窗小札"即以笔名"徐慧之"，撰文评论国际上的重大新闻，前后六年时间，几乎每日一篇。查良镛在用这个笔名时，起先还谎称是金庸的同事，这其实是查良镛采用的一种多重角色的写作策略。另在《明报》三十周年纪念特刊上，还用了"慧之"的笔名。

黄爱华　这是查良镛在《明报》"自由谈"专栏与《明报月刊》所用的笔名。用此笔名时，查良镛一开始还故弄玄虚，说"黄爱华先生是海外一位著名华侨"，尔后，又不小心把自己暴露出来了。查良镛用此笔名把爱表达得很直白，而其所表达的就是对中华之爱。

华小民　这是查良镛于 1962 年 6 月到 7 月在《明报》"自由谈"专栏上发表几则随笔时所署的笔名。后于 1966 年 10 月号的《明报月刊》上发表的《随笔读史五则》时也署了这个笔名。所谓的"华小民"，是查良镛对自己的一种谦称。

另外，查良镛在学生时代还用过笔名"**冷莹**"，在初中毕业那年，他曾以此笔名，写了一首诗："一席言把心深许 / 只有良朋笑问：'考后还剩功课几许？' / 而今乍觉别离滋味 / 一向眼前常见心不足 / 怎禁得真个分离？ / 须知不见须相见 / 一日甚三秋天气 / 使君才气卷波澜 / 共把离情细诉 / 他日相遇知何处？ / 直恐好风光尽随你归去！"当时，他将这首诗送给了即将分别的同学。这应该是查良镛最早使用过的笔名。

　　查良镛还有一些文章署名"良镛""镛",现在好多人将"良镛"与"镛"也当作查良镛的笔名,对此笔者并不苟同。"良镛"与"镛"无疑就是查良镛的简称,仍属于本名。其实用简称署名,原本是很常见的一桩事,一般来说,谁都不会把它看作笔名的。

　　　　　　　(本文部分内容参考了赵跃利的《金庸笔名知多少》)

试水商海

编辑《献给投考初中者》是少年金庸初涉商海即一炮打响的试水之举。作为一名在读的中学生,竟具备如此敏锐的商业眼光,能捕捉到当时小升初考生对参考资料的需求,进而在课余时间大胆尝试,敢作敢为并终获成功,不能不让人为之击节赞叹。

《献给投考初中者》一书是金庸在丽水碧湖就读高中一年级期间,邀约马胡鏊、张凤来两位同学合作编辑的一本助小学升初中的参考书。后来,金庸在2005年访台时,对台湾"金庸茶馆"的店小二也曾提及:"那是我的主意,找另外两位男同学来合作的。我们搜集五年的初中入学考试题,做了标准答案和几篇作文范文,刚好契合当时年轻人的需要,真是供不应求。"金庸在《献给投考初中者》的序言中则是这样讲的:"编辑这书的动机,是起于民国二十八年(1939年)十二月。那时我们三人有几个弟妹要投考初中,可是没有参考书。"他从弟妹们的境遇联想到"凡是投考初中的同学都会感到这种缺少参考书的苦闷",于是,把本来只是供给弟妹们使用的助考资料"印出来给需要的同学们"。经过将近半年课余时间合作编辑,本书于1940年5月以碧湖三友社(其实就是查、马、张三人)的名义,由丽水会文书局发行。(图10)该书之发行又正好卡在即将举行升学考试的时点上,故一投放市场，立即受到学子与家长们的欢迎，十分抢手。书本的销售范围很快冲出浙江，覆盖到江西、福建、安徽等省。书局出乎意料地收到大量订单，一时应接不暇。书经印刷厂加印后，方才满足了当年之需求。第二年（1941年）需求不减，反响仍旧强烈。（图11）金庸与两位同学由此赚得不少版税，掘到了人生的第一桶金，第一次尝到经商的甜头。若干年后，金庸对来访的记者说："我天生会赚钱。"看来这确实不是一句虚话。

1942年，为进一步向南方市场拓展延伸，《献给投考初中者》一书改由广州南光书店发行。

三位寂寂无闻的中学生不经意间的举动，竟激起极大的市场反响，旺盛的需求引起了书商们不一般的关注。是年，除了由"会文版"改作"南光版"的《献给投考初中者》外，市场上还出现了"大田版"的《献给投考初中者》（图12）。两个版本，内容相同；"大田版"仍然依照去年发行的"会文版"的样式，仅在封面上增加了"大田"两字；而"南光版"则重新设计封面，为了保住该书的"鲜度"，还将序言中"编辑这书的动机，是起于民国二十八年（1939年）十二月"改为"起于民国三十年（1941）十二月"，将之推后了两年。在这一年当中，尽管"大田版"介入，分走了市场的一杯羹，但"南光版"仰仗着在广州等南方市场的优势，仍然十分畅销，据南光1946年版（图13）的序言透露，1942年版在当时连续印了二十次，发行量达到了二十万册。就在这两个版本为抢占市场而各显身手之时，当年5月，日寇南侵，中日浙赣会战爆发。6月7日，衢州沦陷。6月24日，丽水沦陷。顷刻间，正常的教育秩序受到严重的侵害，《献给投考初中者》一书由此也就硬生生地停止了印行。直到三年后的1945年8月15日，日本宣布无条件投降，抗战取得胜利，刚刚将元气恢复过来的广州南光书店于次年10月，在对《献给投考初中者》一书中增添了一些内容后，再版发行。当时学子与家长们对此书的欢迎程度，是可以想见的。于是就有了 1947 年 3 月的南光第三版，1948 年 1 月的南光第四版，甚至新中国成立在即的 1949 年 3 月（此时，金庸已到了香港），南光书店还发行了第五版（图 14）。就这样，南光书店在接手《献给投考初中者》后，为三位作者一口气连出了五版！

作为一本未经官方机构指定的、非必读的辅助教材，其发行，跨越十年（期间因战争，中断了三年），经久不衰，甚至还成了一些小学六年级学生的必修课本，这可能在教材类书籍的出版史上也是不多见的。可谁会想到在国内这么大的教材市场上，持续涌起的这一股热潮，竟源自三位还没有踏上社会、连初出茅庐都算不上的在读中学生的大胆试水，而这三人当中具有"洞悉读者的心理的直觉能力（金庸语）"的领头人也是承担工作任务最重的金庸（1946 年版所增的内容，均为金庸所分工的这一块），其起意并动手编辑时年龄还不足十六岁。

商人金庸

金庸可谓是一位常人难以比肩的复合型奇才，他集小说家、报人、社会活动家、时评作者、商人、学者、译者、电影人等于一身，具多面人生，且面面出彩。在小说家兼报人当中若论最有商业头脑的，毫无悬念必选金庸。在商人、企业家中如推最擅长办报、最会写小说的，则非金庸莫属……这种编排金庸的顺口溜，若不怕费时，还可以说出很多。相信在国人当中欲形成上述共识，应该说是最不费力气的事了。

海宁查氏为文宦之家，世代簪缨，整个家族历来不提倡从商，但是，查家又从来不乏经商人才。远的不说，就说清中期的查懋，他在"科场试题"文字狱案发后，只身北上，有幸得北查水西庄的查日乾的指点，白手起家，涉足盐业。没多久，便做得风生水起，若干年后，其集聚的财富总量就超过了提携、扶持过他的北查一家。其孙查有圻，竟成了芦纲公所的纲总而名动京华，时已富甲一方，人称"查（遮）半天"。其叔父查世倓，曾从经盐收入中轻松拿出一百多万两白银，将中国四大名园之一的苏州拙政园收作查家的花园。到了近现代，海宁查家又出了几位成功的商人、企业家，如"济"字辈中的查济民（1914—2007年），"美"字辈中查文清（1849—1923年），"忠"字辈中查忠礼（1878—1960年）等。其中"美"字辈的查文清就是金庸的祖父。他在四十三岁那年，因"丹阳教案"在丹阳知县任上被除官归籍。查文清回乡后，一刻也没闲着，旋即在老家袁花办起了实业。他集中家里的资金开办了茧行、丝行、酱园，还建了一座当铺，做起了典当的营生。一直到七十岁那年，才把经商这一摊子事委托给了代理人。当时在袁花镇八大姓（查、祝、许、董、朱、陆、沈、冯）中查姓已是独占鳌头，有"袁花镇，查半边"之称。

金庸十分敬重自己祖父，一生深受其影响，他虽从不把经商作为自己发展与奋斗的方向，但祖辈的这种经商的因子却已深深地植入了脑海中，时不时就会闪烁一番。当金庸还只是个中学生的时候，他便独具慧眼抓住商机，瞄准了小学升初中参考书空缺的市场，与同学张凤来、马胡銮合编了《献给投考初中者》一书。此书一发行，便深受学生与家长的欢迎，一版再版，由此赚得了不少钱。踏入社会后，且不说金庸如何运用商业理念成功地把《明报》从一份不起眼的小报办成了具有国际影响力的大报，并最终使他的财富王国中的报业板块成了香港的上市公司。人们一般都知道金庸的财富积累主要是依凭十五部武侠小说的每年几百万元的版税收入，但他曾经也跟朋友说，自己在股市里的收入要比武侠小说的版税收入高。他还说起，自己在国外、香港及内地不时当作玩玩的"炒房"的进项也超过了版税的收入。有的朋友为此还戏称他"环球物业收藏者"。后来，他将公司上市后所持的股票，恰到好处地都在高位时抛出，由此赚得个盆满钵满。这些方面的事例不便也不必细说了，因为所有这些并不构成金庸人生的华彩乐章，当然所有这些又是体现金庸真实面貌的不可缺失的组成部分。若嫌铜臭味重而对这些内容避之不谈，那么一个丰满而真实的金庸是立不起来的。

说金庸具商业天赋，有商人的特质，其实对树立金庸形象并不会减分，因为这本来就是金庸的真实面貌。1999年他为了在大陆推出他武侠小说的电视连续剧，对央视拍摄《笑傲江湖》只要了一元版权费，而当时的制片人张纪中和导演黄健中则专门挑了一张号码为25666666的一元人民币，镶了一块有机玻璃的相框给了金庸，此事一时还传为美谈。其实精明的金庸早已看到了央视版对他的小说将会产生巨大的辐射效应，到了拍摄第二部《射雕英雄传》时，金庸就不再客套了，他先按市价开了八十万元的价，因为是央视，又卖了个人情，打了个九折，收了七十二万元，然后又拿出其中的十万元卖了个人情，作奖金给了编剧和导演，实收了六十二万元。真可谓处处是商机，在在有套路。话已说到此，不妨再顺嘴说上几句：金庸对自己创作的武侠小说作过三次修订（报纸连载后在出版单行本时，作了第一次修订；1975年至1981年，作了第二次修订；在将版权运营交给广州朗声时，作了第三次修订）。对此，人们称其是一个精益求精、追求完美的人，毋庸置疑，这确实是金庸修订自己作品的重要因素，其也曾声称"修改原著绝非为版税"。但从呈现的事实来看，谁又能说其中不隐含着巨大的商业动机？特别在金庸结束了与三联书店"八年姻缘"的合作，将自己作品的版权运营交给广州朗声时，合作方朗声图书公司明确要求金庸须对作品再次进行修订，以期掀起新一波阅读高潮。此时，朗声图书与已对自己作品作过两次修改的金庸，双方的动机体现出高度的一致，所以金庸没有迟疑，照办了。尽管事后对这第三次修订的艺术效果之评价褒贬不一，未必尽如人意，也未必尽如己意，许多读者甚至直言"这次修改是越改越差"。但是，从商业角度看，这次修订无疑又是一个成功的举动，从而也使金庸的仓廪更加殷实了。

金庸确实是一个善于经营的商人。有人说，唱京剧的最会经营的要数梅兰芳，那么办报写小说的最会经营的就必定是金庸了。他自己也说："经营企业，我是有点天赋的。我天生会赚钱，这和我人好不好是没有关系的。"虽说金庸是个商人，他又绝对不同于那些以逐利为唯一目的的商人。特别值得一提的是，金庸六十五岁那年，宣布自己不再担任明报社社长，并对外透露欲出售《明报》的意愿。此消息一经传出，不少财团主动表示希望能收购《明报》，包括国际传媒大王默多克的《南华早报》、英国报业大亨麦士维的镜报集团、新加坡联合早报集团、日本德间书店集团等。香港百富勤证券公司的梁伯韬与《资本》杂志的出版商郑经翰联手连一张十亿元的支票都准备好了。但金庸并没有采用"价高者得"的一般商人惯用的唯利做法，而是为了"吸引可能得到的最好人才来办《明报》（金庸语）"，用金庸当时的话来讲："想买的有很多，有美国人，有日本人，有英国人，有本地香港人，但是《明报》是爱国的、爱香港的报纸，如果外国人买去，它不能坚持原来的方针政策。"于是挑选了香港本地的出价三亿元的于品海。因为金庸发现于品海没有改变《明报》立场的企图，尽管于品海的出价还不到价高者的三分之一。金庸最后还是把《明报》交给了于品海。所以说，金庸这个商人并不是一般意义上的商人，他是一个有格局、有情怀的商人、企业家。

至今，仍有不少人坚持认为，金庸没有做过生意，所以不赞成称其为商人。现附《明报》一篇由金庸执笔的小文《明报企业今后的多元化将怎样进行》，以供读者参阅：

> 在今后数年之内，明报集团的业务大致分为两项，出版业为主，地产为副。出版业务由我主持；地产业务由干先生主持。出版业的盈利有时旺盛，有时较弱；地产业也有周期性。我们分为两个主要部门之后，公司的盈利不致在某一年度大大高涨，而在另一年度内不利。当然，我们要经常警惕同业曾经遭遇过的困难经验，投资和借贷不可超出自己的能力，以致周转不灵，那就无法"逍遥自在"了。

金庸掌故十则

(一)

金庸的读书生涯一直不大顺遂，甚至可以说是多舛。说起来，他的小学阶段还算是正常，初小四年在旗杆下项里的袁区第十七初级小学校上学，高小转到了袁花镇上的龙山小学堂。初中时，读书受到了日寇侵华的影响，初一就读于嘉兴中学，到了初二，基本上就在战乱、迁徙、接受军训当中完成学业，初三时进入了位于丽水碧湖的浙江省立联合初级中学。到了高中阶段，他一度还陷入了"一生中最大的危机之一"（金庸语）。当时在省立联合高级中学读高一的他，在学校的壁报上撰文《阿丽丝漫游记》，以眼镜蛇影射为学生所讨厌的训导主任沈乃昌，因此被学校劝退。在同学的帮助下转到了衢州中学高中部，他才完成高二与高三的学业。而他的大学生涯就更加纷繁复杂了，他先后跟十所大学（仅指国内，还没包括英国的牛津大学与剑桥大学）在学业上多多少少产生了联系：一、考取了四所大学。包括国立政治学校、西南联合大学、中央大学、四川大学。二、就读了三所大学。先在1943年考入国立政治学校，但仅读两个多学期就因拒服兵役而被学校除了名。然后在1947年插班进入东吴大学法学院。从入学（1947年9月）到因工作调动去香港而离校（1948年3月），前后读了不到二个学期即终止了学业。到了晚年，金庸在取得英国剑桥大学的博士学位后，于2009年9月又进入北京大学中文系古代文学专业攻读博士学位，但因身体原因，最终没有完成学业。三、还申请过三所大学。在1942年流亡途中，于当年10月到了广东韶关，曾通过广东省教育厅向中山大学提出了入学试读申请，并依规填写了登记表，最后因时间等不及（中山大学一直到12月才答复同意，但此时为生计所迫的金庸已离开广东去了湘西农场）而放弃。在1945年8月，再次到达湘西农场工作的金庸，曾致函湖南大学校长胡庶华，要求试读于湖大，但当时的湖大校长回绝了金庸的请求。到了1946年，已经在《东南日报》当记者的金庸，欲以半工半读的方式申请到浙江大学读研，后碍于校规不能如愿。但当时校长竺可桢的一番话，却让金庸一直铭记在心："一个人求学问不一定要有学位，做学问也是为了服务社会，你现在当记者也是一样的。"

(二)

海宁民间一直有个传说，讲乾隆皇帝就是阁老陈世倌的儿子。金庸在《书剑恩仇录》里，也讲到这件事。金庸之所以将此传说入书，是因为主观上相信这件事是真实的（尽管已经证伪）。2008年9月17日，海宁盐官的金庸书院举行奠基仪式。在那天的奠基仪式上，王雪康（海宁金庸研究会研究员，王国维的堂弟，与查家有姻亲关系）碰上了金庸，两人既是老乡，又是亲戚，谈得很投缘。当金庸知道王也相信乾隆是陈阁老的儿子时，便带着小小的激动，很认真地问王："人家都说我的小说在瞎编，乾隆是陈家的血脉你信不信？"王答道："这怎么会是假的呢？我从小就听父辈们说起，有根有底的。"那天金庸很高兴，因为他又找到了一个知音。

(三)

新中国前夕,蒋百里的内侄查伏生在上海盐务局工作,消息灵通。辽沈、平津战役刚结束,伏生便知蒋政权已命在旦夕。于是,回到袁花老家,将自己名下的土地以极便宜的价格(两枚金戒指)卖了出去。事毕,正碰上了比自己大十三岁的本家侄儿查枞忠(金庸其父)。伏生便将时局告诉给枞忠,并劝其将自己名下的土地赶快处理掉。当时身处乡间信息不灵的枞忠听后,头摇得像拨浪鼓似的,还以查家人自古以来没有卖地的规矩为由,劈头盖脸地将这位小叔叔骂了一通,说他是个败家子。此时,伏生知道这是鸡同鸭讲,便一脸苦笑离枞忠而去。

(四)

二十世纪九十年代初,一位本土出生的海宁县委书记,在出国考察途经香港时欲见金庸。金庸听说来的是一位本土出身的县委书记,尤其高兴,便邀这位父母官到自己家来。为避免会见时出错,这位书记事先买了一本《金庸传》,在宾馆夤夜阅读,做了点功课。第二天会面时,气氛亲切而热烈。临告别,这位书记拿出了自己买来的《金庸传》要金庸签名。金庸说:"这本书的内容与我本人的实际情况有出入,所以我不能签名。"说罢,从书架上取出一本自己写的小说,随手签个名,送给了这位书记。

(五)

金庸自中学期间学会下围棋后,逐渐上了瘾。当年在重庆参加高考,曾在午间休息时与人下围棋误了时,差点进不了考场。到香港后,他依然沉迷此道,棋瘾上来时,常会误事,影响到写社评、写小说。他也想克服此瘾,曾把棋盘和棋子锁了起来,把钥匙交给别人或干脆扔出楼去。但棋瘾上来时忍不住,就又找来榔头把锁砸开,甚至有几次砸坏了橱柜。

（六）

据一位《文汇报》记者回忆：2003年陪金庸去陕西参加"华山论剑"峰会，当时省委书记与省长宴请金庸，记者陪着金庸夫妇也坐主桌。众人就座后，金庸让记者向同桌的省委宣传部部长传话，要求坐另外一桌。部长大惊："为什么？"记者转述："陈忠实先生在哪一桌？金庸要与他同坐，想聊聊天。"部长随即与陈忠实换位，请陈坐到主桌上。金庸起身相迎，与陈忠实握手，随后悄悄地说："您的《白鹿原》我看了两遍，您胆子真大，为地主阶级翻案，放在五十年代，您会被杀头的！"陈忠实靠近其耳旁回答："查先生，您看懂了，他们没看懂！"

（七）

2001年5月，金庸访问天津，受聘南开大学名誉教授。26日那天，他在天津观看京剧会演，入座不久，见一位"文革"时期演"样板戏"的大师登场，金庸即刻起身退场。随后，正好接受记者采访，便趁此有感而发："学问好不好不重要，人品要紧，要有风骨。'文革'时，看到很多人向权势跪下来磕头，这种人学问再好也没用。"

（八）

金庸不喜欢吃小馄饨，认为这是以前大户人家给下人吃的东西。他就喜欢吃家乡的清蒸臭豆腐，他在香港的一位小族弟，每次回海宁总会给他带回去一点。吃家乡这道土产时，便成了金庸的开心一刻。

（九）

2003年7月25日，金庸在杭州剧院举行演讲会。那场演讲会的门票为一百八十八元。当时，除少量出售外，大部分门票被一家作为主赞助商的啤酒公司购得，他们拿去后当作奖品进行发放。这家啤酒公司借金庸演讲会，在杭州搞了一次有奖促销活动，凡是喝六瓶以上由该公司所产红石梁啤酒的消费者，均获得抽奖机会。奖品除一台空调外，还有金庸演讲会门票。所以也可以这样说，当时在杭州剧院参加演讲会的听众，大部分都喝了六瓶以上啤酒。

(十)

金庸在十五部武侠小说中，提到了2593个人物，其中出场的有1938人，未出场的有655人。这2593人，有虚构的人物，也有真实的历史人物。在金庸的笔下，提及多位查氏族人，另外，有41位真实的历史人物则与金庸家族存在着各种关系。其中，查慎行，为明珠家的西席，是明珠子揆叙的家庭老师。黄宗羲，为查慎行、查嗣琪、查昇的老师。袁枚，与查奕照亦师亦友，交往不浅。顾炎武，其曾外孙女为查嗣琪的儿媳妇，有姻亲关系。吕留良，与查继佐同在鲁王麾下抗清，可谓"战友"。吕葆中，吕留良之子，与查嗣韩有交往，为好友。吴炎、潘柽章、董二酉、李令晳、茅元铭、吴之铭、吴之镕、茅次莱、吴楚、李礽涛、唐元楼、严云起、蒋麟征、韦金佑、韦一围、朱佐明等十六人与查继佐同为"明史案"之案犯，最终均被杀害。陆圻、范骧，也与查继佐同为"明史案"之案犯，后被释。吴六奇，其两子从查继佐游。王士祯，为查慎行、查嗣琪、查昇之老师。赵翼，为《瓯北诗话》之作者，尊奉查慎行为唐宋以来十大诗人之一。纪晓岚，为天津北查水西庄之常客、诗友。厉鹗，为查学之同学、好友。沈德潜，为查开之同学、好友。陈世倌，为查慎行之外甥。陈元龙，系查昇之姻亲。蒋溥，其父蒋廷锡与查慎行同年、好友。刘伯温，为查家之女婿。袁崇焕，系金庸崇拜的英雄。庄廷鑨，系"明史案"之主犯。朱昌祚、胡尚衡、谭希闵、松魁、程维藩，均为"明史案"初期办案人，因受贿被告发，朱昌祚、胡尚衡轻处，松魁被充军，谭希闵、程维藩被处死。

金庸早年生平纪实（1924—1948年）

徽州婺源（今属江西）查氏（统宗）第六十三世孙讳均宝（又名瑜），为避兵乱，于元至正丁酉岁（1357年）沿新安江而下，举家迁嘉兴之南门；未几，由刘基（伯温）亲往测得风水，复迁海宁园花里（今袁花镇），始定居于龙山之东（后称查家桥），是为查氏海宁支始迁祖。

至本谱主查良镛，已是海宁支第二十二世矣。

本谱主之鼻祖海宁查氏第十三世讳昇（1650—1707年），字仲韦，号声山，嗣琪（石丈）公次子。太学生，康熙戊辰科（1688年）进士，授编修，入直南书房充日讲官，历谕德侍讲，迁学士、詹事府少詹事，加三级晋赠通奉大夫。著有《鄂渚纪事》《澹远堂集》《澹远堂尺牍》《静学斋诗集》《塞北纪恩赋》。

远祖讳广（1670—1719年），字恒宏，号远亭，声山公长子。邑庠生，贡太学，入武英殿纂修，例赠文林郎。

太祖讳隆礼（1691—1755年），字东木，号不挠，远亭公长子。邑庠增生，有文名，徵试鸿博，以孙官，貤赠奉政大夫。

烈祖讳烜（1722—1783年），字庭光，号硕堂，东木公次子。郡庠生。

天祖讳墀（1746—1829年），字坤为，号佩云，庭光公次子。太学生，以子官，诰赠登仕郎；以孙官，貤赠奉直大夫。

高祖讳人英（1769—1826年），字得天，号赫山，佩云公长子。太学生，长芦议叙州同，以子官，诰赠奉直大夫。

曾嗣祖讳元吉（1798—1822年），字雍伯，赫山公长子。太学生，以子官，诰赠奉政大夫。

曾祖讳元復（1826—1906年），字见心，号梅庐，赫山公次子。郡庠贡生，山东候补县丞，加五品衔，诰授奉直大夫。著有《见山草堂诗钞》，总理《海宁州志稿》。

祖父讳文清（1849—1923年），字沛思，号沧珊，雍伯公嗣子。州庠生，光绪丙戌科（1886年）进士，以知县即用分发江苏，授丹阳知县，加同知衔。辛卯岁因"教案"除官，转而从商，并经管查氏义庄。著有《退思轩文钞》《晚香吟馆诗钞》《海昌查氏医案》（未刊印），主修《海宁查氏族谱》（己酉版）。

父讳枞忠（1897—1951年），字树勋，号枢卿，家名荷祥，沧珊公三子。上海复旦大学肄业。从商、查氏义庄管理者。

母徐氏讳禄（1895—1938年），海宁硖石附贡生候选州同徐冠英讳元熊之女，徐志摩之堂姑。

兄讳良铿（1916—1988年），字铮弘，号健行，枢卿公长子。上海正风文学院毕业，清华大学研究院肄业，后从章太炎游。医生、高中教师。

1924年 甲子 一岁（虚岁，下同）

谱主讳良镛，字镈宏，乳名宜孙，笔名金庸、查理等，枢卿公次子。2月6日（农历正月初二，该生日为谱主直接提供，《查氏族谱》亦用此说）生于袁花镇太平村（今新袁村）秤钩浜之赫山房。

谱主之弟妹（良浩、良钰、良琇、良璇、良楠）统一说法是："小阿哥良镛是属猪的，生在阴历1923年底，阳历1924年初（见查良钰《金庸是我的"小阿哥"》）。"至今，对谱主之生日仍有不同说法，但对其出生年份（1924年）已无异议，仅是1月还是2月的具体日子尚待进一步考证。

4月15日，海宁查家于袁花举办查文清葬礼，时民国前总统徐世昌、晚清状元、著名实业家张謇、晚清安徽巡抚冯煦、晚清直隶总督、北洋大臣陈夔龙、著名教育家蔡元培、国学大师王国维、出版界巨擘、商务印书馆董事长张元济、外交家顾维钧以及社会各界人士都送来挽联、挽幛表示悼念以致哀思。

时由查文清三子查教忠、查钊忠、查枨忠述，查文清公之同年、湖南提学使吴庆坻撰《清授奉政大夫同知衔江苏丹阳县知县显考沧珊府君行述》，在述后辈"孙"一栏，列十人之名，最末者为"良镛"。

在举礼葬礼之前，教忠、钊忠、枨忠联名给丹阳县政府送去讣告。

4月25日，丹阳县政府机关、公会团体、学校等各界人士两千余人（不包括自发参加的民众），齐集丹阳公园讲演厅，由县议事会、县参事会、县商会、县教育会、县农会、县教育局六个政府机关联袂举行前丹阳县知查公追悼会，场面甚大，几成"全城送别"。时，查文清三子教忠、钊忠、枨忠皆往丹阳参加是会。

1926年 丙寅 三岁

5月4日（农历三月二十三日），大妹良琇生于赫山房。

1928年 戊辰 五岁

7月3日（农历五月十六日），小妹良璇生于赫山房。

1929年 己巳 六岁

7月，兄良铿于杭州安定中学初中毕业。

9月，兄良铿考入上海正风中学高中部。

是年，兄良铿教查良镛识字，还送了他一本段玉裁注释的《说文解字》。

1930年 庚午 七岁

9月，就读于旗杆下（小地名）项里的袁区第十七初级小学校（祖父查文清生前为该校之校董）。因年幼体弱，每天由家里的丫鬟（顾秀英，后成为其继母）接送。

初小学习阶段，常看《小朋友》《小学生》《儿童时代》等课外书。查良镛后为《童谣大观》作序时说："我小时候在家乡海宁袁花镇读小学的时候，我父亲给我买了好几本童谣集，那都是商务印书馆和中华书局出版的。童谣内容大都采自江南一带，说的主要是天气和农作之类，因为内容简单，又杂有婆媳、父女、娘舅之类家庭趣事，每一句都押了韵，读来琅琅上口，很容易记忆。事实上，我家乡也有很多的类似童谣，所以没有陌生的感觉。这是我最初的课外儿童读物。"

是年或翌年，家里人指着花间飞舞的一对被称为"梁山伯、祝英台"的蝴蝶，给查良镛讲了关于梁祝的故事。后来查良镛说："这是我第一次知道世间有哀伤和不幸。"

1932年 壬申 九岁

7月，兄良铿上海正风中学高中毕业。

夏，弟良栋生于赫山房。

9月，兄良铿考入上海正风文学院。

12月下旬，表兄徐志摩灵柩迎回硖石安葬，代父母只身前往吊唁。为此，徐家单独摆桌款待之，随后以船送其回家。

是年，开始读报，父亲在家里订阅《申报》《新闻报》《大公报》

《东南日报》，以及刚出版的《文汇报》。在《新闻报》上，第一次读到顾明道的武侠小说《荒江女侠》，自此，始沉迷于武侠故事中间了。

1933年 癸酉 十岁

6月12日，由兄良铿带着观看龙王戏《明末遗恨》，听兄长说，戏中主角即为崇祯皇帝，觉得这个皇帝有些可怜。

1934年 甲戌 十一岁

6月30日，于袁区第十七初级小学校（初小）毕业。

7月12日（农历六月初一），弟良浩生于赫山房。

9月，就读于袁花镇上的县立袁花中心小学五年级。为方便上学，全家从秤钩浜的赫山房迁往镇上的住宅——文浜弄一号居住。

自到镇上读书后，常去书摊租看《七侠五义》《小五义》等武侠小说。

自五年级起，国文老师陈未冬任级主任，老师很快发现查良镛"作文写得好"（陈未冬语），遂选了几篇作文送到《诸暨民报》上发表；还让查良镛主编级刊《喔喔啼》，该刊开始半月出一期，后来一周出一期，小小的级刊办得生动活泼。

是年，开始阅读新文艺作品。

是年或次年，跟着母亲一起读《红楼梦》。

1935年 乙亥 十二岁

9月，升入六年级，在班上成绩最佳。

是年，读了巴金的《家》，认为书中最精彩的人物是觉慧与鸣凤。但当时最爱读的还是武侠小说。

是年（或上年或下年），由父亲带着去乌镇见了父亲的同班同学茅盾；当时查良镛管茅盾叫沈伯伯。

1936年 丙子 十三岁

5月31日（农历四月十一日），弟良钰生于赫山房。

六年级时，学校一位姓傅的老师将自己的美国文学名著《小妇人》《好妻子》《小男儿》借其阅读。

7月，于县立袁花中心小学（高小）毕业，考试成绩全班第一。

在小学期间，查良镛"得益最多，记忆最深"的书籍是邹韬奋的《萍踪寄语》《萍踪忆语》以及由邹主编的新、旧《生活周报》。

7月，兄良铿毕业于上海正风文学院，获文学士学位。

9月，以成绩第六的名次考入嘉兴的浙江省立嘉兴初级中学。

9月，兄良铿就读清华大学研究院，当年结束学业（未毕业）。

12月25日，父亲赠其圣诞礼物——狄更斯小说《圣诞述异》，无比欣喜。

是年（或下年），开钱庄的父亲带查良镛一起去向别人讨钱，"他把钱借给人家，他去讨钱，人家请他喝酒讲好话，父亲就好像良心很好的，就好像老朋友，这个钱你不还了就算了。但人家存钱存在你这里，你要还人家的，所以搞到后来只好自己卖田地，垫了还给人家，我觉得父亲没用"（查良镛语）。

1937年 丁丑 十四岁

1月，兄良铿到苏州，从章太炎游，并任章氏国学馆文书。

2月，就读初中秋一甲班第二学期的课程。开学初，学校公布包括查良镛在内的在上学期学业成绩达到甲等，操行、体育成绩达到乙等的三十三位学生的名单，由学校颁名誉奖，并将此奖状悬挂在学校的会客厅内。同时还免除了一学期学费59元，另给予15元奖学金。

在学校里，班主任、国文老师王芝簃先生于课余之暇召查良镛等几位同学到其住所"开小灶"——灌输课本之外的文史知识，讲解政治时事问题。

其时，俞芳先生教代数，俞师"每事凭公理公式规律求证，条理分明，推理精密严谨"的教学方法使查良镛"一生治事、为人处世、撰文受益不尽"（查良镛语）。

初夏，学期将结束，赠诗于同学高炳生，其曰：

> 白云孤飞，
>
> 青鸟去兮春寂寞，
>
> 落花倚垂晖，
>
> 愿得故人绕笔香，
>
> 留作长相思！

在初一的课余时间，读完了学校图书馆三分之一的藏书。学期结束时，考试成绩全班第一。

7月，堂兄良基于省立第二中学初中科毕业。

7月，学校改名为浙江省立嘉兴中学，秋季拟开办高中。

暑假刚开始，"七七"卢沟桥事变。一月后，"八一三"淞沪抗战爆发。

9月，度过最后一个与家人在一起的假期，接学校通知：因战事不能按时开学。

10月初开学，升初二年级。当时，除高中班与初三班仍留城内小西门天官牌楼的学校里，其余班级全部迁往郊区新塍镇。

11月5日，日寇于金山卫登陆，嘉兴危在旦夕，人心大乱，学校已无法继续上课。遂即决定迁移。

经过六天的准备，在校长张印通的带领下，嘉中两百多名师生编队搭乘九条乌篷大船，撤离新塍镇，即向西行。当时西行的老师有：张印通、杨次廉、任洁生、怀瑾瑜、徐珏珉、朱森玉、黄蔚龙、卢霞叔、王志毅、徐慧君、俞芳、王希录、俞拔棠、尹道中、骆志强、葛久之、宋月娥、卢其美、范古农、王哲安、杨景桐、李馥承、葛建之、姚公孟、陆费斌生。

出发第三天，船队经乌镇、练市，行至新市镇稍事休整。时校长张印通作出决定：凡家乡尚未沦陷的学生，一律回家；凡家乡已沦陷的学生，继续随校西迁。此时查良镛家乡海宁尚未沦陷，本应回家，但查良镛坚决要求随校西迁，最终得到学校的批准随行。

11月8日，日机轰炸硖石；17日，海宁县政府部分人员撤离；18日，全家人（兄长良铿在苏州章氏国学馆，弟良栋已夭亡）在匆忙中由父亲查枢卿带领，渡过钱塘江，逃难到江对岸余姚的庵东镇落脚。

11月19日，嘉兴沦陷。

11月25日，船队到了临安，遇原嘉兴县县长翁桎，翁拿出两千银圆接济嘉中师生。

11月26日，师生行水路到了青山镇，然后上岸以每天三十多里的速度，抵达第一个目点地——地处天目山区的於潜。学校拟借用县立潜州中心小学的校舍，准备开课。

就在刚安顿好不久，又传来嘉兴失守、杭州告急的噩耗。

12月20日，学校决定再次转移，目的地确定为浙南丽水县的碧湖镇。

12月23日，海宁县全境沦陷。

家人到庵东后不久，查良镛的祖母，时年六十五岁的查黄氏，因禁不住战乱惊吓与迁徙的劳顿，不幸故世。

年底，南迁的嘉中师生经过桐庐，到达建德，时与从上海撤下来的国军张发奎部，行走在同一条公路上，"（时）每天要步行七八十里，风餐露宿，为抗战救国，我们跟学校到后方去。为救亡图存，我们努力学习。走不动了，就唱支歌"（查良镛语）。张发奎将军为师生们的行动所感动，拿出了一千银圆赠予嘉中师生。

1938年 戊寅 十五岁

元旦，当天到达兰溪，小住三天。

丁丑岁尾，全体师生在校长张印通的带领下，历尽艰辛，终于到达目的地——丽水县碧湖镇。

其时，因省教育厅迁到碧湖，大批学生也麇集于此。省政府决定将全体学生集中，组建"战时青年训练团"。刚到达碧湖的嘉中学生被编入青训团第三大队九中队。

2月，兄良铿进上海合组医院学医。

入夏后，同学高炳生悉母病，欲返已沦陷的平湖家中探望。其按查良镛的安排，绕开日寇封锁线，抵达庵东镇查良镛家，拟在此候船渡江回平湖。时查良镛家，父亲已潜回袁花，去照料陷于敌区的产业，查良镛母亲接待了高炳生。然此时正逢日寇扫荡，海面封锁，船只不能通行，高炳生在查家待了十多天，看回乡无望，只得重返碧湖。临别时查母给了高一些路费。

8月6日，日寇进犯袁花，中国军队予以反击，浴血奋战，日寇伤亡数百人，为泄愤，日寇焚烧了袁花镇，大火持续数天，查良镛家在袁花镇上的所有房屋俱遭焚毁。

8月10日（农历七月十五日），查良镛母亲徐禄得急性菌痢，因缺乏医药不及救治，病逝于庵东镇。

8月，根据省教育厅安排，由杭州高中、杭州初中、杭州女中、杭州师范、杭州民众实验学校、嘉兴中学、湖州中学七所省立中学在碧湖合并成立省立临时联合中学，内分高中、初中、师范三部。至翌年六月，又分成联高、联初、联师三所学校。

9月，查良镛从青训团升入联中初三年级。因家乡已沦陷，查良镛经评定，享受甲种救济待遇。

时联中的初三年级分为甲、乙两班，查良镛编在乙班。查良镛提议命名乙班为"亚力山大级",该提议获级会一致通过。

初三年级时,读了丹尼尔·笛福的《鲁滨孙漂流记》,突发奇想,约好友沈德绪等,跑到距学校九公里外大溪(瓯江上游)中的孤岛上,模仿鲁滨孙,野营三天。

初三年级时,学生中流行"五病"(肺病、疟疾、伤寒、寄生虫、皮肤病),查良镛也患上疟疾,同学沈德绪日夜照料,一周后病情始有好转。

冬,寄居于庵东镇近一年时间的查良镛家人,在父亲查枢卿带领下返回老家袁花。当时逃难出去好端端一家七口人(祖母、父、母、三弟、四弟、大妹、小妹),回家时只剩下五人,另外,带回两具棺材(祖母、母亲)。此情此景,凄惨不堪,令人泪目!

父亲携家人返乡后,即葬祖母、母亲于施家埭祖茔。

1939 年 己卯 十六岁

于丽水碧湖,读初中三年级。

2 月,因初三第一学期学习成绩都在九十分以上,获学校奖状。

4 月初,周恩来以国民党中央军事委员会政治部副部长的身份视察浙江,时至丽水之云和,查良镛等一众同学前往听取了周恩来的演讲。

6 月,临毕业,三十六位同班同学与三位老师在碧湖镇上拍摄"亚历山大级"师生的合影照。

7 月,以优异成绩毕业于联中初中部。在与将要报考宁波中学高中部的马尚骥同学话别时,以笔名"冷莹",赠诗一首,曰:

一席言把心深许,

只有良朋笑问:

"考后还剩功课几许?"

而今乍觉别离滋味，

一向眼前常见心不足，

怎禁得真个分离？

须知不见须相见，

一日甚三秋天气。

使君才气卷波澜，

共把离情细诉，

他日相遇知何处？

直恐好风光尽随你归去！

其时，同学余兆文将报考衢州中学高中部，临分别无钱购买纪念品，遂以作文簿一本赠予余兆文，以作留念。

9月，以中考第二的名次进入联高，被编入高一乙班。

12月，与同学张凤来、马胡銮商议，拟合编《献给投考初中者》一书，以为小升初的学生提供升学指导。时分工：查良镛负责编写国文与史地，马胡銮编写算术，请同学俞杨根写作文范文，张凤来则总管出版、订购及杂务。并聘请时任国立儿童保育院浙江分院的教导主任许为通为之校稿。

是年（或次年上半年），在学校的壁报上，刊《〈虬髯客传〉的考证与欣赏》，文章得到了老师与同学们的好评。

是年（或次年上半年）在班会上提出：中国文学史应分为三代，即以屈原为代表的上古时代、以杜甫为代表的中古时代和以王国维为代表的近代。

是年，查良镛学会了下围棋（余兆文语）。

1940年 庚辰 十七岁

于丽水碧湖，读高中一年级。

就读高中后，曾去龙泉浙大分校小住了几日，见过海宁老乡、分校主任郑晓沧与教授胡伦清、王敬五等。

5月，与张凤来、马胡鋆合编的《献给投考初中者》，经浙江印刷厂印刷，以每册两元的定价由丽水会文书局总经销。该书发行后，十分畅销，一直行销到福建、江西、安徽等地。此书问世一年间，书局接订单不断，印刷厂为此也一再加印，查良镛与两位同学由此获得了丰厚的版税收入，而这部分收入，也解决了日后读书、生活的开销。

上半年，在学校壁报上撰文《阿丽丝漫游记》，文中以眼镜蛇影射为学生所讨厌的训导主任沈乃昌，在全校引起了轰动。为此，沈乃昌通过省教厅逼迫张印通校长开除查良镛，张校长迫于压力，一直拖到学期终了，并勉力将开除改为退学，保住了查良镛的学籍。

暑期，已被联高劝退而陷入"一生中最大的危机之一"（查良镛语）的查良镛去金华找正在医院治病的同学余兆文。查良镛提出转学到衢州中学高中部的想法，两人商量后，拟由余兆文出面陪同查良镛去衢州中学找校长沈天白，当面向沈校长提出让查良镛转学到衢中的申请，最终申请获学校批准。

申请获批后，于7月，参加转学插班考试，顺利考取了衢中的公费生。

进入衢中后，其妹良琇也前来衢中就读师范班。

9月，在衢州石梁的下静岩村就读衢中高二班。不久，结识了班上的江文焕、王浩然，三人很快成为友谊的三驾马车。

10月，在一个星期六下午，与江文焕一起受王浩然邀请到柯城航埠乡王浩然家中做客。

下半年，父亲查枢卿在丧妻两年后，再娶邻近双丰村顾家的女子，曾为查家丫鬟的顾秀英（1913—1989年）。

1941年 辛巳 十八岁

于衢州静岩，读高中二年级。

在学期班会上，被推选为班长。

5月中旬，日寇进行细菌战，衢州鼠疫大流行。同学毛良楷染鼠疫，同学们见此，纷纷退避。查良镛义不容辞，跟着班主任老师，随同被雇的两名农民抬毛良楷进城，送到江中的一条隔离船上，与之垂泪永别。

5月，丽水会文书局再版《献给投考初中者》。

5月，兄良铿由金兆梓介绍，任中华书局特约编辑。当年底，书局西迁，未随行。

7月，查良镛应余兆文邀，带着几位同学去遂安叶村余兆文家度暑假。

暑期中，遇联高同学马胡鎣，两人深夜促膝聚谈甚欢。临别，马胡鎣赠查良镛一本1939版的商务印书馆出版的《综合英汉大辞典》。查良镛在辞典首页记下了这份同学的情谊："辛巳年夏，道出碧湖，与胡鎣深夜促膝聚谈甚欢，及至英文，益自相得，即出此以赠，盖红粉佳人宝剑烈士之意也。书此以志其拳拳至情，并自警惕，愿勿负其初望焉。"

9月4日，针对一些老师随意污辱学生，动辄开除学生学籍的现象，查良镛向《东南日报》"笔垒"副刊投稿，以查理的笔名发表《一事能狂便少年》。文中，还借题发挥说："要成就一件伟大的事业，带几分狂气是必需的。"

9月，升入高三年级。

开学之初，学校奉省教育厅令组织军训。江文焕、查良镛、王浩然同编在一个中队，江任副中队长，查任三小队小队长。

据王浩然回忆，高中全体同学到金华接受军训，期间《东南日报》

的陈向平曾到学生驻地寻找过查良镛。

10月10日，学校举行双十节文艺会演，由查良镛自编自导并主演的英语话剧《月亮升起》在石梁街广场演出，当时学校的英语老师称赞查良镛在演出时的英语发音正确流利。

10月28日（农历九月初九），弟良钺生（顾出）。

初冬，因无钱置办棉衣，身着单衣，同学斯杭生见此，即赠驼绒长袍一件，过后又送去了一件棉大衣。对此，查良镛念着这份同学情谊，一直过了五十多年，在给同学的信中还提及此事："绨袍之惠，永世难忘"。

11月15日，衢中训导主任杨筠青干涉学生自治会召开的要求查办办事员傅某经管学校消费合作社进行贪污一事的学生大会，由此引起了激烈冲突。为此，杨筠青宣布开除以江文焕为首的八名学生的学籍，进而导致学潮发生。第二天衢州警备司令部派兵进驻学校。查良镛因参与此次学潮，被列入"过激学生"名单。后因校长陈博文从中斡旋，才幸免于开除的处分。

12月7日，以查理的笔名，在《东南日报》"笔垒"副刊上再次发表《人比黄花瘦——读李清照词偶感》的文章。在文中，查良镛提出了自己的独特见解，认为李清照用顾影自怜、充满愁思的词句来博取他人怜悯同情的做法是中国封建社会多数文人的通病，在今天不值得提倡。因"查理"这两篇文章，引起了《东南日报》编辑陈向平对作者的注意。

其后，在《东南日报》上还发表了一首七言长诗，查良镛在诗中以衢中同学为影子，引经据典歌颂了战火中的青春与友谊。编辑陈向平还特地加了编者按。

冬，衢州举行乒乓球赛，同学王浩然被推为衢中代表参赛，但王浩然对参赛事犹豫不决，查良镛特请假，陪同王浩然参赛。

寒假，应邀到航埠乡彭村王浩然家过年。

在衢高求学期间，每学期的伙食费都是由王浩然家提供，查良镛每次看到王浩然家的长工，在每学期初挑着米担到学校，一担给王浩然，一担给自己交伙食费，内心十分感动。

是年（或在高三时），精读了基督教的新、旧约全书。

是年，应高二班同学王铎安之邀，与斯杭生等去王铎安父亲的部队里参观。王铎安的父亲王埍当时是驻衢部队一九二师的师长。此时还获知王铎安有位哥哥在湘西的泸溪开办农场。

是年上半年，兄长良铿娶同邑的曹圣因，在老家举办婚礼。但查良镛身在衢州，路途有阻，无法回家参加兄长的婚礼。

1942年 壬午 十九岁

于衢州静岩，读高中三年级。

1月，兄良铿在上海胶州路胶州新村与堂妹良望合作开设儿科诊所。

4月18日，由杜立特率领的美国特别飞行中队16架B25中型轰炸机从美国大黄蜂号航母上起飞，轰炸了日本东京、名古屋、大阪、神户等地后，飞至衢州等地机场降落。

是月，侵华日军为报复，沿浙赣线西进，衢州上空时有敌机袭扰，城中房屋也多有炸毁，处郊外静岩的衢中也不得安宁，为防敌机轰炸，各班学生开始疏散到山上树林里上课。

日军全面发起了以摧毁衢州机场为主要战略目标的浙赣战役，5月14日，先后向奉化、富阳发起进攻。

5月20日，日军将攻打金华、兰溪，《东南日报》（金华版）因此而停刊，并即刻南迁，陈向平随《东南日报》撤往江山。

5月24日衢州危在旦夕，晨，衢中全体师生在静岩学校操场集合，

89

校长陈博文宣布:"衢州正面临最危险的时刻,学校决定从今天起停课。"并决定高三班提前毕业,即发给毕业证书与流亡学生证明。

同日,与江文焕、王浩然达成一致意见,拟往大西南后方报考大学。

5月25日,与江文焕来到航埠王浩然家,同时还约了黄文俊、吴汝榕、程正迦、程正返、朱卿云(已提前往老家江山长台镇向父母提出要求)几位同学一起商量,准备一同离开衢州,到大后方去。当晚宿王浩然家。

5月26日早饭后,七位同学凭着王浩然、江文焕、黄文俊三位同学所带的盘缠,怀揣着学校开具的流亡学生证明,踏上了西行之路。

当天,行走了七个小时,到达了江山县城,找了一个小旅馆歇脚。

同日,《东南日报》在江山发行了迁离金华后的第一份《东南日报》号外,查良镛恰见号外,估计陈向平此时也到了江山,于是四处打听《东南日报》江山办事处的驻地。到了傍晚时分,两人竟在县城的中山路上迎面相遇。随后,两人在大街上来回走着,从身边琐事谈到当下局势以至下步的去向,无所不谈,一直到街上的一些夜店都点上了灯火,才各自分手。

5月27日早上,陈向平来到查良镛借住的旅店,发现查良镛一行已经离店。

当天,查良镛一行离开江山后,四人(查良镛、王浩然、江文焕、程正迦)前往长台镇朱卿云家,以接朱同行。其余三人(黄文俊、吴汝榕、程正返)仍在江山等待。当晚,查良镛一行宿朱卿云家。

5月28日清晨,查良镛、王浩然、江文焕、程正迦与朱卿云五人离开长台镇,回到江山与黄文俊、吴汝榕、程正返三人会合。

当天,八人赶到新塘边登上西去的火车。上车不久,火车驶入江西境内的玉山,突遇大水,铁路被淹,火车在玉山车站停开,八人被迫下车,暂困在火车站,一直到大水退去,才重新上了火车。火车至贵溪，又遇暴雨，洪水冲毁了路基，此时听到前方南昌也已沦陷。于是，八人商议决定：下车转而南行，走山路，免与日军相遇。

于旅途中，查良镛将一路写就的六千多字的长文《千人中之一人》寄往江山陈向平处，在文中阐述了对友谊的看法："人生中假如没有友谊，我真不知道生活将变成如何的丑恶的一个东西。一颗良好的心，一种爱人的精神，一种坦白、诚恳、宽恕、愉快的态度，是享受友谊的必要条件。"随后，此文在《东南日报》上分五期连载。陈向平于8月30日，也同题发表了《千人中之一人》。

6月4日，《东南日报》江山版号外停刊，报社南撤。

6月7日，衢州沦陷。

八人南行至南丰，除查良镛外七位同学都得了病，而此时又找不到医生，直到五天后才得到医治，控制了病情，但江、王、黄三人所带的钱快要用完。为此，八人再作商议：分头行进，各自投亲靠友，争取到重庆汇合。于是，江文焕、黄文俊、吴汝榕、程正迦、程正返继续向南去赣州，查良镛、王浩然、朱卿云则北上，准备去长沙。

与同学们刚分手准备北上时，查良镛忽然得病，只得暂留南丰，时寄住在从南城迁来的三青团南城分团团部。近三个月后，于9月初，方病愈。但已延误了当年的高考，遂决定改作南下，准备先到两广，再确定下一步的行动计划。

9月8日，途经广昌、宁都，到达赣州。

9月15日，到达广东韶关，随即到广东省教育厅登记，请求救济同时填报了求学申请。

就在韶关等待教育部回复求学申请的过程中，打听到一些联高的同学在桂林，遂于9月18日，与王浩然、朱卿云赶往桂林，抵桂林后，在街头遇见了同学俞杨根等人，异乡遇见昔日同窗，在战乱流离中倍感亲切。

9月21日，与俞杨根等同学参加了当地青年会召开的会友大会，观看了由青年会招待的《银翼春秋》电影。在会上有几位联高同学因不堪遭受欺侮，与青年会干事及其同伙发生了争斗。

9月24日，几位同学在异乡桂林过了一个俭朴而伤感的中秋节。那天赏月时，与俞杨根分食了一个小小的月饼。

10月1日，向教育部发函，请求分发至国立大学（中大、联大、复旦）试读。

10月5日，再次联系广东省教育厅，办理了到国立中山大学法学院经济系试读的相关手续，填写了登记表。

10月7日，再次发函教育部高教司，请求批准到国立中山大学试读。在函件中还留下了自己的通讯处：广西桂林环湖北路八号毛咸先生转。

11月11日，广东省教育厅发电文致教育部，转呈查良镛等人的试读申请。

因等待教育部回复不及，更无法知道教育部最终能否批准在国立中山大学试读（教育部虽于11月6日已接广东省教育厅电，但一直到12月9日才回复广东省教育厅，同意查良镛至国立中山大学试读），而此时俞杨根他们都已进入了当地的私立汉民中学就读。查良镛遂与王浩然、朱卿云离开桂林，乘汽车回到了韶关，再从韶关搭粤汉铁路火车准备按原计划北上。

至衡阳时，三人盘缠告罄。查良镛只得与王浩然、朱卿云分手，相约重庆再见。于是，独自一人前往湘西的泸溪，拟寻找在泸溪办农场的王铎安他哥哥，以寻求其帮助。

冬，几乎身无分文的查良镛拖着疲惫不堪的身子，几经辗转，终于到达泸溪县的浦市镇，在浦市的乡下一个叫麻溪口村子附近的湖光农场找到了王铎安他哥哥王侃（铠安），遂在王侃所办的湖光农场谋了个农场主任的职位,至此,颠簸了半年时间后,总算找到了一个栖身之所。

是年,为扩大市场之覆盖,进一步向南方市场拓展延伸,《献给投考初中者》改由广州南光书店印行。与此同时,书市上还出现了"大田版"的《献给投考初中者》。

1943年 癸未 二十岁

在泸溪浦市的湖光农场。

上半年,在湖光农场,协助农场主王侃抓经营管理。当时农场虽有二十来亩水田,但主要工作就是培育油桐树苗,随后在山坡上垦荒栽种。在此期间,查良镛在完成王侃交代的工作任务的同时,仍在复习功课,并试着将《诗经》译成英文,但此翻译最终没有完成。

夏,离开农场,负笈前往重庆,拟参加当年高考。

抵达重庆,遇江文焕、程正迦、王浩然、朱卿云。此时,从衢州一起出来的黄文俊已去上海读大学,吴汝榕进了贵州的交通大学,程正返重新回衢州老家。而余兆文则在浙大龙泉分校读了一个学期的课程后,听到查良镛已到重庆,也辗转来到重庆,准备报考中央大学。

7月19日或20日,报名考西南联大。

7月20日或21日,再报名考国立政治学校。

7月21日或22日,又报名考中央大学。

7月23日至24日,参加国立政治学校的入学口试。

7月25日至26日,参加国立政治学校的入学笔试。

7月28日上午参加西南联大的入学考试,午休时间在沙坪坝茶馆与人下围棋误了时间,进考场晚了十五分钟,差点误了下午的化学考试。

7月30日至7月31日,报名考四川大学。

8月1日至3日，参加中央大学的入学考试。

8月6日至8日，参加四川大学的入学考试。

应试这四所学校，最终都被录取。其中在九月六日国立中央大学公布的录取名单中，查良镛录取在可以免收学费的师范学院；而随后公布的西南联大的录取名单中，查良镛录取在文学院。

8月30日（农历七月二十三日），弟良楠生（顾出）。

9月11日至14日，国民党《中央日报》连续四天公布国立政治学校大学部录取通知，录取名单上共有539人，查良镛列于"重庆区"，被录取在外交系。

此时，查良镛虽内心向往西南联大，但因缺乏路费，更因为就读外交系可以当外交官从而能满足周游世界的愿望，最后决定进免收学费的国立政治学校。此时的王浩然也考入了国立政治学校，余兆文则如愿进了中央大学，江文焕克服困难，坚持去西南联大，程正迦也考入了国立重庆女子师范学院英文系，朱卿云则考上了中央大学医学院。

在大学尚未报到入学那段时间，每逢电影院放映名片，必邀余兆文等同学前往观看，当时看过的电影有《绿野仙踪》《小鸟依人》《爱德华大夫》《白雪公主》《罗宾汉》等。

是年（或翌年上半年），撰写短篇小说《白象之恋》，参加重庆市政府征文比赛，获二等奖。

是年，在重庆国立政治学校外交系求学。学校隔壁正好是蒋介石侍从室第三处，几位股长、科员都喜欢下围棋，遂与他们结成了棋友，每逢上那些索然无味的功课时，便溜出课堂与他们下棋。

是年（或翌年上半年），因不满陶希圣散布投降论调的演讲，在陶第二次到校作演讲前，与几位同学商量后，在黑板上书"青山有幸埋忠骨，白铁无辜铸佞臣"一联，陶来校见后就不再提这个话题了。

1944 年 甲申 二十一岁

在重庆国立政治学校。

寒假结束,就读第二学期课程。当时的老师钱穆以无锡方言讲课,同学们大都听不懂,查良镛便在台下给同学们作"同步翻译"。

3月,填写登记表,被(集体)加入国民党,其党证字号为:校字10923。

其时,正在重庆任教的初中时的班主任王芝簃老师获悉嘉中的几个学生包括查良镛、高炳生(时就读于中央大学)等都在重庆,遂约了这几位学生到家里会面,重叙师生情谊。

4月,兄良铿在无锡青城中学任教导主任兼高中文史教员,冯其庸为其学生。

暑假前夕,教育长程天放在"总理纪念周"大会上,宣布了查良镛大一成绩名列第一,予以嘉奖。

暑期回不了家,仍住学校,自己定了个读书计划。在假期里读完《资治通鉴》与威尔斯的《世界史纲》两本书。

9月初开学,升入大二。

9月,国民党军队在对日决战的豫湘桂战役中溃败,陪都震动。

9月16日,蒋介石在国民参政会上发出"一寸山河一寸血,十万青年十万军"的号召,拟在大中学生中招募青年军。

10月12日,蒋又亲自参加发动知识青年从军大会。

11月12日,全国知识青年从军登记正式开始。

与此同时,国立政治学校作出规定,所有在校学生都要有"投笔从戎"的壮志和"为国捐躯"的决心,要求学生先报名,校方再审批。时查良镛一心想当外交官,同时,对学校这种强制性的做法也十分反感(当时一些学生还动手殴打不去报名的学生),所以没有报名,离开了学校,结果被学校勒令退学(被勒令退学,其党籍当然也保不住了)。

12月,离校后找到了时任中央图书馆馆长的表兄蒋复璁,给他安排了一份管理员的工作,负责登记借书与还书,工作时间每天下午两点到晚上十点。

在图书馆工作的这段时间,虽薪水不高,仅以糊口,但给查良镛一个大量读书的机会,查良镛后来曾说起:"我在图书馆里一边管理图书,一边就读了许多书。一年时间里,我集中读了大量西方文学作品,有一部分读的还是英文原版。"特别在看了《侠隐记》后,说对自己以后的小说创作影响极大。

冬,就读中央警官学校的、曾与查良镛合编《献给投考初中者》的同学张凤来找到了查良镛,提议合办一本综合性刊物,并请查良镛担任杂志主编。正好有空闲时间的查良镛接受提议,遂开始着手筹备。

是年, 妹良敏生(顾出)。

1945年 乙酉 二十二岁

在重庆中央图书馆。

2月,在重庆弹子石大有巷四号设太平洋出版社,20日首发《太平洋杂志》(月刊)。时查良镛负责编辑并撰稿,张凤来负责发行。在首发的杂志里,查良镛以笔名查理,写了一篇《发刊词》与一篇《如花年华》小说的第一章。还第一次用笔名"良莹",翻译《爱》。当时中学时期的几位同学包括马胡鋆(马玮)、高炳生、俞杨根也都给杂志投了稿。

《太平洋杂志》第一期印行三千册随即售罄,查良镛准备接着出第二期,时刊物的内容也都准备就绪,其在首期上发布"下期要目预告":1.希特勒的自杀师团;2.指挥丘吉尔的人;3.莫罗阿恋爱的艺术;4.我丈夫的著作;5.美国十一个著名大学;6.美国间谍司令部;

7. 安娜与泰王；8. 关于萧伯纳；9. 如花年华（连载）；10. 世界上唯一的女大使；11. 战后世界文化交流的政策；12. 纸牌上的鬼脸；13. 其他。但印刷厂因纸价飞涨怕亏本，不同意再像第一期那样给予赊账，最终第二期因资金原因无法出版发行，杂志即以告终。

4月初，泸溪浦市湖光农场的场主王侃，因业务需要出差到重庆。当他了解到查良镛已离校正在图书馆打工的情况后，便找到查良镛，十分真诚地邀请查良镛再去农场协助他工作。此时王侃还痛快地提出：只要等农场开垦出来的山坡地上全种上了油桐树，就送查良镛出国留学。此时正彷徨在人生十字路口的查良镛，见王侃有如此真诚的态度以及所作极具诱惑力的承诺（出国留学），再加上还有两年前在农场工作过的经验积累，于是几乎不提什么报酬、待遇方面的条件，只要求允许带个可享有同等待遇的伙伴作陪，提出了带上中央大学哲学系的同学余兆文同行。当时与王侃两人一拍即合，很快谈成了此事。

4月19日，查良镛办理图书馆的离职手续。此时，余兆文也已办理休学手续。两人轻装简束，启程去湘西泸溪。

离开重庆前后，向湖南《力报》投稿——《四强瓜分德国后的症结，苏联催逼英美撤兵》，此文发表于6月9日。

5月，再次来到泸溪浦市的湖光农场。此后的日子里，曾利用空余时间试翻译《牛津袖珍字典》（未完成）；还与余兆文深入农场附近的村寨，与当地老百姓交往，也交上了几位农民朋友。

在此期间，亲眼看见一位覃姓的农民朋友，因自己及全家人染上天花，最终家人亡故，恋人分离，从一个充满生命活力的好把式转瞬间成了一个垂死之人，查良镛为之而深受震动。在浦市这个苗汉杂居之地，查良镛接触到了当地原住民剽悍的民风，还目睹了苗民受欺压的情景。

在这段时间里，对当地的风土人情在后来的回忆中曾经说起："抗战时我曾在湘西住过两年,那地方就是沈从文《边城》这部小说中翠翠的故乡,当地汉人苗人没一个不会唱歌,几乎没一个不是出口成歌的歌手。对于他们,唱歌就是言语的一部分。冬天的晚上,我和他们一齐围着地下挖起来的大树根烤火,一面从火堆里捡起烤热了的红薯吃,一面听他们你歌我和地唱着,我就用铅笔一首首地记录下来,一共记了厚厚的三大册,总数有一千余首。"在湘西这段时间,是查良镛接触底层社会最直接的一个时期,使他有机会亲身体察民情,近距离认识社会。在与村民同娱同乐、真情交往中,获得了人间真情的滋养,也切身体悟到"侠"与"义"的真谛,还特别了解到诸如"下蛊、符咒、赶尸"等在苗汉杂居地特有的风土民俗文化。所有这些,都为他日后创作武侠小说积累了宝贵的素材,打下了坚实的基础。

8月8日,始终不忘求学深造的查良镛,有了就近借读湖南大学的想法,遂致函湖大校长胡庶华:"……恳请先生准予在贵校借读以成生负笈后方之志……如蒙允许,生愿受严格之编级试验,或请准予暂在四年级第一学期试读,如成绩不及格可即予开除,但求能赐予一求学机会……自知所请于贵校规定或有未合,惟请先生体念陷区学生环境之特殊、情况之艰苦,准予通融借读或试读……"为求得这位校长的同情,信中,查良镛还吐露了自己为求学辗转突破日军数道防线的艰难经历。然而,因为战乱,且湖南大学严格规章制度,校方还是没有给予查良镛特许。12日,胡庶华校长按有关规定批复:"关于借读需向教部请求分处,本校不能直接收容……"拒绝了查良镛的请求。

8月15日,日本宣布无条件投降。那些在抗战初期从苏浙等沿海地区逃到湘西的难民,包括在农场的那些打工者,开始成群结队地离开湘西。

此时,虽已心神不定的查良镛、余兆文,还是留在了农场。

9月，堂兄良鑑被派往上海，任上海地方法院院长；未几，兼任上海东吴大学法学院教授，教国际私法。

秋，大妹良琇毕业于杭州师范学堂（由衢州师范转入）。

冬，船载农场产的桐油行于沅江上，整船的桐油欲销往常德，行至清浪滩时，因搁浅而翻船。查良镛虽不在船上押运，但作为农场主任，对于农场蒙受这么大的损失，难免会受到农场主王侃的指责。

抗战胜利后，父亲查枢卿重建了袁花镇上的部分店铺，对赫山房旧宅也作了一番修缮。

是年，在袁花区区署搞文秘工作的良琇嫁于袁花区区长吴志远。兄良铿则在邻县海盐石泉镇设私人诊所行医。

1946年 丙戌 二十三岁

在泸溪浦市。

开年后，查良镛即向农场主王侃提出辞去农场的工作，王侃再三挽留。至初夏，王侃见查良镛去意已决，便送上一笔钱，算是对查良镛与余兆文的酬谢。

3月15日，查良镛在《学生杂志》上发表译文《人类的感情周期》。

6月，查良镛带着好友余兆文离开了农场。查良镛径直回家，余兆文则去南京的中央大学办理了复学手续。

时隔十年后，回到阔别已久的家乡，父子相见，父亲对儿子多年在外闯荡所得的结局，不甚满意，对其往后的日子，更是忧心忡忡。

回家不久，去硖石凭吊两年前去世的舅舅徐申如。

不久去上海，在书店里买到了汤因比的英文巨著《历史研究》（节本）。得此书后，查良镛废寝忘食地诵读，心中产生一个强烈的念头："我如能受汤因比博士之教，做他的学生，此后一生即使贫困潦倒、颠沛困苦，甚至最后在街头倒毙，无人收尸，那也是幸福满足的一生。"

（查良镛语）从此，汤因比的文明史观伴随了查良镛的一生，使之生命中始终有着一种难以割舍的历史情结。

暑期，接替同学毛信仁，到杭州阮毅成（族太叔祖公查猛济的挚友，时任浙江省民政厅长）家任家庭老师。

10月，广州南光书店将《献给投考初中者》一书于"胜利后增订一版"（即第二版）。

下半年，发信给早已回到上海《东南日报》社的陈向平，请求其帮助介绍进杭州的《东南日报》社工作。

11月22日，经陈向平推荐，被杭州《东南日报》招为外勤记者。进报社后一开始就是收听英文广播，随手编译成国际新闻稿。由此，查良镛正式进入了新闻出版界。

11月27日，开始在《东南日报》副刊《东南风》署名查理，主持"信不信由你"栏目。

12月5日，署名查良镛，在《东南日报》上发表第一篇译作《英国最近的外交政策》。该文另载于《粤秀文垒》第二卷第三期上。

英国皇家科学院院士李约瑟曾考察浙江大学，对浙江大学在艰苦的办学条件下，创造了辉煌成就，为此在《自然》周刊上盛赞浙大为"东方剑桥"。12月6日，查良镛引用此文在《东南日报》青年版发表了自己在做外勤记者后的第一篇访问记——《访问东方的剑桥大学——浙江大学》。

12月10日，在《东南日报》副刊《东南风》署名查理，发表《死人做主席》。

12月，《时与潮》抗战胜利停办一段时间后，在上海复刊。

查良镛进报社不久，即打算利用业余时间去浙江大学读研，当时他报考了外国文学研究生，虽已通过了笔试，但浙大不容许半工半读，而查良镛此时因经济条件所限，无法辞去工作，最终只得放弃。其读研最终虽没如愿，但当时校长竺可桢的一番话则让查良镛一直铭记在心："一个人求学问不一定要有学位，到哪里都可以做学问。做学问也是为了服务社会，你现在当记者也是一样的。"

1947年 丁亥 二十四岁

在杭州《东南日报》社。

开年起，继续在《东南日报》副刊《东南风》上主持"信不信由你"的栏目。

1月10日，在杭州《半月新闻》创刊号上署名查良镛，发表《日本赔偿问题》。

1月16日，在上海《时与潮》半月刊第二十五卷第五期署名查良镛，发表译文《西伯利亚的神秘城》。这是目前见到的查良镛自湘西回来后，在《时与潮》上发表的第一篇译文。

1月28日，在《东南日报》上署名查良镛，发表译文《四强外长代表会议——与世界和平》。

2月1日，在《时与潮》半月刊第二十五卷第六期上署名查良镛，发表译文《苏联也能制造原子弹》。

2月16日，在《时与潮》半月刊第二十六卷第一期上署名查良镛，发表译文《五国和约的检讨》。

2月21日，《东南日报》副刊《东南风》"信不信由你"栏目凡十期，到此结束。

3月4日，在《东南日报》上署名查良镛，发表《汤山采石记》。

3月16日，在《时与潮》半月刊第二十六卷第三期上署名查良镛，发表译文《美国的通货膨胀与物价管制》。

3月24日，在《东南日报》上署名查良镛，发表《马歇尔在苏京会议》。

3月，广州南光书店发行第三版《献给投考初中者》。

在此期间，查良镛在《时与潮》半月刊上发表了几篇译文后，引起了总编辑邓莲溪的注意，遂邀其担任《时与潮》的（兼职）编辑。

4月1日，在《时与潮》副刊第七卷第四期上署名查良镛，发表译文《戒不戒烟由你》。

4月12日，在《东南日报》副刊《东南周末》上署名宜，主持"咪咪博士答客问"栏目。

4月19日，在《东南日报》副刊《东南周末》上署名镛，主持"咪咪博士答客问"栏目。

5月1日，在《时与潮》半月刊第二十六卷第六期上署名查良镛，发表译文《马来亚的民族主义》。

同日，在《时与潮》副刊第七卷第五期上发表译文《人间的天堂——瑞典》《心理学家论政治》《万能衣服》，分别署"查良镛译""查理译""白香光译"。

5月10日，在《东南日报》副刊《东南周末》上署名查理，发表《犹太人》。

5月16日，在《时与潮》半月刊第二十七卷第一期上署名白香光，发表《美国梦想着帝国》。

5月19—21日，在上海《东南日报》副刊《长春》上署名查良镛，分三期刊载随笔《"愿……"》。

5月23日（农历四月初四），妹良琪生（顾出）。

5月24日，在《东南日报》副刊《东南周末》上主持"咪咪博士答客问""看你聪明不聪明"栏目。

5月31日，在《东南日报》副刊《东南周末》上署名白香光，发表《自由职业者》。

6月1日，在《时与潮》副刊第七卷第六期上署名查良镛，发表译文《胖子与瘦子》。

6月18日,在《东南日报》上署名查良镛,发表《记空校演唱会》。

7月1日,在《时与潮》半月刊第二十七卷第四期上署名查良镛,发表译文《美苏就要开战吗?》。

同日,在《时与潮》副刊第八卷第一期上分别以"白香光译"与"查理译",发表译文《鱼多聪明》《原子时代的眼睛》。

7月5日,《东南日报》副刊《东南周末》"看你聪明不聪明"栏目凡七期,到此结束。

同日,在《东南日报》副刊《东南周末》上署名白香光,发表《成人的游戏(一)》。

7月12日,在《东南日报》副刊《东南周末》上署名白香光,发表《成人的游戏(二)》。

7月15日,《东南日报》副刊《东南周末》"咪咪博士答客问"栏目凡十五期,到此结束。

同日,在《东南日报》副刊《东南周末》上署名白香光,发表《成人的游戏（三）》。

7月21日,在《益世报》第五版上署名查良镛,发表《国际世界和平的障碍美苏就要开战吗》。

7月26日,在《东南日报》副刊《东南周末》上署名宜,发表《萧翁的理论》。

7月31日,在《东南日报》副刊《东南周末》上主持"咪咪录"栏目。

8月1日,在《时与潮》副刊第八卷第二期上署名查良镛,发表译文《"天下一家"的建筑师》。

初秋,在登门访问读者杜冶秋时,对其姐杜冶芬一见钟情,随后,便着力追求之。

9月1日，在《时与潮》半月刊第二十八卷第二期上署名查良镛，发表译文《英国的危机》。

9月21日，在《东南日报》副刊《东南风》上署名查理，发表《基督会议外国代表群像（上）》。

9月22日，在《东南日报》副刊《东南风》上署名查理，发表《基督会议外国代表群像（下）》。

时获悉任上海地方法院院长的堂兄查良鑑兼任东吴大学法学院教授，遂生去沪进东吴大学以完成大学学业的想法。

此想法，其后得到堂兄的首肯，遂于9月初，则以中央政治学校的学历，进入上海东吴大学法学院插班修习国际私法。

秋，去硖石看望执教于海宁县立中学的同学俞扬根，并邀之同回袁花老家做客。

10月1日，在《时与潮》半月刊第二十八卷第四期上署名查良镛，发表译文《维持和平的神秘武器》。

同日，在《时与潮》副刊第八卷第四期上分别署"查良镛译"与"查理译"，发表译文《容忍·厌恶与爱好》《为什么罢工？》。

10月3日，《东南日报》副刊《东南风》"咪咪录"栏目凡五十期，到此结束。

10月6日，向《东南日报》总编汪远涵递交报告，申请长假，"工作殊乏成绩，拟至上海东吴大学法学院研究两年"。因"慰留"，再呈报告，终获准。

即将离杭时，同学王浩然与黄怀仁前往《东南日报》编辑部所在地——众安桥为之送行。

刚到上海没几天，于10月15日，见《大公报》公开招聘翻译的信息，即前往报名。

10月16日，在《时与潮》半月刊第二十八卷第五期上署名查良镛，发表译文《战后的自由观：右派的自由主义》。

10月19、20、22、23日，在《东南日报》分四期上署名白香光，发表译文《求爱的礼节》。

10月下旬，上海《大公报》由许君远任主考官，公开招聘报社翻译的考试，当时的试题是：将电报一份、社论一篇译成中文，时查良镛第一个交卷；随后进行口试。最终与蒋定本、李君维三人在一百零九名报考者中脱颖而出，被《大公报》第一个录取。

10月底，进入上海《大公报》。

11月1日，在《时与潮》半月刊第二十八卷第六期上分别署"白香光译""宜孙译""查良镛译"，发表译文《苏联陆地战略的秘密》《如何避免第三次世界大战》《莫洛托夫的左右手》。

同日，在《时与潮》副刊第八卷第五期上分别署"白香光译""宜孙译""查理译""查良镛译"，发表译文《SVP——万能服务处》《电脑》《了解你的头发》《铝是一种新药吗？》。

11月16日，在《时与潮》半月刊第二十九卷第一期上分别署"查良镛译""查理译""宜孙译"，发表译文《强权政治即是战争》《美国物价高涨与对策》《苏联粮食丰收》。

12月1日，在《时与潮》半月刊第二十九卷第二期上分别署"查良镛译""宜孙译""查理译"，发表译文《英国能挺过冬天吗？》《中美贸易衰退》《英国议会做些什么？》。

同日，在《时与潮》副刊第八卷第六期上署名查良镛，发表译文《我怎样写畅销书？》。

12月5日，在《大公园地》复刊第十五期上发表《自扁其说录》。

12月16日，在《时与潮》半月刊第二十九卷第三期上分别署"查良镛译""宜孙译""白香光译""查理译"，发表译文《资本主义与世界和平》《社会主义与共产主义》《巴勒斯坦怎样分治》《法国饥馑的原因》。

是年，接到同学王浩然投给《时与潮》的几篇译稿，即回信说："几乎没有错误。"随后即刊登在《时与潮》半月刊上。

是年，曾在杭州采访过陈立夫。

是年，在《华西晚报》增刊《时代文摘》第一卷第八/九期上发表译文《五国和约剖视》。

是年冬，仍在南京中央大学读书的好友余兆文，路过上海，专门来看望查良镛，见其住梵皇渡路618号（今万航渡路618号）《时与潮》编辑部一个阁楼上，承担着《大公报》与《时与潮》两份工作，同时还就读东吴大学法学院，而他却能应付裕如，惊讶不已。

1948年 戊子 二十五岁

寓居上海。

1月1日，在《时与潮》半月刊第二十九卷第四期上分别署"查良镛译""宜孙译"，发表译文《日本对和会要求的秘密文件》《日本天皇的命运》。

1日9日，在《大公报》第三版上署名查良镛，发表《比基尼原子弹实验报告》。

1日16日，在《时与潮》半月刊第二十九卷第五期上分别署"宜孙译""查理译""查良镛译"，发表译文《苏联物资的缺乏》《苏联的经济新措施》《法国总理许曼》。

1月，广州南光书店推出第四版《献给投考初中者》。

2月1日，在《时与潮》半月刊第二十九卷第六期上分别署"查良镛译""查理译"，发表译文《去年的世界动态》《美国要从援欧中索取的战略原料》。

同日，在《时与潮》副刊第九期第二期上署名查良镛，发表译文《预言家》。

2月16日,在《时与潮》半月刊第三十卷第一期上分别署"查良镛译""查理译""白香光译",发表译文《美国的防御战略》《苏联的攻击战略——如何对付苏联的攻击》《美国财长史奈德》。

3月1日,在《时与潮》半月刊第三十卷第二期上分别署"查良镛译""查理译",发表译文《"天下一家"的困难》《史达林与希特勒的外交秘密——纳粹秘密文件泄露了希特勒与史达林的关系》。

同日,在《时与潮》副刊第九卷第三期上署名查良镛,发表译文《英国报业现况》。

3月15日,香港版《大公报》正式复刊。

3月16日,在《时与潮》半月刊第三十卷第三期上分别署名"查理译""白香光译""宜孙译",发表译文《世界政府在七年后成立?》《被欺骗的贝奈斯》《"文件战争"的苏联反攻》。

3月,因将派遣去香港,终止了东吴大学法学院的学业。为此给海宁的父亲和杭州的女友各写一信。

此时,还去了南京一趟,见了余兆文,欲约其同赴香港,余因已有家室所累,而未同行。同时,还致信王浩然,告知"奉命到香港设分馆。"

南京归后,回了一趟袁花和杭州。至27日,女友杜冶芳送查良镛回上海。

3月29日,报馆同事在南京路报馆为其饯行。

3月30日,受命赴香港,将加入刚复刊的香港《大公报》。女友杜冶芳至机场,为查良镛送行。

是日,登机后,才记起身上没带港币,便向机上邻座的香港《国民日报》社社长潘公弼先生借了十块港币,才让自己顺利到达报社报到。对此插曲,过了四十多年后仍清晰地记得,为此曾写下了"南来白手少年行"的诗句。

初到香港,居住在坚尼道赞善里8号《大公报》社四楼宿舍。

4月18日,在香港《大公报》上署名查良镛,发表译文《东西之间的意大利》。

4月24日,《大公报》社长胡政之突然病发,27日,离港返沪,查良镛与之朝夕相处一个多月,"亲聆教言,获益良多(查良镛语)。"时目送其离开报社。

4月25—27日,在《大公报》上分三期署名查良镛,发表译文《英国有多强?》。

5月5日,在《大公园地》上复刊第十九期署名查良镛,发表《来港前后》。

5月15、16日,在《大公报》上分上下两期署名查良镛,发表译文《苏联的力量》。

5月19日,在《大公报》上署名宜孙,发表《苏联十四人》。

5月22日,在《大公报》上署名良镛,发表《市政的进步》。

5月25日,在《大公报》上署名查良镛,发表译文《简洁新闻》。

6月1日,在《时与潮》半月刊第三十一卷第二期上署名查理,发表译文《苏联会发生革命吗?》。

6月4日,在《大公报》上署名查理,发表《不需要美国援助的四个欧洲小国》。

6月11日,在《大公报》上署名查良镛,发表《牧童·戏子·锻工·参议院》。

6月25日,在《大公报》上署名查良镛,发表译文《美国的议员们》。

7月1日,在《时与潮》副刊第十卷第一期上署名白香光,发表译文《自然界的最大奇迹》。

7月2日,在《大公报》上署名宜,发表《三强的兵力》。

7月4日，在《大公报》上署名小渣，发表《笑话而已》。

7月7日，在《大公报》上署名良镛，发表《何必做总统》。

7月12日，在《大公报》上署名小渣，发表《费城种种——民主党与共和党都在这里选出总统候选人》。

7月16日，在《大公报》上署名小渣，发表《巴力斯坦战争调解人——贝那杜特伯爵》。

7月23日，在《大公报》上署名良镛，发表《贝方》。

同日，开始连载《世运前奏曲》。

7月26日，在《大公报》上署名小查，发表《港穗间的贸易》。

7月29日，共计七篇《世运前奏曲》连载完毕。

7月30日，在《大公报》上署名良镛，发表《世运比赛项目漫谈》。

8月2日，在《大公报》上署名查理，发表《世运漫谈》。

8月6日，在《大公报》上署名小查，发表《世运会的摔角》。

8月15日，在《大公报》上署名小查，发表《世运漫谈》。

8月26日，在《大公报》上署名查理，发表《棒球大王比俾罗夫》。

8月，回杭州向杜冶芬求婚成功。

9月4、5日，在《大公报》上署名宜，发表译文《体育逸话》。

9月7日，在《大公报》上署名宜，发表译文《体坛逸话》。

9月8日至12日，在《大公报》上署名白香光，连载冷扬的短篇小说《记者之妻》。

9月13日，在《大公报》上署名徐宜孙，发表译文《香港的自由贸易》。

9月26日，在《大公报》上署名白香光，发表《二十六个字母的秘密》；署名小渣，发表《稀奇古怪的死》。

10月2日，与杜冶芬在上海贝当路国际礼堂举行婚礼，时由许君远当证婚人，高中同学毛信仁充当男傧相。

随后，新婚夫妻回海宁袁花，家中为之又连摆了几天婚筵，以招待亲朋好友。

婚假毕，偕杜冶芬回到香港，住摩理臣山道住所。

11月10日，主编王芸生在《大公报》上发表《和平无望》的社评，公开抨击蒋介石的内战政策，标志港版《大公报》正式"左转"。

11月15日，在《大公报》上署名镛，发表译文《赛珍珠谈中国米价》。

11月23至28日，在《大公报》上署名白香光，连载冷扬短篇小说《会一会总统》。

11月29日，在《大公报》上署名小查，发表译文《本年诺贝尔化学物理奖金的获得者》。

12月10日，在《大公报》上署名镛，连载译文《我怎样成为拳王——乔路易自传》。

12月13日，在《大公报》上署名查良镛，发表《论美军登陆"护侨"》。

12月20日，在《大公报》上署名查良镛，发表《为美国最高法院担忧》。

是年，将视为宝物的、当年由马胡蓥所赠的《综合英汉大辞典》，转赠给同学王浩然。

是年，黄永玉进入《大公报》任美术编辑，遂与任英文翻译的查良镛成为同事。"金庸是大侠，黄永玉是怪侠。"这是查良镛在《大公报》另一位同事梁羽生，在后来对他俩所作的评价。

辑二

金庸在湘西

金庸先生一生先后在九个地方待过（按住满一年以上计），依次是：海宁之袁花、嘉兴（初中）、丽水之碧湖（联初、联高）、衢州之石梁（衢高）、湘西、重庆（国立政治学校及中央图书馆）、杭州（《东南日报》）、香港、伦敦之牛津市与剑桥郡这九个人生的落脚点。除湘西外，现都有关于金庸在生活、学习、工作等方面详细的活动记载。唯有湘西，至今仍笼统以示。随着这几年对金庸研究的不断深入，经有关专家学者考证，已将湘西这么大的范围缩小到沅陵或泸溪一个县的范围，但具体位置究竟在沅陵或是泸溪，还是确定不下来。至于金庸当年在那里工作、生活的具体情况，则更无从谈起。再加上金庸生前对这段经历也很少提起，所以有关金庸在湘西的往事一直是扑朔迷离的。

其实回头来看，金庸当年生活在湘西的哪个地方，他是说到过的，不过说得很隐晦："抗战时我曾在湘西住过两年，那地方就是沈从文《边城》这部小说中翠翠的故乡。"《边城》中翠翠的人物原型有三个：其一沈从文的妻子张兆和；其二崂山一女子；其三泸溪老县城绒线铺女孩。金庸这里说"翠翠的故乡"，不可能指张兆和老家合肥，也不可能指崂山，因为它们都不在湘西，所以只能指绒线铺女孩所在的泸溪。但由于金庸没有明确说出泸溪这个地名，而读者也没有进一步去深究，所以一直就忽略了。最近，一个偶然的机会，笔者为了解金庸同学余兆文当年的入学时间，专门询问了余兆文的女儿余小亚。余女士为笔者提供了一份从南京市人民中学档案室调出的关于余兆文先生的履历表，该表上赫然记录着"1945年5月至1946年6月在泸溪县浦市镇私营湖光农场，证明人查良镛"的字样。余兆文先生是当年唯一陪同金庸去湘西的同学，关于湘西的这段历史除了金庸，也只有余兆文能说得明白了。

泸溪县的浦市镇，位于沅江中游西岸，是一座因商业而兴、因文化而盛的千年古镇。春秋战国时期，楚国诗人、政治家屈原被放逐时，曾在浦市留下足迹，在此他写下了《涉江》《橘颂》《山鬼》等旷世名篇；汉代的伏波将军马援为征讨"南蛮"也曾驻军于浦市；唐代诗人王昌龄赴任龙标尉，溯沅水也途经于此，当时还留下了"醉别江楼橘柚香，江风引雨入舟凉"的千古佳句；宋代的理学家朱熹结缘浦市，曾惊叹"梯云石磴羊肠绕，转壑飞泉碧玉斜"；而当代著名作家沈从文更是为浦市风光和人文历史发出了由衷的感慨："一切光景静美而略带忧郁，随意割切一段勾勒纸上，就可成一绝好宋人画本。满眼是诗，一种纯粹的诗。生命另一形式的表现，即人与自然契合，彼此不分的表现，在这里可以和感官接触。一个人若沉得住气，在这种情境里，会觉得自己即或不能将全人格融化，至少乐于暂时忘了一切浮世的萦绕。"浦市作为湘西四大古镇一，且居于其首，在历史上曾是中国西南物资集散的一个重要商埠。其本来就是一个舟楫如蚁、交通便利的水路重镇，到了二十世纪三十年代，又有东起厦门、西至成都的湘川公路全线贯通，从而使泸溪包括浦市成了上通云贵、下达湖湘的重要交通节点。抗战时期，浦市又成了大后方，是桐油、木材、丹砂、白蜡、黄豆、芝麻等山货特产的重要集散地。当时在浦市经商的一些商号大都有江浙财团的背景，一些江浙商人纷纷在此开设分号，一时间此地商贾云集，埠店成林。与此同时，一些政府机构也陆续迁来，又有江浙沿海地区大批难民拥入，使浦市人口骤增，更使浦市这个湘西古镇的市面显得异常热闹繁华，当时人们将这里称为"小南京"。

说到抗战时期的金庸。他起先就读于嘉兴中学，至1937年11月嘉兴即将沦陷，即随学校迁往丽水碧湖。过后又从丽水转学到衢州，至1942年5月，在衢州中学高中部毕业。其时衢州即将沦陷，为不做亡国奴，金庸与几位同学商议，决定去大后方报考大学。在接下来结伴西行途中，由于交通阻滞，加之盘缠告罄，几位同学只得分手，各自寻找生路。而此时，金庸因病在江西的南丰休养两个多月，延误了高考时间。病愈后，他先在两广转了一圈，后独自一人到了赴渝之必经之地——泸溪，拟寻求在衢中时的临湘籍同学王铎安他哥哥的接济。金庸在校时曾听王铎安说起他哥哥王侃在泸溪县浦市的乡下开办了一个农场——浦市私营湖光农场（图15）。这个农场主要是种植油桐树，那几年桐油十分畅销，故农场很有气色。就在1942年的年底，几乎身无分文的金庸拖着极度疲惫的身子，一路风尘来到了浦市，在一个叫麻溪口村子附近，找到了湖光农场，找到了王侃。王侃就在农场里给金庸安排了一个农场主任的职位，协助王侃抓农场的管理工作。至此，在饥寒交迫中已颠簸了半年多的金庸总算找到了一个栖身之所，也让他度过了一生中最为穷困潦倒的一段时光。

在湖光农场待了半年，到了1943年的夏天，为参加当年的高考，金庸暂别王侃，启身赶往重庆。

金庸到了重庆，见到了包括余兆文在内的一批衢中同学，也如愿考上了中央政治学校。但到了1945年，一心想当外交官的金庸因拒服兵役被学校除名了。离校后，他在重庆中央图书馆（图书馆馆长为其表兄蒋复璁）找了份工作，担任图书馆的管理员。此时，浦市湖光农场的王侃，正好因业务需要出差到重庆。这个王侃对金庸当年在农场的工作很满意，他非常赏识金庸的管理才能。这次到重庆，得知金庸的现状后，便去找了金庸，他十分真诚地邀请金庸继续到浦市去协助他管理农场。当时，王侃还非常痛快地提出：只要等农场培育的树苗栽到了开垦的山坡地上，就送金庸出国留学。此时的金庸，正彷徨在人生的十字路口，见王侃如此真诚的态度以及他极具诱惑力的承诺（出国留学），再加上自己有两年前在农场工作过的那段经历，也比较了解农场，金庸动心了。于是他几乎不提什么报酬、待遇之类的条件，只要求带上时在中央大学哲学系读书的同学余兆文，并让余兆文也能享受与自己同样的待遇，故当时与王侃几乎是一拍即合，很顺利地谈成了此事。

接着，金庸很快办妥了图书馆的离职手续，余兆文也早已办好了休学手续。于是，两人轻装简束，启程赶到了浦市的湖光农场。

金庸与余兆文到了农场后，仍旧是参与农场的一些管理工作。可能因为农场单纯刻板的工作没有什么技术含量，平淡单调的农场生活也不可能惊喜迭出，所以即使到后来，金庸也没有跟他人具体地讲起在农场的工作与生活情况。倒是余兆文在后来说起，当时的农场主对他和金庸还是很放手的，他与金庸的工作也不是十分繁重，他记得金庸在工作之余就是看书，仍旧像在学校读书时一样，手不释卷，孜孜不倦。余兆文还听金庸讲起，1942年那次，他一个人待在农场这半年多时间里，曾试着将《诗经》翻译成英文。而这次余兆文看到金庸在翻译《牛津袖珍字典》。虽然这两本书的译稿最终都没有完稿，但整个翻译过程本身就是一种学习，这对于金庸今后的学习、写作还是颇有裨益的。

当时的金庸，在平日里也经常到农场旁边的香炉岩村与麻溪口村去玩耍，他结交了几位农民朋友，其中最要好的是一位姓覃的朋友。

金庸常跟着他一块儿去捕鱼、钓田鸡、打山鸡。这位姓覃的朋友，虽然是个文盲，却是位唱山歌的好手。他家里还有一位老母亲，以及哥哥和妹妹，家境还算过得去。这位朋友当时还正与邻村的一位姑娘热恋着。忽然之间，村子里爆发了天花，姓覃的朋友全家人都染上了，最后母亲与哥哥、妹妹都得病死了，他自己虽然活了下来，但为埋葬母亲、哥哥、妹妹，把家里养的牛跟羊也卖光了，一下子变成家徒四壁、一无所有了。最后，那位姑娘也离他而去嫁了别人。这位姓覃的朋友从此痴痴呆呆，对什么都失了兴趣，成了垂死之人。当时的金庸，无助地望着一个原本充满生命活力、煞是可爱的好朋友，转瞬间成了一个"比死好不了多少的人"（金庸语），除了对此发出几声悲悯的呼喊，再也使不出别招数来减轻这位好友所受惨痛之一二。

在浦市，金庸还目睹了苗民与汉民的矛盾冲突，这使金庸对所谓的民族矛盾冲突也有了较为直观的认识。可以说金庸在湘西这两年的工作、生活，是他踏上社会以来，接触底层最为直接的一个时期，让他有机会亲身体察民情，近距离认识社会。

而要说在湘西这两年的时间里，还有什么给金庸留下深刻印象的，那就是他后来跟人谈起的关于湘西的民俗俚曲与风土人情。他是这样说的："抗战时我曾在湘西住过两年，那地方就是沈从文《边城》这部小说中翠翠的故乡，当地汉人苗人没一个不会唱歌，几乎没一个不是出口成歌的歌手，对于他们，唱歌就是言语的一部分。冬天的晚上，我和他们一齐围着地下挖起来的大树根烤火，一面从火堆里捡起烤热了的红薯吃，一面听他们你歌我和地唱着，我就用铅笔一首首地记录下来，一共记了厚厚的三大册，总数有一千余首。"

金庸所在的浦市，地处湘西苗疆，是少数民族集聚之地。这里民风淳朴，人与人之间重情谊、轻钱财，重承诺、轻生命，爱憎分明，不畏强暴。民风中尊重血性、名誉、尊严。在当地，自古以来就有这样的风俗：若双方有仇不能化解时，便邀约去一块坡地，请一中间人见证，在刀光剑影中搏个你死我活。最后，死者得到尊重，活者也不炫耀。而死者亲友、宗人概不追究杀人者的罪过。当年的金庸，在泸溪村寨，在辛女岩下（即后来武侠小说中写到的形如五指向天的铁掌峰），置身其间，在与村民同娱同乐、尽情交往的过程中，获得了人间真情的滋养，也切身体悟到"侠"与"义"的真谛，同时也领略了流行在当地赶尸、养蛊、行巫等古老而神秘的、包括沈从文也曾提起的辰州符，以及后来在其小说中提到的解救任盈盈的正一派教等湘西的风气习俗，而所有这些也都为他日后创作武侠小说提供了宝贵的素材，打下了坚实的基础。

就在金庸与余兆文来到湖光农场的三个月后，日本宣布无条件投降。原先在抗战开始时从江苏、浙江等沿海地区逃到浦市的难民，包括在麻溪口湖光农场的打工者，此时个个归心如箭，都成群结队地陆续离开了浦市。那些在抗战初期搬来的政府机构也先后撤离浦市。金庸看到此情此景，初来农场时的信心也开始动摇了。在浦市山区，垦荒栽树也是极其艰辛的，而原来王侃曾给金庸提到的出国留学，此时似乎也变得越来越渺茫。到了1946年年初，金庸再也不想在农场待下去了，于是他向王侃提出辞去农场的工作，对此，王侃则再三挽留。挨到了初夏，王侃看到金庸去意已决，于是送上了一笔钱，算是给金庸的酬谢。随后，金庸带着余兆文离开农场，回到了老家。

湘西浦市的湖光农场是金庸先生人生九个落脚点之一，在此地先后近两年时间的工作与生活经历，让他沉到了社会的最底层，由此也磨炼了金庸，使他加深了对人生的感悟，提升了对社会的认知，也对他最终形成"侠之大者，为国为民"的人学思想起到了很大的助推作用。金庸在湘西的经历，是构成其完整人生的一个不可跳脱的生命片段，实在是关乎其成长、发展的一个重要的历史阶段。对于这段经历，金庸自己也是很重视的，在后来到《东南日报》工作填报履历时，他也没有漏掉这段经历。他是这样填写的："中央政治学校外交系毕业，曾任中农行沅陵农场场长、《太平洋》杂志主编。"当然，他有没有在"政治学校"毕业，究竟是担任农场场长还是主任，以及农场是官办还是私营，究竟是什么性质的，等等，可能为求职的需要做了点包装，但不管怎么说他确实是把这段经历当作一回事的。

所以很难想象，当人们对金庸一生中的一些重要环节（当然包括湘西之行）尚未完全了解、掌握之前，怎么能够对他做出准确无误的剖析与令人信服的评介？倘若对一些重要环节还缺乏了解，就闭门造车，借助推论去对金庸做出诠释评介，大概率会失之偏颇的。这就像一个盲人在没有摸遍大象全身，他怎么能准确地勾画描述出一头完整的大象？研究金庸，对其做出正确的评介，就必须要认真去把握他人生历程中的每一个重要环节，金庸在湘西这一段生活、工作经历是不能忽略与缺失的。

【附文】
来自湘西的新消息

2023年国庆节下午，从湘西传来一个劲爆消息——泸溪县文联主席李燕华老师带着激动的口吻，通过视频电话告诉我："我现在正在麻溪口村，与一位叫覃兴旺的老人（图16）在聊天。覃是1937年8月生人，香炉岩村人，这是当年湖光农场边上的一个小村子，与麻溪口村差不多连在一起，现已合并成一个行政村了。覃兴旺告诉我说，当时这里有一个湖光农场，他的父亲覃世兴，与农场的茶（当地人念'zuó'）主任关系很好，只因为当时茶主任为农场向他们家收购了五亩地，所以两人混得很熟。覃兴旺还说，他八岁那年（1945年），去农场找在那里打工的表叔杨长云，还见到过这位'茶主任'，当时这位'茶主任'知道覃兴旺是覃世兴的崽，还给了他二百元钱，让他去买糖果吃。覃兴旺还记得,那次正赶上农场里栽的西红柿已经红了,'茶主任'还让他摘了几个西红柿吃。我与覃兴旺老人说,这位'茶主任'就是后来写武侠小说的金庸,覃听了只是似懂非懂,好像没有弄清'金庸'与'武侠小说'是怎么回事儿。覃兴旺说,我只知道当时的大人们都叫他'茶主任',他是下江人,很斯文的,像个文化人。覃还说,这位'茶主任'当年在农场还有过一段传闻,说他喜欢上了一个女子,这个女子是本地人,长得很漂亮,好像是在农场的食堂里帮厨。因为这位女子的后人(姓彭)现在还在附近村上,所以不多说了。"听到这里,我随之问李燕华老师:"这位覃世兴是不是后来金庸在自己的文章里写到的麻溪口村那一家姓覃的人家,全家人染上了天花,除了他本人,其余家人都病死了?"李老师跟我说:"我问过覃兴旺了,他说他们家不住麻溪口村,不知道有这回事……"可惜,此时李老师的手机快没有电了,他赶忙告诉我:"我现在有点兴奋,赶快告诉你,现在天已晚了,我准备明天再到村里继续找覃兴旺老人聊,现在手机快没电了,明天再与您联系。"

到了2号的傍晚,李燕华老师如约来电话告知:"今天覃兴旺给我大致描绘了当年湖光农场的一些情况,还到现场指认了农场的位置与当时宿舍与办公的具体地点。据覃兴旺说,这个农场大概有二百多亩地,其中水田二十亩。当时雇有二十来个打工的,大部分是本村的人,还有几个是下江人。这个农场的老板不是本地人,平时也大多见。有一个会计叫彭海清的,他是本地人,主外;'茶主任'是抓经营管理的,主内。覃看过我前段时间在农场现场拍摄的三个红薯窖(图17),告诉我,只有其中的一个是当年'茶主任'他们使用过的。至于问起金庸当年在农场的活动情况,覃说自己当时年纪太小了,虽然去过几次农场,但现在一点也记不清了。他还接过昨天的话题说,关于'茶主任'与那个女子的传言,他只是听大人们在闲聊时说起。"

随后,李老师跟我说:"我最近还想去走访几家人家,再去查一些资料,到时再联系您。"看来,李老师对此事不弄出个子丑寅卯是不会罢休的。

两天过后,李老师又来电告知,这几天一直在查县里的档案,找到了一些资料:一、二十世纪八十年代县政协编写的文史资料里提到了二十世纪四十年代在浦市乡下有个湖光农场,农场主叫王侃,又名王金一,岳阳(临湘）人，他的身份是中国农民银行沅陵分行经理。1940年7月，王以个人名义，在征得当地乡长文兴祥的允许，在麻溪口村铁柱潭的青水溶创办了湖光农场，圈了二百多亩地。当时建了两排四间茅屋，还有一栋猪圈、厕所。二、文史资料里在提到湖光农场时，出现了一个当时负责农场经营管理的主任的名字，叫茶良容，当时编写资料的人完全不知道这人就是查良镛（金庸）。三、资料里也提到了余兆文，其中还有个插曲，1945年时，县政府误以为余是中共地下党员，曾派人前往抓捕，余闻讯跑了（过后才知道是一场误会）。四、1946年金庸他们离开农场后，由一个叫宋宏泽的人接手了。

李老师还透露，浦市在1945年下半年发生过一次"民变"[①]，有间接的资料显示，金庸与余兆文有可能参与了这场"民变"。但因为时间隔得实在太久远了，故不能完全下结论，还需要做进一步的调研与发掘……虽没有更多的细节，李老师说得很兴奋，我听得更兴奋。看来，接下来李老师有得忙了，假以时日，我期待有更多更新的消息传来。

[①]抗战后期，国民党在浦市成立了"中央训练团第十八军官佐训练总队"，时由原100军少将师长晏子丰任总队长，浦市人称该总队为一〇〇军。这批受训的军官，自恃"抗日有功"，来浦市后，横行霸道，欺压百姓，致使浦市民众民怨沸腾，私下里纷纷商议要赶走一〇〇军。当时，镇公所正商议摊派"三角坪国防工程"捐款事，民众一致抵制，商会趁势提议"罢市"三天，以扩大事态，迫使官府设法将一〇〇军调离浦市。那天，正逢赶集日，四乡八村的民众赶到浦市，当时群情振奋，大家纷纷操起棍棒、扁担，见军人就打。当场打死20多人，伤了40多人。这就是浦市的镇志上所称的"民变"。

十次访台

金庸曾多次踏上台湾这块拥有众多"金粉"的土地，自1973年至2007年十五年间到访计十次之多。

1973年4月18至28日，金庸受台湾当局所邀，以《明报》记者的身份首次访台。金庸抵台，先后与台湾的"行政院院长"蒋经国、"副总统"严家淦，"中央党部秘书长"张宝树等政要见面会谈，因为有了这些涉及政局、时势以及两岸关系的话题，给金庸这次访台涂上了浓厚的政治色彩。此访，金庸被安排去了桃园、新竹、高雄，参观了台湾的公路和水利建设；还到了仍在炮战中的金门，参观了"金门防线"纵横全岛的地下坑道及地下擎天厅等军事要地，同军方将领进行了交谈。当然，此访金庸也没有忘记与同行们的会面交流，他于参观间隙与在台湾号称新派武侠小说泰斗的古龙及台湾历史小说家高阳做了联系，最终都如愿见上面，进行了颇有成效的交流。而与亲朋好友的相聚，那就更属题中之义了。其实他一下飞机，就直奔自己十分敬重的堂兄——查良鑑家中。接下来的几天里，与查良钊、查良鑑两位兄长及其他亲友们不时相聚，畅聊家常，其中也见了时任台北"故宫博物院"院长的表兄——蒋复璁，见蒋复璁时，蒋还带金庸去见了李济、屈万里两位著名的学者。在此期间，还由

《中国时报（人间副刊）》金恒炜安排，举办了一个"金庸"见面会，与会者有：周英雄、聂湖滨、罗龙治、方瑜、王建元、吕学海、张汉良、张文翊、沈登恩等人。期间就早已风靡台湾的金庸武侠小说展开了热烈的讨论，金庸在见面会上说："所有武侠小说，是不讲求形式，只求娱乐的。书中的人物，性格明显，故事曲折，但是表达方式，通过对话与动作十分平易近人，因此我称此为成人的童话。"金庸这十天的访问，可谓收获满满，他回到香港后，即发表了长达数万言的访台纪行——《在台所见、所闻、所思》。他在文中开篇明确指出："台湾是中国的一部分。"而在此文的结尾则说："希望大陆和台湾将来终于能够和平统一，组成一个独立、民主、中立，人民享有宗教自由、信仰自由、言论出版自由、企业自由、居住自由、行动自由、集会结社自由，财产权、人民权利获得充分保障的民族和睦政府。在我这一生如能亲眼见到这样的一个统一政府出现，实在是毕生最大的愿望。"金庸鲜明地亮出自己对台湾的归属及对祖国统一的态度与愿景，从而为首次访台以及后来数次台湾之行定下了政治上的基调。

到了1979年，在这一年的9月6日，台湾远景出版公司取得了台湾"新闻局"下发的金庸小说解禁批文。金庸在得知解禁消息后，即写信给台湾远景出版公司的创始人沈登恩："我的小说能在台湾发行，我当然也很高兴。台湾读书风气盛，文化水准很高。任何作者，都希望他的作品能接触文化水准很高的读者群，能受到欣赏，受到高层次的反应，希望有更多的人了解，我的武侠小说并非只是打打杀杀而已。"据此，金庸即正式授权远景出版公司在台湾地区出版《金庸作品集》。9月7日，台湾《联合报》在征求了金庸的意见后，开始连载金庸小说《连城诀》。紧随其后，便有了11月4日金庸的第二次台湾之行。此次访台，金庸除了走访远景出版公司，以进一步商谈其小说出版的相关事宜，还受邀参加在台北举行的第二届"国家建设研究会"。与会期间，金庸活跃于讨论会的始终，与台湾"考试院考试委员"丁中江被共同推举为小组讨论会主席。此访期间，金庸除了接受好友、报人余纪忠的宴请，仍不忘与之惺惺相惜（金庸自称"我个人最喜欢的武侠作家，第一就是古龙……"；古龙则称自己"在拼命模仿金庸先生"）的古龙再次会面，以续接首访时的交流。同时，金庸还专程拜访了也是其著作刚获解禁的作家李敖。但赴李敖府上，主人的态度似乎不太友好，虽然有将近八小时的会谈，但并没有收到什么积极的会谈成果。16日，在电影导演白景瑞的公馆——小白屋，举行了一场别开生面的座谈会，参加座谈会的人士有：金庸、白景瑞、但汉章、汪莹、唐文林、张永祥、张艾嘉、徐杰、沈登恩、林青霞、胡慧中、徐枫、高信疆、柯元馨、简瑞甫、何浩。这些朋友大多是电影界的一时之选，也都喜欢金庸的武侠小说。与会人员相互间对港台两地的文化交流展开了热烈而友好的讨论。过后两天，又与林清玄等几位文化界人士进行了座谈交流。至20号，金庸启程返港。

1983年8月，金庸因围棋事，偕夫人林乐怡赴日本寻师访友。在此期间，金庸拜见了围棋名家林海峰先生，并通过林海峰拜了他的弟子王立诚为师。至当月25日，应台湾"应昌期围棋教育基金会"之邀，金庸夫妇从日本飞往台湾，其时，林海峰、沈君山两位围棋大师也随之同行。接下来在台湾这几天里，除了与应昌期先生会面，共同商讨围棋事业的推广与发展，金庸还专门与林海峰、沈君山做了两场对弈。在28号晚上，金庸与林海峰在沈君山以及台湾"清华大学"校长毛高文的邀约下，相偕到了校园与学校五十多位教授包括李怡严、祁生生、梅广、孙观汉、刘钟鼎、蒋亨进以及毛校长夫人举行了一场轻松、愉快的座谈，席间，沈君山谈笑风生地穿针引线，让金庸在会上畅谈了人生以及武侠文学、围棋活动的情况:"人生其实很复杂,命运跟遭遇千变万化,如果照一定的模式去描写的话,就太将人生简单化了。围棋有定式,几位大宗师都是老一辈老师照定式教出来的,而人生没有定式。"至9月3日,金庸结束了此次即第三次的访台活动,携林乐怡回到香港。

关于金庸的十次访台,第一、二次是受台湾当局的邀请,第三次为"应昌期围棋教育基金会"所邀,而接下来的七次访台,则都是由远流出版社(远景出版社解散后由部分股东新创建)所安排。

1994年4月15日至4月22日,刚结束返乡(海宁老家)访问的金庸应台湾远流出版社之邀,携妻儿出访台湾。在这一周时间里,金庸先后与前"装甲兵司令"蒋纬国、诺贝尔奖获得者李远哲、海基会秘书长焦仁和、作家柏杨见面。在台北的诚品书店,还参加了由远流出版社举办的"金庸先生面对新时代开放座谈会",会上与作家陈芳明、张大春、詹宏志、杨照等进行了对谈。当时有读者提问:为何他几乎所有的武侠小说,历史背景都在宋代之后。金庸回答说:"因为越早期的朝代,年代太远,较难考证,而明朝的喝酒啦、生活用具啦、生活习惯都与现代相似。"有听众要求金庸谈谈对台湾重返联合国的看法,金庸则直截了当地回答:"从现实的观点看,台湾目前要重返联合国,是不太可能的。"20号那天,金庸带了妻儿还专门去了堂兄查良鑑家,以吊唁刚于上个月故世的堂兄查良鑑,金庸向嫂子张祖葆及家人表达了深切的问候。此访期间,金庸还由高信疆安排做了花莲慈济之旅,在其引荐下拜访了慈济基金会创办人证严上人。

1997年2月22日至3月3日,是金庸的第五次访台。此行的主要议程就是为好友蔡澜发布新书站台。当时,金庸在台北的金石堂举行的蔡澜新书签名会上挥毫题词,为活动助兴。签名会结束后,在作家黄春明的陪同下,又走访了宜兰县,此访期间,适逢《中国时报》

浮世绘版"金庸茶馆"专栏开张，为此，金庸在台北的"国立中央图书馆"以个人名义举行了在台的第一场公开演讲，演讲的题目是"历史人物与武侠人物"。在会上，他回答了读者的提问："我描写刻画得最精彩的人物是杨过；最欣赏最喜欢的女性角色是黄蓉；最欣赏最喜欢的男性角色是段誉；最不欣赏最讨厌的男性角色是岳不群；最不欣赏最讨厌的女性角色是郭芙；最理想的配偶是任盈盈。"演讲会结束，则照例是金庸怎么也躲不过去的议程——签名，好在金庸每次见到书迷总是特别开心，所以辛苦点劳累点也无所谓了。

1998年金庸在台湾《联合报》发表了《小说和人物的创造》的文章，至11月，由《中国时报》人间副刊、远流出版社和汉学研究中心联合举办的"金庸小说国际学术研讨会"在台北的"国立中央图书馆"举行。11月3日，金庸应邀前往，于4日至6日参加了为期三天的会议。金庸全程聆听了来自中、美、英、澳等二十七位中外专家、学者发表的论文演讲，并当场答疑解惑，一一做了回应。会议结束后，金庸由远流出版社安排，参观了"侠之大者：金庸小说版本展"，并在西华饭店出席了"射雕英雄宴"。访问期间，金庸每到一处，几乎都形成了被一个个热心的读者围堵的热闹场面。当时还会见了号称"台湾第一美女"的萧蔷，两人进行了一场别有意思的对话。临结束时，金庸还答应了萧美女："我将来如果写爱情小说，就把你当作主角写进去，而且会空前绝后的。"而此访的"夜谈金庸茶馆：金庸答客问"的书迷见面会，则把金庸的访台活动推向了高潮。这次访台，历时一周，当月10日金庸回到香港。

金庸第七次访台，是在2001年4月21日。金庸刚到台湾，适逢余纪忠九十岁生日，金庸即前往余府祝寿。抵台后的第二天，金庸先参加了新竹清华大学颁赠荣誉讲座教授称号的仪式，到了下午两点，校方根据与会听众的要求，安插了一场签名会，于是在校园引起了轰动，当时大批学生及新竹市民纷纷涌入，大排长龙等候签名，时拔得头筹者则是一位女学生。签名会结束后，金庸在校内与圣严法师、杨振宁、刘兆玄参加了由蔡康永主持的"岁月的智慧——大师真情"座谈活动。在会上金庸回答了《中国时报》记者替众多金迷们的一问："葵花宝典（辟邪剑法）和独孤九剑相较，哪个更强？"他答曰："应该是独孤九剑赢吧！"到了4月23日，金庸会见了台北"市长"马英九与著名电影导演李安。在与李安相见时，双方交谈了在台湾拟将金庸的武侠小说拍摄成电影的相关事宜，并接受了李安的赠礼——《卧虎藏龙》里的青冥剑模型。24日那天，金庸与亲民党党主席宋楚瑜（即当时批准金庸武侠小说在台湾解禁的"新闻局长"）见了面，双方在会谈时交换了对两岸和平统一的看法。25日晚，金庸离台返回了香港。

2005年，远流出版社将举行三十周年庆，9月19日，金庸应邀赴台参加了社庆活动。在庆祝会上金庸作为特邀嘉宾，与柏杨、远流董事长王荣文一起切蛋糕，为远流出版社庆生。在现场，金庸还为远流出版社题词"文化清泉，源远流长"。9月20日上午，金庸前往位于台北闹市区的上海书店，在上海新闻出版局局长孙颙、上海作家协会主席王安忆的陪同下，参观了在台北举行的上海书展，仔细观摩了"上海精品图书""上海作家作品"和"上海书画家出版物"等展品。在近一小时的参观行程中，还饶有兴致地询问了一些海上名家和图书的出版发行情况，还高兴地从王安忆手中接过了签名本《世纪墨宝》和小说《长恨歌》。在结束参观前，还为书展留下墨宝，题写了"中华七千年的集中表现"。9月21日那天，远流出版社在台北青少年育乐中心专门举办了"金庸家族同乐会"，以欢迎金庸莅台。活动刚开始，就立即吸引了众多"金粉"涌入，将整个会议厅挤得水泄不通。当时金庸面对读者"为何要修改旧作"的提问，笑着回答："其实世界上很多作家年老时，回头看看自己年轻时的作品，都一定会不满意,觉得只要改几个字,这个作品就会更完美。"在这个同乐会上,台湾兆丰银行还宣布了发行全球首张由作家授权的信用卡"远流金庸卡"。对于此次台湾之行,远流出版社的精心安排,金庸内心颇为感动,22号上午,金庸在搭机离开台湾时,对记者说:"台湾很好,我很满意。"

2007年2月1日至4日,是金庸第九次访台,时金庸在剑桥大学读硕博时的老师麦大维也正好在台湾"中央研究院"史语所访问。金庸随即会见了老师,并与之作了一场面向媒体与观众的师生对论会。2日中午,适逢台北国际书展,金庸由远流出版社安排前往书展现场,并在书迷的团团包围中举行了一场签书会,当场一口气签下了四百本书。到了3日这一天,金庸在侄儿重传(查良鑑的幼子,台湾玄奘大学教授)的陪同下,游览了台北"故宫博物院",在博物院参观了"北宋大观特展""大英博物馆收藏展"。参观完毕,金庸游兴未尽,于是又去了"台湾博物馆",参观了"俄罗斯文学三巨人特展"。当时,金庸在博物馆被一名"金粉"发现了,他非要金庸给他签名,金庸看无处可以签名,这位金粉马上弯下腰让金庸签在他的衣背上。而这个镜头正好被一位记者抓住了,照片立即上了报纸,也留下了一段佳话。同一天,新竹清华大学教授李家维也前来见金庸,还带了自己培育的十朵茶花,金庸为此特别称李教授为"台湾茶花大家",还题赠了《天龙八部》里一首诗的诗句"青裙玉面如相识,九月茶花满路开"。此访期间,金庸还对台湾的"教育部长"杜正胜关于"使用成语会让人头脑浑浊"的奇谈怪论,面对媒体提出了自己的看法。金庸说:"成语有一个好处,很多模糊的观念,很多复杂的话,用四个字一下子就了解了,简单明了,可以把对话的字减少,还是有好处啦!"

2007年,是金庸访台频率最高的一年。是年2月,刚结束访台,5月18日,他再次访问台湾,此访主要是为了参加台湾"中央政治大学"

八十周年的校庆。19日,金庸与林怀民、张忠谋在"政大"被颁授名誉文学博士。颁授典礼结束后,又做了"金庸会群英——指南论剑"的演讲。接着由远流出版社做东,在台北国宾饭店举办了庆功宴。当时,除了金庸、张忠谋、林怀民三位名誉博士外,"中央研究院"的两位前院长李远哲、翁启惠也是座上宾。20日,金庸应约专程前往新店柏杨的家里,这是金庸在台湾与柏杨的第三次见面,两人相谈甚欢。两位大师是多年的笔友,也都是彼此的书迷。那天的走访,还惊动了柏杨的左邻右舍,邻居围住金庸,纷纷要求金庸给他们签名。当然金庸照例是乐此不疲、来者不拒。21日,金庸再去"政大",做了题为"中国历史的发展"的演讲,在此次演讲中金庸明确提出:"不要分大陆人和台湾人,大家都是中国人,中华民族只有统一才能强大。"22日,台湾的《中国时报》还为此刊登了一篇题为《笑谈退学泯恩仇》的报道文章。同日,金庸在远流董事长王荣文陪同下,参观了台北的"华山1914文创园区",在参观现场,金庸给华山文创园区题了词"华山今论剑、创意起擂台"。当晚,金庸搭机返回了香港,结束了他第十次的访台活动。

  2018年12月初,即在金庸逝世一个月之后,还没有完全从金庸离世之悲痛中摆脱出来的台湾的"金粉"们,有了一个缅怀金庸的去处,"书阁犹闻侠骨香:感谢金庸为我们留下一个江湖"特展在台北忠孝东路的华山文创园开幕。特展分为:东邪、西毒、南帝、北丐、中神通五个区,主办方远流出版社整理了与金庸合作近四十年的史料,展出了金庸著作的各种版本,金庸与台湾各界的往来以及金庸的手稿、手迹,包括从未曝光过的《九阴真经》手稿,还有与金庸相关的各种文创品等。当来到华山文创园特展处,面对如此珍贵精美的展品与精心着意的布展,直让置身于强大气场之中的"金粉"们惊呼"金庸又来台湾了"!是的,金庸又来了,金庸来台湾,岂止有十次哟!

故乡行

自二十世纪六七十年代起，金庸的武侠小说风靡全球，其犹如"凡有井水处皆能歌柳词"之柳永，"凡有华人的地方就有金庸的武侠小说"，一举成了"天下无人不识君"的顶级"大咖"。因为有了"金大侠"，也衍生出一批铁杆的"金粉"。这些"金粉"，只要关乎"大侠"的事，无论轻重巨细，无论是过往当下，一律心驰神往、痴迷其间。而"大侠"家乡的那些粉丝们，因其得天独厚的地利之便，对于"金大侠"当年的几次回乡，有缘亲睹其音容笑貌，更是常挂嘴边，津津乐道、如数家珍。事实也是如此，金庸先后六次回乡，其举手投足间留下的那些珍贵镜头，确实时常会勾起人们的美好回忆。

金庸自从 1948 年 3 月告别父老乡亲去了香港，直到 1992 年 12 月，中间四十多年都没有回过海宁这个让他魂牵梦萦的故乡。虽然在这四十多年里，金庸回过几次内地，特别是 1981 年 7 月那次，他还是受中央政府邀请，挈妻携子从香港直飞北京后又去了内蒙古、新疆、陕西、四川等地参观考察。那次返港前，他在杭州还住了两天三夜，与兄良铿，弟良浩、良钰，妹良琇、良璇都见上了面。可能是行程的时间不太宽裕，更可能是自己父亲早年被错杀一案尚未厘清，心结没有打开，所以虽已近家门，金庸还是没有迈出回乡这一步。

到了1992年，适逢金庸的母校——嘉兴一中九十周年校庆，嘉兴市政府趁此以市长杜云昌的名义向金庸发出了邀请函。此时的金庸，因父亲的错案经海宁人民法院重审宣判无罪，也已解开心结，所以欣然接受这一邀请。12月1日，嘉兴市副市长赵冰驱车前往杭州香格里拉饭店接11月30日从香港飞来的金庸夫妇。当晚，市政府领导在金庸下榻的嘉兴宾馆宴请了金庸夫妇。

第二天上午，金庸夫妇首先来到母校，当他们一踏进嘉兴一中的校门，便受到了全校师生的热烈欢迎。金庸听取了学校领导的介绍，在了解到学校将为老校长张印通建立塑像，便当场表示捐赠一万元港币；同时，向校图书馆赠送自己的十五部武侠小说。九点三十分，金庸来到中山影院出席母校的校庆大会。面对洋溢着青春活力的学弟、学妹们，金庸感慨万千，他站在讲台上几度哽咽，动情地回忆抗战时期在老校长张印通带领下颠沛流离、艰难求学的经历，深情地感恩老校长。

下午，根据活动安排，金庸去了嘉兴高等专科学校（嘉兴学院的前身），参加"金庸图书馆"的奠基仪式。金庸早在两年前就已做过承诺，要在嘉兴建造一座图书馆，准备捐赠三百万元港币，另外捐二十万元港币以添置图书。在奠基现场，金庸做了简短发言："今天有机会参加这个盛大的典礼，我非常感动。事实上，我对浙江省的贡献可以说是很微薄的。最初有这个图书馆的构想大概在两年以前。嘉兴市跟浙江省的一些领导在香港聚会的时候，浙江省前副省长徐启超先生、嘉兴市前市长周洪昌先生，现在的副市长赵冰先生一起，商量了这个事情。徐先生提议，我也很欣赏，以后筹备到今天这个规模。我很感谢各位给我这样大的光荣，我本来说不敢当，不敢叫金庸图书馆，就讲嘉兴一个名字就可以了。但他们领导很客气，很坚持。我这点小小的贡献，这样宣扬我这个名字，我很沾光了。图书馆一年之后就建成了。那时候有很多书、信在这儿展览,不但给学校的师生利用,整个嘉兴市社会人士都可以利用。我相信对于嘉兴市,尤其对贵校师生的学术研究一定有帮助、有贡献。我展望将来会发挥相当大的作用。我们希望通过这个图书馆,就是通过这样一个机构,跟全世界学术机构、图书馆建立联系,使嘉兴的学术研究、文化事业不仅在本地开花结果,还面向世界。"奠基仪式结束后,金庸乘兴,一气呵成为图书馆题写了:"以我之名为图书馆命名,实深感谢!愿此图书馆为嘉兴文化事业付出长期贡献。"为学校做了"徒有理论不足以成专家,若无实践难裨益于社会"的题词。为《高专报》题写了"客观报道,独立思考,坚持正义,重视公益"的寄语。还为读者题写了:"读书当独立思考,具鉴别眼光。文学评论可读,但不必盲目跟随其意见。"

当天,金庸夫妇还在范巴陵副市长陪同下游览了南湖,并在烟雨楼留下了"旧地重游,烟雨如旧"的墨宝。

3日上午,金庸偕夫人来到《嘉兴日报》社,先为报社题了与《高专报》相同内容的题词:"客观报道,独立思考,坚持正义,重视公益。"接着与家乡同仁会面,进行了亲切的交谈,随后便赶往海宁。上午十一时左右,金庸到了海宁,他先见了当年的初中老师章克标与同学张敬夫,并分别合了影,接着参观了海宁新客站(火车)、新汽车站,然后由海宁政府主要领导陪同去祭扫表兄徐志摩的墓。下午二时许,根据行程安排,金庸回了趟袁花老家,到了袁花镇中心小学,探望母校的师生们。在母校,金庸将海宁市政府落实自家祖居房产政策的一万四千四百元钱款转赠给了学校,还应校长所请题了词:"重游母校,深感当年教诲恩德。"当时,金庸还意外见到了当年的一位老同学,与之聊天高兴得忘了时间,差点耽误了下一个行程。下午将近六点了,金庸又特意从海宁赶回嘉兴一中,再次与师生们见面。在现场,金庸伏在早已铺开的书桌上挥毫题写"当年遭寇难,失哺意彷徨。母校如慈母，育我厚抚养。去来五十载，重瞻旧学堂。感怀昔日情，恩德何敢忘"四十字以诉衷情。

过了两年，1994年3月，嘉兴市政府授予金庸"荣誉市民"的称号，并聘金庸为市政府高级顾问。4月，金庸应浙江省省长万学远邀请，赴浙江考察，在此期间，他又回了趟家乡。3日，金庸到了嘉兴，他先去了嘉兴高等专科学校，参加金庸图书馆的落成启用仪式，在当场题了词："感我桑梓，赐以嘉名，愿尽菲薄，助以斯文。"

接着，又去嘉兴一中与师生见面。到了学校，金庸对着学弟学妹们说："我回到母校来，是非常非常的高兴。这次万省长邀我来观光，到嘉兴是必定的节目，当时时间安排很紧凑，没有安排到一中来的节目，我说其他节目可以取消，嘉兴一中这个节目不能取消。"到母校后，为鼓励学弟、学妹，金庸又捐赠了六万元港币，以设立"金庸奖学金"。

第二天，金庸去了乌镇茅盾纪念馆。先是参观了纪念馆陈列室和茅盾故居，认真听取汪家荣馆长的讲解，然后来到茅盾故居后院参观，应汪馆长所请，还为纪念馆题写了"一代文豪写子夜，万千青年育春蚕"的联语。参观毕，金庸又去了桐乡县城的梧桐镇，专门到君匋艺术院。当时，艺术院库房负责人范汉光为金庸特意从库房分批调出钱君匋所捐赠的书画篆刻作品，让他看了个够，这令金庸十分满意。

第三天，已是清明节，金庸早与查济民有约，一起回袁花老家扫墓。那天，查济民径直去了大坟头（地名）重修的祖坟，祭奠祖先与父母，金庸也准备了祭品，准备前往父亲的坟上，以多年的思念之情。而就在此时，方从亲友的口中获知父亲的棺柩早已被毁，墓也不复存在。此时的金庸迟疑了一阵后，带着些许无奈与失望，转身随海宁市领导去了海宁市高级中学和庆丰镇共和村。那天在"海高"，金庸做了"行见人才如潮自此涌出"的题词。接着，在结束共和村的参观后，金庸夫妇转身去了绍兴。

到了1995年，母校嘉兴一中老校长张印通的塑像已建成，嘉兴高等专科学校也准备聘请金庸为名誉校长，为此，金庸拟回乡参加张印通校长塑像的揭幕仪式与"嘉兴高专"的名誉校长受聘仪式。但就在将要启程前几天，突发心脏病。金庸当时给朋友的信上是这样说的："我于三月廿二日傍晚突然心痛大作，在浴室中呕吐时昏倒在地，其后自行醒转。其时我妻受我委托，正作东道主在外宴请友人，家中乏人照料。我先已安排，定三月廿七日前赴杭州，接受浙江大学所授名誉博士学位，并约定在浙江大学及杭州大学分别各做一次演讲，然后前往嘉兴，参与嘉兴中学故校长、我的恩师张印通先生纪念铜像的揭幕礼，并与抗战时期共经患难的诸位良师及同窗好友聚会。"为此，金庸只得取消此次行程。但为表达心意，于6月10日给嘉兴一中与"嘉兴高专"分别寄去自己的两套计一百四十四册的作品集。

1996年11月，金庸第三次回乡。金庸一行五人先在杭州参加了云松书舍的捐赠仪式。9日上午，来到嘉兴，他先听取了嘉兴市领导关于嘉兴近年来的发展与远景规划的介绍，随即乘兴为嘉兴题诗一首："檇李古邑文化之邦，吴越分界嘉禾呈祥。南湖一会发皇鹰扬，新道吐秀改革开放。"下午，在嘉兴宾馆会见了母校吴颖生校长及七位师生代表，与师生们进行了热烈的交谈，时应吴校长所请，还为母校新建的科学馆题写了馆名。稍后，嘉兴"高专"的朱一平校长与张丽松书记也赶到宾馆来看望金庸，专门汇报了金庸图书馆开馆两年多来的情况。当天，金庸便让儿子传偁代表他去母校向老校长张印通铜像敬献鲜花，同时去"高专"的金庸图书馆参观。

10号上午，金庸一行由市领导陪同，到了南湖区的大桥乡中华村参观访问。下午，根据安排去了海盐。在海盐，金庸冒着蒙蒙细雨，饶有兴趣地参观了绮园、南北湖、潭仙岭、载清别墅、张元济图书馆等处，在载青别墅和张元济图书馆还分别题写了："金九避难处，金庸来凭吊。""菊生前辈先生，传播文化，启迪民智，功德巍巍，今观遗迹，不胜景仰，缅怀之至。"那天晚宴上还遇见早年同窗顾多三，故友相聚，分外亲切。

11日上午九时许，金庸及家人在市领导的陪同下回到了海宁。当时，第一站到了盐官，这是金庸少年时的县城。金庸一行先参观了被列为国保单位的海神庙，当他听到导游讲这座海神庙之所以在"文革"期间不受冲击而完整保存下来的原因，是当时的海神庙改成了一座粮仓，金庸听罢，张嘴笑了。就在他们从大殿往后走，到了刚修缮一新的雍正乾隆父子的御碑亭，巧遇了前来参加《金庸研究》首发及研讨会的冯其庸、严家炎等多位教授，双方相互握手问候，并在御碑亭前合了影。随后，金庸一行走上了盐官老街，来到了与查家有亲缘关系的"陈阁老宅"。在陈宅，金庸仔细地观看了被列为镇宅之宝的，由雍正皇帝为陈诜夫人查氏御题的"躬劳著训"的九龙匾。从陈宅出来，正好赶上海宁潮起，于是又观看了盐官的"一线潮"与老盐仓的"回头潮"。下午一点三十分，驱车到了硖石镇上，金庸认真仔细地参观了海宁博物馆的藏品，欣赏了先辈诗人查慎行的书法，并应邀为即将新建的海宁市博物馆题写了馆名。傍晚时分，金庸到了海宁的海洲宾馆，与来访的冯其庸、严家炎等几十位专家学者进了座谈。在当晚用餐前，还应《海宁报》之请，题写了："谨向《海宁报》读者、家乡的父老乡亲们问候！"

12日，在即将返回杭州时，金庸在海洲宾馆为前来送行的夏益昌市长赠诗一首："两平三昌治嘉兴（两平指前后两任书记梁平波、王国平，三昌指周洪昌、杜云昌、夏益昌三任市长），安定兴旺乐太平。五县二区（嘉兴下辖五县二区）齐发力，将称江南第一城。"

接下来便是1997年9月19日的第四次回乡，这次回乡正好逢上了两个日子：一是表兄徐志摩百年诞辰。为此，他题写了"诗人徐志摩，表弟金庸敬题"。这一题词，也算是金庸再一次向世人披露自己与徐志摩之间的亲戚关系。二是农历八月十八海宁大潮。那天，金庸在盐官幸会了刚刚结束香港求是科技基金会第四届求是颁奖典礼、前来观潮的杨振宁教授与曾叔祖公查济民夫妇以及中科院外籍院士简悦威等一批知名人士。下午，金庸与杨振宁教授、查济民夫妇等一起观看海宁大潮。来到观潮台上，金庸俨然若"东道主"，给杨振宁夫妇指点着潮水的来处，还介绍了海潮到来时的壮观气势。观潮间隙，金庸还接受了家乡媒体记者的采访，畅谈了回乡的感想。观潮结束当天，金庸返回了浙江大学。

其后，金庸还有两次因为参加"金庸小说国际学术研讨会"而回到家乡。一次在2003年10月，一次在2008年9月。

2003年那次学术研讨会在嘉兴召开，10月23日金庸到了嘉兴。他当天先参加了嘉兴学院九十周年的校庆，在金庸图书馆报告厅为学生们做了演讲。演讲结束后，还为学院题写了"嘉兴学院金庸研究所"的匾牌和一幅嵌字联："嘉德育英九十载，兴学培材二万人。"

24日，出席在市行政中心举办的"金庸小说国际学术研讨会"。研讨会上，专家学者除了充分肯定金庸小说的艺术价值与文学成就，还对金庸小说改编的影视剧（共四十九部）进行了较为激烈的抨击，金庸也表示，就已经完成的"金庸剧"而言，没有一部影视剧能让自己满意。与会期间，金庸还邀约了学者陈墨，与其商谈撰写金庸传记事宜（惜未谈妥）。

25号下午，金庸向大会请了三个小时的假，应邀去海宁徐志摩故居参观。并题写了"七十年后再访舅氏旧居"十个大字。随后去海宁高级中学看望了师生们，并对小师弟、小师妹们（金庸到"海高"一直用这样的称呼）做了热情洋溢、充满厚望的演讲。

26日下午，金庸又回了一趟母校——嘉兴一中，这是金庸第三次回到母校。当时他先到张印通校长的雕像前，深深地鞠了三个躬，又以受业弟子的名义题词："江南人文荟萃地，千秋英才从此来。"随后与学弟学妹见面，做了一场即兴演讲。

当晚，市委书记陈德荣在南湖醉仙楼设宴招待金庸，以祝贺其八十大寿。在宴席上，身穿红绿绸缎唐装的金庸，激动地说："我与嘉兴有缘分，从小读书到嘉兴，受到嘉兴老师同学的关心，特别是张印通校长在我遭受迫害时，挽救了我的读书。今天还为我做八十大寿，我很感激，谢谢乡亲们！"在进入宴会厅就座前，金庸还为饭店题写了"醉仙楼"的店招。宴会毕，又乘游轮，环南湖兜了一圈。

27日，"金庸小说国际学术研讨会"闭幕，金庸因《嘉兴学院报》所请题词："根基越实，日后发展的可能越大。"这次回乡期间，金庸还去了南湖区大桥乡的中华化工有限责任公司参观考察，并与该公司商谈了投资合作事宜。

2008年那次学术研讨会在海宁召开，包括中国、美国、泰国等国家七十余位专家学者与会，省、市三级有关部门领导也出席了会议，这是历年来规格最高的一次学术研讨会。9月16日下午，金庸夫妇从香港乘机抵达上海，随后直接驱车到海宁赴会。当天下午四时三十分，"金庸小说国际学术研讨会"开幕，金庸致辞。一小时后，金庸与记者见面时，再次为《嘉兴日报》题词："有容乃大，无欲则刚。"并给众多"金粉"签名留念。当晚，宿海宁海洲大酒店。

17日上午，位于盐官的金庸书院将举行奠基仪式，金庸早早赶到现场，趁奠基仪式未开始前的一段时间，因《嘉兴日报》记者所求，又一次为该报题词："向嘉兴日报的读者们问好！欲将南湖比西湖，有如南子见西子。"同时与众多慕名而来的"金粉"见面，并给他们签名。当时，金庸与一位海宁金庸研究会的研究员还谈起了乾隆与陈阁老的事（金庸在主观上一直相信乾隆是陈阁老的儿子，尽管已经证伪），这让在场的"金粉"们听得津津有味。奠基仪式结束后，金庸陪同好友、浙大张俊生书记观看了海宁潮，在观潮处金庸当场挥毫，书写了"天下奇观"四个大字。另外，还留下"潮文化展示馆"与"中国武侠文化城"两帧墨迹。下午，观潮毕，金庸一行又去海宁一中与海宁宏达学校参观。在海宁一中他为学校题写校名，还与几位老师合了影。在宏达学校，他逗留将近两个小时，对学校"新月"文学社的社员作品进行指导，还为学校题写"宏道宏文，达德达善"的寄语。同时，又应宏达集团董事长所求，为将在9月19日开学的上海同济大学浙江学院题词："同施同济，猛进如潮。"

18日，学术研讨会即将结束，金庸到会做了讲话，随后与全体会议代表合影留念。第二天即将离乡的金庸还不忘给袁花母校留下寄语："袁花中心小学的师生们，请鼓励同学们，多读课外书，力求上进，力求创新。"当晚根据金庸的要求，有关部门在海洲宾馆还安排金庸与初中同学张敬夫的见面。19日上午，金庸夫妇离开海宁，从浦东机场乘机返港。

至此，即从1992年至2008年前后十六年间，就有了金庸这六次回乡。

如今"大侠"驾鹤西去，回顾这六次游子返乡的过往，让人不无感慨。要不是当年改革开放、敞开国门，以造河清海晏、政通人和之时势，要不是当年坚持拨乱反正、解放思想，纠正冤假错案，从而打开金庸的心结，还不知游子何时能重归故里。

金庸在大理

金庸对大理青眼有加，他的十五部武侠小说，有四部（《天龙八部》《射雕英雄传》《神雕侠侣》《鹿鼎记》）着重写到了大理。金庸笔下的大理国海晏河清，百姓安居乐业，自然风光既秀丽又雄奇，还带着几分神秘色彩，俨然是一片世外乐土。

同样，大理人也十分爱戴金庸。曾经的大理州州长李映德说："大理的名声，五六十年代靠电影《五朵金花》，八九十年代则主要靠金庸先生的武侠小说。"不仅是州长，大理人也都这么认为：金庸写大理比大理人还要大理，是因为金庸写了大理，才让大理享誉海内外。大理人感谢金庸，把金庸看得很高，把他当成形象大使。不！简直有点把他当作佑护神一样看。

1998年4月，金庸要来大理参加金庸学术研讨会。大理人为迎接金庸，早在两个月前，大理州、市两级政府就与筹办三月街民族节一同做起了准备工作。当时，由一位资深的工艺大师根据市政府的指示，花了三天三夜，在数易其稿后拿出了"金钥匙"的设计图样，然后交给了久负盛名的鹤庆錾刻工匠寸发标，又经过若干个日夜，寸发标终于将图纸上的金钥匙打造成了金灿灿的实物。在礼物准备就绪后的大理人，便热切地盼望着金庸这位尊贵的客人到来。

4月9日，金庸携夫人如约而来，开启了美好的访问之旅。当天，州、市两级领导，赶到机场迎客。一踏上这块洋溢着无比热情的大地，被众人与鲜花簇拥着的金庸，十分激动地对着大家说："想来大理多少年了。"

10日下午，金庸到了大理州博物馆，为州新华书店的"金庸作品专售仪式"剪彩，又在赠给州图书馆、博物馆、新华书店的三套《金庸作品集》上签名，同时还为州博物馆和新华书店题了字。当时，不知有多少大理市民围堵在博物馆门前的广场上，以一睹金庸的风采为快。

11日上午，金庸首先参加了大理三月街民族节的开幕式。下午，参加了金庸学术研讨会的开幕式，那天，云南省委书记令狐安、北大教授严家炎、中国作家协会副主席邓友梅、中国电影艺术研究中心研究员陈墨都在会上做了发言。在会上，还举行了一个隆重的仪式：大理州州长赵映德向金庸赠送了州门的金钥匙。金庸得到这把金钥匙，就意味着可以打开大理这个美丽地方的大门了，以后他就可以随时来大理了。随后又由大理市市长赵济舟向金庸颁发"大理市荣誉市民"的证书。此时的金庸一手拿着金钥匙，一手拿着证书，堆着满脸的笑容，嚅动着嘴，一时激动得只能用不连贯的语言说着："谢谢……谢谢！"过了好长一段时间，才说道："我一生从小学考试到现在得过很多奖品，但今天得到的奖品是我最感到高兴的奖品……得到'大理市荣誉市民'这个称号，我以后要努力不断地做个好市民，跟大理各位同胞一起努力，来共同建设美丽的大理。"随后，金庸做了简短的发言，顺便回答了前天大理广播电视台记者的提问："对北京师范大学编二十世纪文学大师排名，您被排为第四，您怎么看？"金庸以这个提问为话题，随之得体而谦虚地说道："文学艺术是不能排名的，把我排这样高，我非常不敢当。根据毛主席的文艺理论，文艺要为工农兵服务。凡是广大群众比较喜欢的,就排名比较高,大概主要就是这个原因。"如此巧妙的回答,引来了一阵热烈的掌声。

到了 12 日,金庸一行先参观了州博物馆。参观时,当看到宋代大理国国史展,金庸联系自己的作品,直接指出哪位国王禅位为僧,哪位国王废后为僧,把过程讲得一清二楚,令陪同的人员钦佩不已。接着到了小说《天龙八部》中天龙寺的原型——崇圣寺。崇圣寺历史悠久,是大理国时期多位国王禅位后出家修养的地方。这座寺院离古城山门不到两公里,其中的三塔是寺里最壮观的地标,它们倒映在湖面的画面被许多风光明信片采用,成为大理的主要名片。金庸在三塔旁与市民一起参加了植树节活动,还在公园里亲手栽下了一棵树。

13 日那天,金庸来到了市里的三月街街场,观看并聆听了体现少数民族文化的弥渡洞经古乐。随后便驱车到了剑川县的石宝山,在石宝山景区,他饶有兴趣地观摩了始凿于晚唐南诏国期间的、具有融合汉藏文化的石窟寺摩崖。在这反映一千多年南诏国宫廷政治生活和宗教活动场面的群体造像前久久停留,随后,还应景区负责人之请,当场题写了"南天瑰宝"。

金庸在大理足足停留了五天,给大理人留下了深刻的印象。据当地接待人员统计,金庸在这五天的会议、参观的间隙,为大理的一千多名读者签了名,由此看来金庸在大理确实已有坚实的群众基础了。还是我大理的几位表弟跟我说了他们对金庸的感觉:"金庸在大理人的心中,简直像神明一样的存在。"表弟们的话,我信。

可能金庸前世真的是大理人(他曾亲口对人说:"从佛教的观点看,我可能哪一世做过大理人,今生对大理总有一种亲切之感。"),他跟大理确实有缘。大理人至今仍不大相信金庸已经离世。大家都相信金庸还会来大理的,他手里还有一把大理人交给他的可以打开州门的金钥匙。

三顾绍兴

金庸的老家海宁袁花与历史文化名城绍兴离得很近，两地其实就是隔了一条钱塘江。2013 年 7 月，嘉绍大桥建成通车，从袁花到绍兴不要再绕行杭州，往来更方便了。说起绍兴这个地方，金庸与它还真有点情缘牵绊的。绍兴是金庸两位恩师（小学老师陈未冬，中学老师俞芳）的故乡，也是他十分崇敬的太老师级的鲁迅（俞芳是鲁迅小友）的故乡。而对于绍兴的兰亭，存有敬畏之心的金庸更是把它放到了一个高山仰止的位置。一次，他在北京大学做演讲时说道："这次到北大，说好要做两次演讲，我自己写了十六个字：'班门弄斧，兰亭挥毫，草堂题诗……第四句就是北大讲学'。"这四句话当中，前三句所指的三件事，金庸把它们都看得很神圣，这中间就提到了兰亭。

金庸年轻时，是否到过绍兴，现已无从查考。但改革开放后，金庸到访绍兴则是有记载的，按公开报道上讲，去过两次。

第一次是在 1994 年 4 月 5 日清明节。这一天，金庸本打算回老家到父亲的坟上去扫墓的。那天上午，他与香港的太叔祖公查济民相约回到袁花，查济民径直去大坟头祭奠自己的祖先与父母了。金庸也备好了祭品，准备到父亲坟上去祭扫。而直到此时，金庸方才从亲友那里得知父亲的坟墓早在 1964 年就被毁掉，墓已不复存在了。金庸听罢，刚要踏上秤钩浜老家的双脚也随之收了回来。于是，带着夫人便转身去了绍兴。

当天下午，到了绍兴，一踏上这块神往已久的土地，金庸的心情很快就"多云转晴"了。当时，金庸夫妇俩在浙江省政府副秘书长周洪昌、新华社香港分社副社长张浚生、绍兴市副市长沈才土及市文化局长鲍贤伦等人陪同下，兴致勃勃地参观了鲁迅纪念馆、鲁迅祖居、百草园、鲁迅故居、三味书屋。他边走边看，不停地询问兼作导游的鲁迅纪念馆馆长裘士雄："鲁迅家里有多少人？""他祖父、父亲分别当过什么官？""鲁迅的家庭为何败落？"……问题问得很细，裘馆长则一一做了回答。参观结束后，裘馆长拿出纸笔，请金庸给鲁迅纪念馆题词。只见金庸略一思索，挥笔写下"初瞻大师故居，想象文豪当年"十二个大字。在离开纪念馆时，还在大门口与媒体记者合了影。

随后，金庸一行来到位于兰渚山下的兰亭，饶有兴趣地游览了鹅池、乐池、右军祠几个景点，还在曲水流觞处品尝了绍兴黄酒。在即将结束参观时，兰亭的工作人员提出要金庸为兰亭题写几个字，金庸听罢，一脸正色予以回绝："在王羲之的地方怎么可以写字呢？"但工作人员仍旧坚持着，最后金庸拗不过这里的工作人员，于是拿起笔，在铺开的纸上写下了："人云班门弄斧，至兰亭而弄墨，岂不更妄乎。"书毕，连说"见笑，见笑"。当天，游兴十足的金庸还去了沈园，当他在园中见到一株红白两花相间的桃树时，便脱口而出："惊鸿照影"——这是陆游《钗头凤》里的一句话。这次金庸在绍兴的活动虽只有半天时间，但满满的行程，还是让金庸收获颇丰。第二天，金庸带着夫人去了普陀山。

金庸第二次到绍兴（新昌）是在六年后的2000年9月13日。那天是中秋节后的第一天。当时以张纪中为总制片人、黄健中为导演的《笑傲江湖》电视剧剧组的大队人马刚从无锡转场到新昌，正在新昌大佛寺、穿岩十九峰、沃洲湖等景区取景拍摄。金庸为此专程前来剧组探班。到达新昌后，金庸受到了新昌县党政领导的热情接待，当时金庸来到般若谷景点的大佛寺，在"江南第一大佛"的大雄宝殿拍摄现场，与演职员们亲切交流。在现场，金庸还抽看了几个录像的片段，大赞演员的表演十分到位，而得到金庸赞扬后的演职员们则干劲更为高涨了。在大佛寺，金庸又特地拜访了方丈悟道法师，他还很专致地与法师探讨起佛法、佛学，并当场挥毫写下"此观悟道，妙法修真"八个字，留赠予悟道方丈。

当晚，金庸下榻白云山庄，在山庄与全体员工合了影，还参加了与各界人士的座谈会，在座谈会上，金庸动情地说："新昌山水很美，人文传统很好。我以前没见过石头山雕出来的大佛。而且到了这里以后，才知道东晋王羲之等很多名人都来过这里。只是遗憾年事已高，爬不得李白到过的天姥山了。"

第二天，在离开新昌前，金庸品尝了大佛龙井茶，还认真地聆听了介绍，了解了大佛与龙井茶的结缘过程，最后欣然提笔写下了"大佛龙井"四个大字。由此，金庸先生的墨宝就成了新昌大佛龙井茶走向更大市场的金字招牌了。

以上就是人们通常说的，金庸两次到过绍兴。其实，金庸还有一次曾途经绍兴的上虞，那次在上虞停留时，金庸还留下了一段佳话与一件宝物。

这是1994年的事，话说到这里，那还得回到金庸第一次即1994年4月那次来绍兴时说起。金庸4月5日这一天到了绍兴。4月6日便去了普陀山，一直待到8日才离开。9日，金庸在宁波，那天他参观了天一阁和河姆渡遗址。10号，金庸一行准备回杭州。这一天中午，车子途经上虞，根据安排，要在上虞宾馆用中餐。当时上虞的有关领导也赶来作陪。席间，当有关领导介绍了上虞的风土人情后，金庸先生文思泉涌，诗兴勃发，他拿起四尺三开的题词本，当即挥毫写下了一首《上虞赋》，其曰："上虞名郡，溯自大舜。后妃淑德，娥皇女英。汉有大儒，王充论衡。晋则谢安，东山大隐。曹娥至孝，英台情深。史推实斋，文称丐尊。迄至今世，马竺谢晋。文物大邦，千古扬名。"金庸现场即兴创作，计六十四字称誉上虞（图18）。"出口成章，一气呵成。"当时在场的一位上虞政府接待办负责人连用这两个成语来形容金庸先生题词时的情景，"短短几行字，就把上虞极其深厚的文化底蕴都概括进去了，对上虞的人文历史如此之熟悉，表述如此之精准，可见金庸先生之文采与博识，真不简单啊！"用餐毕，稍作休息，金庸一行，便离开了上虞，当晚回到了杭州。

金庸在上虞虽仅停留了几个小时，但他在此出色的即兴创作，八句六十四字的绝妙赞语脱口而出，加之落笔成章的现场挥洒，技惊四座，因此成了人们口口相传、津津乐道的一段佳话。金庸留给了上虞乃至绍兴一件不可多得的宝物，从此，脍炙人口的《上虞赋》就成了宣传上虞的一张响亮的城市名片。

（本文撰写时部分内容参照了戴珏的《金庸绍兴三次行》）

姑苏行

金庸坦言他非常崇拜自己的祖父。但金庸出生时，祖父已离世，故金庸对祖父的情愫，实际更多地体现在祖母身上了。金庸的祖母查黄氏（1873—1937年），苏州人，金庸自小"总是脚前身后地缠着她，哪怕是在做饭的时候"（金庸语）。金庸也是听着祖母的苏州话长大，祖母烹制的苏州菜则是他的最爱，即便到了耄耋之年还时常念叨着。出于亲情，金庸爱屋及乌，遂对苏州也比别的地方要更来得钟情一些。在苏州，金庸有几门过往甚密的同宗亲戚。金庸还曾就读东吴大学法学院（当时法学院的校址在上海），就是后来的苏州大学。金庸的胞兄良铿也曾谋职于苏州的"国立江苏教育学院"。金庸还有个爱好，就是喜欢听苏州评弹……所以说金庸与苏州似乎有着割舍不断的情缘。

金庸曾不止一次地说起"最喜欢的城市，第一是杭州，第二是苏州，第三是成都"。还说从童年起他就喜爱着苏州这座城市，喜欢看苏州的粉墙黛瓦，喜欢听苏州人的吴侬软语，他曾借韦小宝的口说："西施是浙江诸暨人，说话便不如苏州的陈圆圆好听。"以此来说明，苏州话是最好听的声音。既然金庸这么钟情于苏州，那他这一生中究竟去过多少回？对此，恐怕谁也说不清楚了。金庸老家海宁与苏州相距不远，即便在交通不便的农耕时代，也不过是一天的水路。所以，对当年的金庸而言，苏州就是个说去即至的地方，若要想过去实在太方便了。

但自从1948年金庸去了香港后，倘想再造访苏州，机会就不多了。特别在改革开放前三十年间，且不说路途遥远，还需办理出入境手续，行动多有不便。这三十年间，金庸是否到过苏州，据他的胞弟及苏州的几位堂弟回忆，都说没有这个印象。

自改革开放后，禁锢消除了，内地与港澳之间交流日显频繁。金庸与别的港澳同胞一样，隔三岔五地返回内地，易如反掌。所以尽管金庸事务繁忙，但苏州一定仍是他拟造访的必选之地。话可能扯开去了，还是言归正传，说说金庸究竟到过苏州没有。在对现有信息梳理后得知，自二十世纪八十年代起，金庸曾三次造访苏州。

第一次是在1986年5月7日。那年4月下旬，金庸在北京参加香港特别行政区基本法起草委员会第二次全体会议，刚被任命为政治体制专题小组港方负责人。会议结束，金庸即乘车南下，4月24日他先到了南京，看望了几位老同学。4月28日，去了六合，为兄长良铿祝七十寿。4月30日，到了镇江，浏览了金山、焦山、北固山。5月1日，去了祖父的故地——丹阳。第二天去了常州、常熟等地。至7日，金庸在江苏省政府有关部门领导的陪同下，到苏州探望已故堂伯父查忠礼之家人。这天上午，金庸偕夫人驱车前往由堂弟查良平任厂长的苏州丝绸印花厂参观。到厂后，金庸与两位等候多时的堂弟良平与良中（时任市纺织产品研究所科研办主任）愉快地见了面。兄弟相逢，因多年不通音讯，彼此先相互询问年龄。金庸对良平说："我今年六十二岁，比你年长四岁。"边说边指着夫人林乐怡，"你还得叫她嫂嫂呢"。大家还拉起了家常，金庸说："当年，家父到过苏州伯父家，长兄良铿一度还住在伯父家，这些事我都还有印象。"接下来参观工厂，听了堂弟良平的介绍，金庸为印花厂还题了词："锦绣江山千万里，慧心巧手妥安排。"参观一结束，金庸便向两位堂弟道别，当天下午就离开了苏州。事后，金庸给两位堂弟作了本为专程家访、却又匆匆离去的解释："我不习惯一大帮人随行（当时陪同人员加记者有二十多人），尤其是政府领导陪同。"惯于平民化的金庸，一时还适应不了由官方安排的这种排场，于是干脆一走了之。

金庸第二次到苏州是在 2000 年 4 月 29 日。金庸抵苏前两天（27 号），人在南京，他是受邀访问南京大学，当时在"南大"还给学子们做了"南京与中国政治文化"的演讲。这次抵苏，适逢母校苏州大学的百年校庆。金庸也是受了邀请，前来接受苏州大学给予名誉教授的聘书。学校为此还专门搞了个受聘仪式。仪式结束后，金庸为学弟学妹们做了"苏州的人文精神"的演讲。随后还为母校的百年校庆题了词："养天地正气，法古今完人。季札、伍员、陆逊、范仲淹皆吴人中之可法者也。"这一天，活动安排得十分紧凑。

当晚，金庸下榻于苏州的竹辉饭店。堂弟良平一家白天欲会金庸，时间排不进去，便在晚上前往拜访，双方见面后攀谈了许久，金庸还特别为上回匆匆离苏一事再次解释，说是让这么多人陪着，觉得有点过意不去。金庸看着良平一家子，祖孙三代，人丁兴旺，则不无感慨地对堂弟说道："我至今还没有第三代'家'字辈的人。"到了快分别时，金庸与堂弟一家人合了影。第二天，事务缠身的金庸就离开了苏州。

2007 年 9 月 22 日是金庸第三次来苏州的日子，这次主要为其小说《雪山飞狐》被改编为苏州评弹，举行开播仪式而来。是日，由苏州广电总台派出专车到上海浦东机场去接自香港飞来的金庸。

当天下午，先到苏州评弹学校，金庸观看了师生们的表演，并接受了学校授予的荣誉教授的聘书。离校前，金庸为学校题词"评弹摇篮"。当晚，宿香格里拉大酒店，苏州的几位堂弟照例趁晚上这段时间，前往宾馆晤见堂兄，拉起了亲人间拉不完的家常。

第二天是活动的正日。这天，金庸先参加了评弹《雪山飞狐》的开播剪彩，然后在现场由市领导陪同聆听邢宴芝、邢宴春姐弟的精彩弹唱。开播前，金庸充满期待地对着邢氏姐弟说："希望能够表达出小说的精髓来。"入座不久，不知是听到了久违了的乡音，还是为自己的作品成功地搬上评弹的舞台，金庸激动得热泪盈眶。

同日，应母校所请，金庸又去苏州大学接受了名誉博士的证书（图19）。当得知这是苏大有史以来第一次授出的名誉称号，金庸特别高兴。他说："我得过很多学校的名誉博士、名誉教授，但像这样的第一个，我还是第一次获得。在我有生之年，我对苏州大学的'爱情'不会改变。"接着，便提笔寄语于苏大学生："快乐源泉在于活到老学到老。"随后，金庸又在存菊堂礼堂内为学弟学妹们做了"中国历史大势"演讲。当时，苏州的几位堂弟也在座聆听了演讲。

当晚，金庸应邀赴松鹤楼宴，品尝到了地道的苏帮菜，并欣然为松鹤楼饭店写下了"百年老店，历久常新，如松常青，如鹤添寿"的祝福之语。

第三天，东道主仍作了参观游览、会客访谈的活动安排。当时，有记者问金庸，对《雪山飞狐（节选）》取代鲁迅的《阿Q正传》，入选北京版的高中语文教材，最后被定为推荐阅读作品并列为教师教育参考书一事有何感想。金庸回答说："我获此消息很高兴，但千万不要把我和鲁迅相提并论，我很佩服鲁迅，我远不及鲁迅。"第四天，即9月25日，金庸离开了苏州。这是金庸在苏州待的时间最长的一次。

对于金庸每次都是匆忙来去，苏州的几位堂弟也曾不无抱怨地跟这位堂兄提过意见："您别老是匆匆来匆匆去，下回到苏州，能否推掉所有的公事与应酬，让我们家人好好地叙叙亲情，拉拉家常，行吗？"金庸对兄弟们提出的这个合理要求，则很爽快地回应道："好的，好的!"于是,弟兄们一直盼着这一天。

2018年10月30日,香港传来噩耗,堂弟良中即发去唁电以示哀悼,不久就收到金庸夫人发往苏州之复函,其曰:"查良镛(金庸)先生圆满无罣碍走完人生旅程,蒙惠赐唁函,高谊隆情,谨致谢忱。"这是金庸对苏州的兄弟们最后的一声回音,也是金庸对苏州这座一直喜欢着的城市的最后告别。

如今,金庸离开了人间,也离开了号称人间天堂的苏州,他已到了真正的天堂。愿金庸在天堂快乐!

(2021.2.6写于金庸九七冥诞日)

与桃花岛的不了情

桃花岛是金庸先生的作品《射雕英雄传》《神雕侠侣》两部小说中所描绘的一座美妙神奇的东海小岛。这座美妙神奇的小岛之所以能映入金庸先生的眼帘,成为他的两部小说展开故事情节时的活动天地,并最终让"金大侠"亲自踏上这座小岛,说来还有一段美妙的故事。

《射雕英雄传》写于1957年至1959年,那时金庸并没有到过桃花岛。因为他当时创作《射雕英雄传》,在故事当中需要有一个海岛,根据故事情节的安排,还要求这个海岛距离大陆不能太近,也不能太远,并且要带有一点浪漫情调。于是他借助地图去搜寻,最后在舟山的普陀附近找到了这座名曰桃花的海岛。到了二十世纪七八十年代,随着金庸武侠小说风靡大陆乃至全球华人圈,其笔下黄药师、黄蓉居住过的桃花岛自然而然地也就成了人们特别是那些"金粉"们心驰神往的地方了。

时针拨回到1994年,那年3月,刚被嘉兴市人民政府聘为高级顾问和"荣誉市民"的金庸,兴致勃勃地与香港的太叔祖公查济民相约,在4月5日清明节时,一同回乡扫墓。没多久,到了清明节这一天,身在袁花老家的金庸,手捧着祭品,却找不到父亲的坟墓(早在1964年就被毁掉了,金庸事先一无所知)而无处祭扫,不禁悲从心来。

为平复这种难以释怀的心情，弥补这种难以言表的失望，第二天，即4月6日，金庸偕夫人即奔普陀山而去。那天，金庸绕开了政府的接待部门，径直上普陀山拜见了全山方丈妙善大和尚，并在大和尚的主持下，在寺里一连三天办了几场法事，以超度父母的亡灵。

这次普陀之行，金庸没有对外声张，处事也十分低调，但世上没有不透风的墙。第二天，桃花镇文化站站长还是出现在金庸面前，这位站长奉镇政府领导之命，专门赶到普陀山，诚邀金庸访问桃花岛。因行程安排已定，金庸实在无法允诺，只得婉言相拒。但面对桃花岛人如此之诚意，于心不忍的金庸又提笔书"碧海金沙桃花岛"七个大字以赠，并答应另行择日，一定访问桃花岛。最后，那位只完成了一半任务的文化站长，带着金庸亲口的承诺，拿着金庸的题词，回岛上交差去了。

当听完文化站长的汇报后，桃花镇的领导还是不愿"善罢甘休"。不久，一封热情洋溢、诚意十足的信函寄到了香港。金庸先生收到信后，也觉得似乎欠了桃花岛什么的，于是他在1995年1月10日，给桃花镇回了信，信的全文如下：

桃花镇诸领导、乡亲们：

来信敬悉，承你们告知两件喜事，甚感欣慰，亦深表谢意。

上次返乡省亲未能偕内子亲赴桃花岛，一赏贵岛之风光，委实是件憾事。唯待日后，假以时日再到贵岛遍览胜景，以遂心愿。

谢谢你们对我及作品的爱护与支持。我相信，桃花岛的旅游事业定会大展宏图、兴旺繁荣。在此，请接受我的衷心的良好祝愿。

随信附上香港《明报》所发表关于桃花岛的报道，你们的努力已获得海外广大人士的赞赏。

来信中提及中央电视台《旅行家》节目播映桃花岛的风光片，贵处若有录像带，希望能帮我代购或代录一套。另外，也希望寄些"金庸轮"的照片和桃花岛客运码头场景的照片。在此先表谢意。

　　耑此　颂祝

　　兴旺发达

金庸
1995年1月10日

不久，镇里接到了金庸先生这封回信，于是，一面按金庸的要求，给他寄去了中央电视台播映桃花岛风光片的录像带和"金庸轮"以及桃花岛客运码头的照片，一面则等待着"大侠"上岛的那一天。

到了2001年10月14日，金庸先生终于如约而至。（图20）那天上午，在舟山市有关领导的陪同下，金庸偕夫人从沈家门乘上了"金庸轮"，前往桃花岛。在轮船驶往桃花岛的途中，坐在金庸对面的领导向金庸又重提起那个桃花岛人乃至舟山人最想了解的关于金庸为啥会选择桃花岛的老话题。对此，金庸则面带笑容，慢条斯理地回答说："当时因为写书，书中需要有一座岛屿，但我没有来过舟山，不熟悉海岛的情况，于是就到香港图书馆去找了些介绍浙江海岛的书籍与地图。当时，我先查看了宁波一带，发现没合适地方。然后再往东找，最后在舟山普陀附近，初选了两个岛屿，一个叫虾峙岛，一个叫桃花岛。我觉得这两个岛的位置，与大陆离得不远也不近，正好。接下来在做进一步考证时，发现虾峙岛面积小了一点，照书中的故事情节安排，有点施展不开。而桃花岛面积就大了，有四十多平方公里，而且从桃花岛的历史来看，南宋时期，这个岛上罕有人迹，这十分适合给书中的黄药师、黄蓉、周伯通设立一个活动天地，再加上桃花岛的这个名字又好听，蛮有点浪漫情调的，所以最终选用了桃花岛。"这时，桃花镇的领导赶忙接上话头，连声说："这就是缘分，这就是缘分！"金庸与大伙也都笑开了。

10 月 14 日这一天，金庸先生到桃花岛，正好张纪中他们的《射雕英雄传》剧组也在桃花岛上取景拍摄。所以，金庸上岛后，第一站就先到射雕英雄传旅游城的"归云庄"去探班，与张纪中、孟凡耀、李亚鹏、周迅等剧组成员见面，并参观了这个全国第一座的海岛影视城。接着，金庸与大家一起步入桃花寨休闲村，在"碧海潮声"厅用了午餐。席间，金庸先生品尝了"降龙十八掌""海枯石烂"等具有桃花岛武侠文化特色的菜肴。饭后，应景区负责人所请，金庸先生在桃花寨休闲村的小会议室里，挥毫书写了"桃花影里飞神剑；碧海潮声按玉箫"一副对联。（图 21）同时又为旅游城题写了"射雕英雄城旅游城""桃花寨""桃花峪"的匾牌。随后，金庸在大伙的簇拥下，一起去了大沙滩《射雕英雄传》的拍摄现场，在大沙滩上与剧组的演职员们进行了亲切的交谈。金庸被大伙团团地围在中间，此时，只听得大伙的谈笑声一浪高过一浪。过了好一会儿，在工作人员引导下，金庸走进了设在塔湾金沙的浙江卫视现场直播室，向着电视观众直言："想不到，桃花岛比我想象中的还要美丽、好看，空气又这么新鲜，真是个好地方啊！"最后，金庸会见了记者，还召开了一个别开生面的记者见面会。在与媒体热烈互动的会场上，桃花镇镇政府又给金庸颁发了"桃花岛名誉岛主"的牌匾，把现场的气氛推向了高潮。

如今，"岛主"虽已驾鹤西去，然"大侠"的仙踪侠影于桃花岛已无处不在，大侠与桃花岛所结下的不了情缘也犹如岛上年年盛开的水仙花，花开不败、越开越旺！

金庸在成都

2004年9月下旬,金庸受四川作家协会与《华西都市报》邀请,赴四川成都访问。

金庸此访为期十天,主办单位之安排,行程满满:21日下午,自长沙飞抵成都,随即召开记者招待会;是晚,访《华西都市报》。22日,去九寨沟,晚宿九寨沟天堂酒店。23日,游九寨沟,并接受记者采访,当天返回成都。24日,逛成都街市,当晚在顺兴茶馆接受宴请。25日,游三星堆博物馆。26日,访青城山与都江堰。27日,到杜甫草堂与芙蓉古镇,并参加"人文四川,名家论坛"的活动。28日,中秋节,参观乐山大佛与三苏祠,然后取道上峨眉。29日,坐滑竿游峨眉山(惜未上金顶),与同行的严家炎坐而论道。30日,访问四川大学,接受名誉教授聘书,并为巴金文学院题词,当天离开成都,结束访问。事后据有关部门统计,金庸在这十天内,共到景区、酒楼、饭店加上四川大学共计三十五处。出场八十小时,平均每天出场八个小时。留下墨宝、题词二十一幅,至于给"金粉"们的签名则不计其数矣。

金庸此访,笑看风云且行且乐,所到之处欢声笑语一片,给人们留下了许多美好的回忆。兹借蔡邕"回顾生碧色,动摇扬缥青"诗句之意,择其中两日行程,以作回眸。

其一：9月26日上午，金庸来到成都大熊猫繁育研究基地，他端坐在椅子上搂住一头名叫"毛毛"的大熊猫合了个影。不知此时的看官会否看花眼，这分明是俩珍贵无比的国宝，其中一位乃是当今文坛宗师级的"大熊猫"。

下午，根据金庸的意愿，由主办方安排，将去道教名山——青城山。对青城山，金庸向往已久，1999年，他曾题词："青城天下幽，久欲奉访。"2003年又想造访青城山，而青城山的掌门人刘绥滨对此直接拒绝："金庸不能上青城山，我们果断拒绝他的到来，他不适合来这里！"不仅如此，青城山的通告上还写着："凡是扮演余沧海（《笑傲江湖》中的一个角色）的演员，都一律不得上山，永不过时！"金庸见此回复，自知理亏，毕竟自己当初在小说中把青城山写成反派了。这次，金庸一到成都，便提出要求走访青城山。刘掌门人获此消息更生气了，他直接贴出通告："金庸和出演'余沧海'的一干演员，一律不得跨入青城山半步！金庸一日不道歉，他就别想上青城山！"金庸看到通告，特别看到末一句，反而乐了："那我就道歉！"金庸立即登报："我对四川武术和青城派了解不够，对青城山描述不准确，我一定会改！"金庸还表示："我要登上青城山亲自向青城派道歉，这样才有诚意！"登报道歉过后，于26日这一天，八十高龄的查老先生果然要登青城山，将拜访掌门人刘绥滨。下午两点，当金庸到了青城山口，刘掌门人早已派出三十六名青城派弟子组成一个剑阵迎候，在音乐声伴奏下，当场为金庸表演了青城对剑。金庸看过表演，专门为之题词曰："青城太极拳剑，即养生保健，亦系实用武术！"并说道："以前我没来过青城山，在《天龙八部》里我没将青城写好，以后我有机会修改，一定把青城写得美些。"面对如此虔诚的金庸，刘绥滨十分感动，赶忙告诉金庸说："不需要再道歉了，我们反而要表示感谢"。

而在此时，青城山山门外已有数千人围观，游客们都知道"金大侠"要来青城山，顿时秩序大乱。就当金庸刚一露面，数百人就一哄而上，都去抢拍金庸的画面。由于游客太过热情，接待方准备不够充分，现场发生了一些混乱。作家阿来这时到了青城山，根本进不去，被挡在山门之外。几位记者为了采访，只能冒险翻墙而进。而此刻的金庸，则被各种签名、合影弄得疲惫不堪。最后，连魏明伦精心组织的"道教文化与金庸武侠小说"的论坛，也因接待方实在无力配合，也就不了了之。

面对青城山这样一个有惊无险的场面，主办方赶紧将金庸一行转到了下一站——都江堰，才让金庸他们得到了喘息。这一天也让金庸实实在在地领受到了游客们的热情。

其二：9月27日上午，有雨，十点过后，金庸一行来到杜甫草堂。金庸先站立在草堂门口，轻轻地念着大门两边的联语"万里桥西宅，百花潭北庄"。随后进了门，便驻足于杜甫的塑像前，久久无语，陷入了沉思，似乎在跟杜甫做心灵对话。此时，随行的工作人员走了过来，请求金庸为草堂题诗留念，金庸诚惶诚恐地回绝了："这是诗圣杜甫的故乡，我怎敢题诗？"而这位工作人员能说会道也真会做工作，对金庸说："浪漫主义（指金庸）何不为现实主义（指杜甫）润点色？"金庸听罢，一时竟为之语塞，而眼疾手快的陪同人员则早已铺开宣纸，摆好笔砚，面有难色的金庸只得半推半就地提笔挥写了两句："一代诗圣传千古，前辈风流后人思。"

当天下午，则按计划去成都郊区的芙蓉古镇参加"人文四川，名家论坛"的活动。这次举办的名家论坛阵营庞大，有：马识途、邓友梅、严家炎、傅垣、何开四、徐康、阿来、裘山山、吴野、廖全京、王敦贤、潘耀明等一众作家学者到场。主办方对这次论坛设定的话题也很宽泛，涉及政治、经济、文学、四川的人文风俗等，当然武侠小说肯定是这次论坛的重点。论坛一开场，先由四川作协主席马识途作开场白，其吟诗以赠，曰："凡有水井唱'三变'，如今到处说金庸。新声本自俚歌出，缪斯殿堂拜查翁。"金庸接着畅言："成都的休闲是'忙中偷闲'，这是一种至高境界，匆忙的生活中，还不忘为自己找一点闲，这是一种博大的胸襟。所以四川才出了邓小平这样的伟人！"随后作家们纷纷发言，说金庸在文坛上产生了巨大的影响，可以称作"金庸现象"。严家炎、邓友梅、阿来都做了精彩的发言，大家兴致很高。最后则由一位浙籍作家以老乡的身份向金庸祝福中秋节，让论坛在欢笑中结束。

这次主办方安排金庸到芙蓉镇可是此次入川的一个重头戏，所以光安排一个论坛还是不够的。下午三时，主办方又推出了一个精彩节目，在芙蓉镇一处极具川西民居风格的四合院——芙蓉客栈里让金庸与古琴大师俞伯荪这两位泰斗级人物"以琴会友"。说起古琴，金庸其实并不陌生，他与古琴还真是有点缘分。他的七世族祖查奕照善古琴，是古琴大师李玉峰的高足，史有记载。金庸自家赫山房就有古琴、编钟、磬等古乐器常年置于厅堂中。而他的一位本家、古琴大师查阜西则是俞伯荪交往甚密的至交好友。此时俞伯荪虽已八十四岁高龄（年长金庸三岁），但脸色红润，精神矍铄。俞老与夫人黄明康老师当场向金庸赠送了一张叫"号钟"的古琴模型，"号钟"是古代著名四大名琴（号钟、绕梁、绿绮、焦尾）之一。俞老还拿出自己珍藏的一张距今已一千余年的叫"铁客"的古琴示之于金庸，金庸甚是喜欢，当场还拨动了几下琴弦。随后，俞老和他的夫人及弟子为金庸表演了《忆伯牙宗师》《中秋》和《高山流水》，演奏完毕金庸带头鼓掌，并随手题诗一首，赠予俞老夫妇。诗曰："来蜀中兮聆名琴。闻佳曲兮听清音。愧非知音兮对牛弹。喜见伉俪兮识高人。"并添写附言曰："聆俞伯荪伉俪的雅奏，不辨川菜佳味三月矣！"（图22）主办方安排的整个活动，让人赏心悦目，也一洗金庸一行几天来的疲惫。时此，金庸内心也不能不为主办方这样的精心安排而深受感动。

最后，金庸在即将结束访问时，接受了《成都商报》记者王潇的采访，畅快地说出了他这次四川之行的感受："我来四川这么多天了，我最欣赏的还是成都这个城市本身。成都的文化气息很浓厚。我是杭州人，它跟我们杭州很接近，生活悠闲，不是很紧张，但都把工作做得很好。"

金庸此次入川，还有一个人也值得一提：流沙河。他尽管没有出现在"人文四川，名家论坛"的名单中，但促成金庸入川，流沙河可是参与前期运作的一员。最早拟邀金庸入川者乃四川作协秘书长曹纪祖先生，曹当时与流沙河、魏明伦夫妇在成都花园宾馆招待《香港明报》主编潘耀明先生，就是商邀金庸入川一事。估计当时参与商谈时，流沙河已不再认为金庸的"腹笥太贫俭了（此为流沙河在2003年批评金庸写对联搞不清平仄押韵的原话）"。金庸当时听过，没把它太当回事（当然也没忘记），后来金庸知道流沙河参与了邀自己入川之运作。所以只是在9月24日成都逛街市，到顺兴茶馆用晚餐前写了一首诗："乘兴品茶顺兴馆，喜见传流皆呈观。蓉城悠闲宛然在，奋发腾飞心胸宽"。诗写毕，金庸谓之旁人曰："我做文章，平仄押韵搞不清，做得不好。"这算是对流沙河所做的一个回音。而这首诗的末句"奋发腾飞心胸宽"，那算是与流沙河的一种共勉吧。

问剑龙泉

2004年,恰逢金庸八十寿诞。于金秋时节,由丽水龙泉市政府发起,浙江大学、浙江省作协、《钱江晚报》社在龙泉联合举办了"金庸龙泉问剑"大型文艺活动,金庸将重回阔别六十四年的丽水,受邀到龙泉去参加这一盛大活动。

10月24日早上,金庸夫妇乘车从杭州出发,下午先赶到丽水。负责接待金庸的丽水市领导,本打算在不影响金庸参加龙泉问剑活动的前提下,安排金庸顺路重访其当年负笈求学的旧地——碧湖镇。抗战期间,金庸在碧湖的省立联合初级中学完成了初中学业,并升入了同在碧湖的省立联合高级中学。当时,他因在学校壁报上写了一篇叫《阿丽丝漫游记》的文章,以抨击欺压学生的训导主任,结果被学校劝退,被迫离开学校。丽水市领导满以为这一临时增加的碧湖行,一定会让金庸提振精神,增添兴致。谁知,金庸听罢,在淡淡地一笑后说道:"碧湖这个地方,我,我就不去了。"话音刚落,这位领导的反应也是够快的,他一听就明白金庸对六十四年前所发生的那桩自认为"一生中最大的危机之一"(金庸语)的往事,在心头还留有阴影。于是立即收回动议,取消了这个安排。小憩后,车子就直接驶往龙泉。

当晚抵达龙泉,当金庸夫妇刚要进入龙泉大酒店,就有一批闻讯而来的"金庸迷"堵在了酒店门口,欲一睹"大侠"的风采。晚餐时,一些书迷还通过酒店的服务员把书递进了包厢,让金庸签名。虽然一路劳顿,但一向乐于为书迷签字的金庸,照例是笑容满面,来者不拒。

第二天上午,金庸夫妇先后参观了龙泉博物馆和浙江大学龙泉分校旧址。在龙泉博物馆,金庸饶有兴致地观看了馆藏的青瓷与宝剑珍品,并当场挥毫泼墨,欣然题词曰:"凝翡翠兮聚碧玉,得古铜兮铸长剑。中华古文华,龙泉得其二。瓷剑兼文武,龙泉皆有之。"金庸从博物馆出来,便来到了浙大龙泉分校旧址,一跨进大门,就勾起了金庸对昔日师友的无限情思,他在现场题了词:"今来旧址忆故人,不见前辈心耿耿。"当年的龙泉分校有金庸许多师尊与好友:龙泉分校主任郑晓沧教授与乐府诗词专家胡伦清教授以及王敬五教授都是海宁同乡,而挚友余兆文曾就读于龙泉分校。当年,金庸在碧湖读高中时,还曾来龙泉小住过数日。

参观完浙大龙泉分校旧址,接着去了铸剑谷。金庸此行也可以说是专门为宝剑而来,在《笑傲江湖》中,金庸曾描述过龙泉的铸剑谷,也就是欧冶子在龙泉的铸剑地——剑池湖。金庸在写作过程中,他并没有到铸剑谷,此次来龙泉,终于让他如愿以偿。当时,他还为"真武剑"的制造者题了词:"向'真武剑'的制造者周正武先生致敬!"

就在上午内容排得满满的参观活动当中,龙泉的金庸迷依旧没有放过金庸,一路上还在"围追堵截",要他签名,而金庸依旧乐此不疲,还是见缝插针照签不误。事后,据一直伴随在金庸身边的工作人员说,这一天,金庸至少签了几百本书。当天,龙泉的几家书店里的金庸小说都被一扫而空,就连租书摊上的金庸小说也都被拿走,去让金庸签字了。整个龙泉也掀起了一股不小的"金庸热"。

到了下午,"金庸龙泉问剑"活动正式开始。在杏园的活动现场,金庸首先接受了龙泉市委、市政府赠予的"龙泉荣誉市民"的称号。接着，由龙泉市委、市政府隆重地将龙泉铸剑大师们花了数月功夫精心设计、铸造的包括"倚天剑""屠龙刀""玄铁剑"等在内的二十四把名剑和七把宝刀赠送给了金庸。这三十一件龙泉的宝剑与宝刀虽系无情之物，然赠之于有情人之手，那还是别有一番情谊寄于其中的。金庸看着琳琅满目的刀剑，欣喜之情溢于言表！受赠时，他激动地发表了一番感言说："龙泉虽然目前交通还不发达，但恰如'一枝红杏出墙来'，早已名声在外。我在海外，到任何一个地方，都有人知道龙泉这个地方。因为龙泉有宝剑和青瓷，有深厚的宝剑文化和青瓷文化"。同时金庸还向龙泉市民致歉，说本想早点来龙泉参加凤阳登山旅游节，参加"剑道书香"评论，但因为时间安排不过来，迟到了。在一下午的整个"问剑"活动现场，始终洋溢着富有中华民族特色的宝剑文化的浓烈气氛，充盈着金庸与龙泉市民们热烈互动的深厚情意，这给龙泉这座小城留下了一段脍炙人口的佳话，添上了一抹靓丽隽永的亮色。

26 号，金庸夫妇要离开龙泉了，许多市民自发地赶来送别。在龙泉这三天二夜，给金庸留下太多美好的记忆，龙泉大概也是金庸寓港后再回内地单趟逗留时间最长的一座县城了。对龙泉，金庸似乎有一份难以割舍的情愫。临行前，金庸站立在车旁，见到市民前来送行的场景，激动得以哽咽的声音说道："龙泉山清水秀，地方好，人也好，非常感谢龙泉人民的热情。龙泉已经闻名于世，对龙泉我真不知何以为报！"说到动情处，金庸连说了两句"不知何以为报"。金庸频频地向大家挥手致意，最后带着满心眷恋的神情坐进了车子。在小车缓缓驰离龙泉时，仍有一大批市民站立在道路的两旁，注视着渐行渐远的"大侠"。

在归途中，金庸还顺便参观了著名的龙游石窟。

辑三

万润龙访谈录

时间：2019年11月13日上午

地点：杭州吴山综合商务楼办公室（图23）

被采访人：万润龙（1950年生，浙江绍兴人，《文汇报》浙江记者站站长、杭州金庸书友会总经理兼《金庸茶馆》主编、高级记者。）

查玉强（以下简称查）：幸会万老师！知道您一直很忙，但今天得占用您一点时间，就有关您与金庸先生在其生前的一些交往，想作个采访。

万润龙（以下简称万）：我已于今年九月办了退休，现在有空闲时间了，你有啥问题，尽管问吧。

查：谢谢！您是在什么时候遇见金庸先生的？

万：那是1996年11月5日，金庸先生向杭州市政府捐赠"云松书舍"时，我作为《文汇报》记者前往现场采访，第一次见到金庸先生。这一天其实也是由金庸出资建造的"云松书舍"的落成典礼。金庸先生携家人出席了落成仪式，时任海协会会长、上海市老市长汪道涵先生与浙江省和杭州市的领导一起出席了落成典礼，当时金庸的一批中学时期的同学好友也都前来参加。汪道涵先生当时发表了热情洋溢的讲话，整个场面十分隆重而热烈。典礼结束后，我便以《汪道涵论金庸》为题，着重以汪道涵会长论述金庸十五部作品所体现的"仁"与"义"两字，写了一篇特稿，随后，在《文汇报》上刊出。由此也让我与金庸先生搭上界了。

查：万老师，我想请教，11月5日那个仪式，究竟是云松书舍的落成仪式还是捐赠仪式？我手头有个瓷盆，上面印有"查良镛先生捐赠云松书舍纪念·一九九六年十一月杭州"的字样。另据金庸的几位中学同学回忆，11月5日，他们也都说是去参加云松书舍的捐赠仪式。

万：这两个仪式其实是一码事。金庸先生说过他的一生有三个福地：香港、墨尔本、杭州，他十分喜爱杭州这个地方，当时杭州市政府在位于九里松景区划出一块地，给金庸建屋以作养老居所，这就是云松书舍。原先约定待金庸百年以后，将云松书舍无偿捐赠给杭州市政府。但金庸后来看到建成的云松书舍太漂亮了，又地处西子湖畔，觉得个人消受不起，不应该由自己一家独享。于是决定放弃居住而将建成后的书舍直接捐赠给杭州市政府，以此也为西湖增加一个景点。故就成了云松书舍落成之日即为金庸向政府捐赠之时，落成仪式同时也就成了捐赠仪式。

查：噢，明白了。那天是您第一次遇见金庸先生，想来您的这篇报道会给金庸留下深刻印象？

万：不敢说"深刻"，印象应该是有一点的。到了1998年9月，浙江四校合并成新浙江大学。新浙大为提振学校文科的地位与声誉，专门设立了人文学院。新任校长潘云鹤三次亲笔书写邀请函，恭请金庸出任该院院长。当然，时任浙大党委书记的张浚生在其中也起了很大作用。张原来是新华社香港分社副社长，在港期间与金庸私交甚好。在潘、张两位诚邀之下，金庸在私下里又与张浚生订了"共进退"的君子协定后，于翌年三月，本来根本没有当院长想法的金庸先生，接受了浙大的聘书。金庸先生正式到任那天下午，浙大还为此安排了一个简短的媒体见面会，金庸在见面会上作了个讲话，算作新院长的正式亮相。当晚，我与白天主持媒体见面会的浙大新闻办主任徐有智教授一起到金庸下榻的世贸中心大酒店叩开了金庸先生的房门。一见面，金庸就说万先生写的《汪道涵论金庸》看到了，许多朋友也看到了，很感动。今天我本来不想接受媒体采访，但《文汇报》的同道（金庸也当过记者）来了，万先生来了，那另当别论。在接下来的交谈中，金庸向我和徐教授介绍了自己接受浙大邀请的经过，还谈到了浙大的老校长竺可桢，说自己当年曾报考过浙大，虽因学校不能接受我半工半读的要求而未能如愿，但竺校长对他的教诲，让他铭记在心终身受益。我也给金庸讲了竺可桢出任浙大校长的故事：1936 年，老蒋拟将浙大建成一流大学，特让陈布雷出面请竺可桢出任校长，陈知道竺对蒋有看法，此邀恐难成功。但竺知道陈的来意后，没有拒绝，但提出了三个条件：一、浙大所有的教授得由我招聘，蒋不得插手；二、浙大开什么课得由我决定，蒋不得干预；三、浙大要多少经费，蒋得给多少经费。陈布雷惴惴不安地回话于蒋。蒋问陈，竺还有什么要求吗？陈答：只有这三点。蒋当即一口答应，竺由此上任浙大校长。那天晚上，我们和金庸先生相谈甚欢，不知不觉已聊了近两个小时，怕影响金庸先生休息，方才告辞。

查：这一次，你们是零距离接触了，谈得很投缘吧？

万：是的。过后，他还专门给我写了一幅书法作品，内题唐魏征的诗句："季布无二诺，侯嬴重一言。人生感意气，功名谁复论。"不过金庸先生在这幅书法作品上的落款写成了丁卯（1987 年）秋，这显然是笔误。

查：这次会面后，你们相互间已经熟悉了，在接下来的交往过程中，还有什么事，让您记忆较为深刻的？

万：那是1999年11月3日。这一天，我在翻阅报纸，突然看到11月1日的《中国青年报》上登了一篇文章，这是国内一位当红作家王朔写的《我看金庸》。一看内容，发现作者对金庸小说总体持否定态度，对此我感到十分意外。当时，我觉得应该要让金庸知道这件事，我得告诉他，同时也打算跟进作个采访。于是，我先将王朔的文章传真给金庸，然后打电话到香港，金庸先生不在家，是他家人接的电话，我大致讲了事情的原委，他家人听了则不以为意，说这种事见多了。但我还是坚持要求其家人将我的意见转告给金庸，让他回家后，即来电话联系我。当天晚上，金庸先生打来了电话，说看不清传真件上的文字，也没有找到11月1日的《中国青年报》。于是我干脆在电话里逐字逐句地将王朔三千多字的原文念给金庸听。金庸听罢，当即向我表示：一、我不认识王朔；二、在北大讲学时曾有人要我谈对王朔作品的印象，我当时的评价是：很有特色，嬉笑怒骂皆成文章；三、我的作品理应让人评说，王朔愿意评说就让他说吧。第二天，《文汇报》刊登了我昨天对金庸的电话专访。此时《文汇报》总编石俊升要求我继续与金庸先生保持联系，就此事深入采访金庸，并说："我不相信王朔的一篇文章就能撼动有五千万以上读者的金庸。"于是我通过电话向金庸先生转达了总编的意见。金庸听后表示：在王朔评说我的文章后，我不能自己评说自己的小说。但既然《文汇报》总编石先生如此重视，我今天准备写一篇，提供给《文汇报》作参考。听了这个回话，我就等着金庸先生的文章。到了当晚六点多，还不见金庸先生的稿件，于是我打电话给金庸，他在电话中告知，文章已写好，但打字员已下班，只能等到明天发稿了。我一听赶忙跟金庸说，您直接把手写稿发过来就行了，等我打印后再请您过目。于是金庸先生真的把手写稿传真过来了。于是《文汇报》在11月5日全文刊登了金庸先生《不虞之誉和求全之毁》的文章：

《文汇报》编辑部：

　　接奉传真来函以及贵报近日所刊有关稿件，承关注，及感，兹奉专文请指教：

　　一、王朔先生发表在《中国青年报》上《我看金庸》一文，是对我小说的第一篇猛烈攻击。我第一个反应是佛家的教导：必须"八风不动"，佛家的所谓"八风"，指利、衰、毁、誉、称、讥、苦、乐，四顺四逆一共八件事，顺利成功是利，失败是衰，别人背后诽谤是毁、背后赞美是誉，当面赞美是称，当面詈骂攻击是讥，痛苦是苦，快乐是乐。佛家教导说，应当修养到遇八风中任何一风时情绪都不为所动，这是很高的修养，我当然做不到。随即想到孟子的两句话："有不虞之誉，有求全之毁。""人之易其言也，无责耳矣。"（有时会得到意料不到的赞扬，有时会遭到过于苛求的诋毁。那是人生中的常事，不足为奇。"人们随随便便，那是他的品格、个性，不必重视，不值得去责备他。"这是俞曲园的解释，近代人认为解得胜过朱熹。）我写小说之后，有过不虞之誉，例如北师大王一川教授他们编《二十世纪小说选》，把我名列第四，那是我万万不敢当的。又如严家炎教授在北京大学中文系开讲《金庸小说研究》，以及美国科罗拉多大学举行《金庸小说与二十世纪中国文学》的国际会议，都令我感到汗颜。王朔先生的批评，或许要求得太多了些，是我能力所做不到的，限于才力，那是无可奈何的了。

　　二、"四大俗"之称，闻之深自惭愧。香港歌星四大天王、成龙先生、琼瑶女士，我都认识，不意居然与之并列。不称之为"四大寇"或"四大毒"，王朔先生已是笔下留情。

　　三、我与王朔先生从未见过面。将来如到北京耽一段时间，希望能通过朋友介绍而和他相识。几年前在北京大学作一次学术演讲（讲中国文学）时，有一位同学提问："金庸先生，你对王朔小说的评价怎样？"我回答说："王朔的小说我看过的不多，我觉得他行文和小说中的对话风趣幽默，反映了一部分大都市中青年的心理和苦闷。"我的评价是正面的。

四、王朔先生说他买了一部七册的《天龙八部》，只看了一册就看不下去了。香港版、台湾版和内地三联书店版的《天龙八部》都只有五册本一种，不知他买的七册本是什么地方出版的。

我很感谢许多读者对我小说的喜爱与热情。他们已经待我太好了，也就是说，上天已经待我太好了。既享受了这么多幸福，偶然给人骂几句，命中该有，不会不开心的。

金庸　99.11.4

这场一方以《中国青年报》，一方以《文汇报》报道的"金王论战"就此一直持续了一个多月，最后《中国青年报》以一幅一个只穿了条裤衩子，背上写着"王"字的人，被一群举着"金"字大旗的人追打的漫画，作为结束而收了场。

查：噢，原来还有这么一个过程。万老师，我前些时候，看到一本《金庸茶馆》的杂志，发现您还是这本杂志的主编。您能讲讲这个"金庸茶馆"究竟是怎么回事？

万：进入新世纪，金庸热持续升温，众多的金庸迷需要有一个平台，希望有一个场所以进行交流互动。2002年秋，一次金庸夫妇在香格里拉饭店请我吃饭。席间，我跟金庸提出，您的小说已风靡全球华人圈，拥有三亿多读者，为此，能否让我们《文汇报》社出面搭建个平台，成立个实体，创办一本杂志，从而为您的那些读者们搞好服务，同时也可以进一步推广您的作品。金庸听了很赞成，要我拿个具体方案出来。我回去后，很快拿了个初步方案交给了金庸。金庸回香港后，即向我发出邀请，要我去香港具体商谈这个方案。于是，我约了浙江教育出版社社长曹成章先生一同去了香港。最后，在香港我与金庸谈妥：一、成立一个公司。金庸提出这个公司的名称就叫金庸书友会有限责任公司，他还说要投点资；我当场说，您可作为一个股东，但不要投钱了；金庸说，我必须投钱，不投钱办公司，我是不做的；接着我提出这个公司由四家组成：金庸先生、上海文汇新民联合报业集团、北京吉利集团（我与该集团老总李书福熟悉，可让他为公司作实力支撑）、杭州文星公司（为文汇报浙江记者站部分工作人员组成，下一步可由这些人员参与具体事务）。二、由金庸书友会出面，办一个如茶馆之类的实体，给金庸迷聚会互动提供一个场所。金庸说，台湾有家报纸，里面有个"金庸茶馆"的专栏，我们不妨也将之命名为金庸茶馆。三、以金庸书友会的名义创办一本杂志，也叫《金庸茶馆》。金庸当场表示，只要杂志办起来，他愿意每期为之撰写两千字左右的文章。当时会谈的气氛很热烈，对会谈达成的共识，双方也都十分满意。最后，金庸还特别强调，这些事必须由我具体参与操办，我当时答应了金庸先生。

查：金庸先生实际给您下达了任务？

万：是的。我回来后，即向文汇报社社长作了汇报，社长对此表示全力支持。但当时也碰到了一个难题：上海市在报业系统正推行采编人员与经营业务人员相分离的做法，要求两边的人员相互间不能交叉混岗。而我是文汇报浙江记者站站长，若担任金庸书友会有限责任公司总经理，显然有违上海市之规定。这实在没有办法了，我只得与金庸先生摊牌，说我按市里规定不能出任公司总经理。金庸听后，也很干脆地回答，您不能担任公司总经理，那这件事就别做了。金庸把球踢回来后，我只得再找报社社长。此时的社长找了几位领导商量，想出了一个办法，即成立文汇新民联合报业集团驻浙江办事处，让我兼任办事处主任，然后以办事处主任的身份出任金庸书友会总经理，由此绕开市里的规定。我把这个决定马上告诉了金庸，他听了很高兴，说还是你们办法多。接下来，我就开始筹备运作。2003年初，我写信给杭州市委书记王国平，要求他给我们提供一个适于开办茶馆的场所。王书记对此很重视，马上批给市园文局，要园文局负责落实。最后，园文局给我们找到了在西湖杨公堤上、靠近北山路口的一座幽居小筑，也就是原上海商会理事长王晓籁的别墅。

查：噢，这个过程也是有点峰回路转的。

万：是啊。要办成一件事，都不容易。比如《金庸茶馆》这本杂志的刊号一直没批下来（批个刊号，没一两年时间是不可能的），但杂志要发，最后只能暂时挂在文汇报，以《新读写》杂志增刊的形式出版发行。到了2003年6月底，万事俱备。7月中旬，金庸携夫人从香港飞来，大家商谈好议程后，决定在7月25日举行开业仪式。那天上午的会议，省市来了十来个领导，省市好几个部门也都派人来参加。上午的议程有：一、宣布上海文汇新民联合报业集团驻浙江办事处成立；二、宣布金庸书友会有限责任公司成立；三、《金庸茶馆》杂志首发式；四、宣布"金庸茶馆"正式开业。为进一步造势，决定当天下午移师杭州剧院，举行金庸与其粉丝的见面会，由金庸作一场演讲。那天下午，偌大的一个杭州剧场，竟是座无虚席。

查：万老师，您回忆往事历历在目，一路走来，也颇为不易啊！

万：是的。"金庸茶馆"开办以后，确实为金迷聚会互动提供了一个场所。金庸只要来杭州，也都会到茶馆去坐坐，喝上一壶龙井茶。但"金庸茶馆"面积不大，原打算还想要做点餐饮，因为受场地限制，一直没法做起来。从经济效益的角度讲，这个茶馆最多也就是维持运转，根本谈不上发展。而《金庸茶馆》杂志的刊号也始终批不下来，于是，就一直挂在《新读写》杂志上，只能以增刊的形式发行。但作为一本杂志的增刊，根据规定每年只能发两期，这绝不是长久之计，且也有点名不正言不顺的，所以是没法办下去。当时，作为冲在第一线的我，面对这种状况，除了干着急，一时也无良策可施。金庸先生看到这种情况，也只是表示无奈。而不久，金庸先生又去了剑桥读博，重心也有所转移，故"金庸茶馆"的这种不温不火的状况也就一直延续着。

查：万老师，有些事因客观条件所限而不能如愿，您也不必自责，您只要尽心尽力就行了。而且"金庸茶馆"也不是说没有起过作用，影响还是不小的，只是没有你们原先想象得那么大而已。您还是放宽心，等待时来运转吧。

万：也只能如此了。

查：万老师，我还看到过名以"金庸茶馆"的网站，且台湾地区与大陆都有，这与《金庸茶馆》杂志有何联系？这究竟是怎么回事？

万："金庸茶馆"其实有三种存在形式：一是实体，二是杂志，三是网站。前两种形式，上面已说过了，而说到网站这种形式，台湾地区有一个，大陆有一个，但这两个网站与《金庸茶馆》杂志没有任何关联，而这两个网站之间，除了都在谈有关金庸的话题外，其余也没有什么关联。台湾的"金庸茶馆"网站，是由金庸小说台湾地区版权拥有者远流出版社于1996年8月创办的。大陆的"金庸茶馆"网站是由几个大学生在前两年办的，我们杂志社曾与之合作办过一次金庸小说研讨会。

查：万老师，这些年里，您为宣传金庸，推动金学研究以及服务广大金庸小说读者做出了大量卓有成效的工作，由此，既得到了金庸先生的肯定，也得到了广大读者的敬重。作为金庸的族人与拥趸，我也向您致以谢忱，同时也感谢您接受我的采访。

查良琇访谈录

时间：2020年4月17日下午

地点：杭州市临安区西天目乡藻溪村吴石城（良琇次子）家（图24）

被采访人：查良琇（1926年4月生，浙江海宁人，杭州师范学校毕业，曾任小学教师，临安区政协委员，金庸的大妹。）

查玉强（以下简称查）：良琇您好！我叫查玉强，现住嘉兴，祖上也是从海宁出去的，我们是本家，我是"忠"字辈的。今天我请传利（教忠的孙子、良琇的侄儿）带路，前来您府上拜访。

查良琇（以下简称良琇）：欢迎！欢迎！

查：今天到藻溪看望宗亲您老，也想通过您，了解您小阿哥良镛的一些情况。

良琇：小阿哥良镛他1948年去了香港后，我们见面也不多啊。早先通信也不方便，基本上就没有什么联系，后来主要也就是通通信。

查：自从良镛去香港后，您与他见过几面？

良琇：具体次数倒没计算过，印象比较深的有1981年8月在杭州那次。当时小阿哥在动身前就给我写信，约我们兄妹几个于八月份在杭州见面，信上还关照，要我带童金旺（再婚的丈夫）一同去。到了 8 月 12 日，我们兄妹六人在杭州香格里拉饭店见了面。这是我们兄妹几个分别多年后的第一次相聚，见面时我们兄妹六人还合了个影（随身致意儿子石城拿出了当年的合影）。还有一次在 1986 年 4 月，小阿哥从北京开完会回到南京六合，我们兄妹几个（良璇没有去）相约到了六合大阿哥良铿家。大阿哥他 5 月 1 日生日，我们兄妹几人就在大阿哥家里给他过了个生日。那次我还陪小阿哥到南京，拜访了他的几个同学。后来香港我也去过，在香港时小嫂子还陪我去逛街，但她不让我到商店去买打折的东西，她怕那些记者跟踪拍照，让人家说闲话。最后一次去香港是在 2013 年，但那次没见上小阿哥，他身体不好，小嫂子也抽不出身，当时只跟他女儿见了面。

查：您是怎么来到临安藻溪的？

良琇：临安藻溪是我丈夫吴志远的家，我与吴志远是在 1945 年结的婚。他当时是海宁袁花区的区长，我是区署的秘书。1949 年我随丈夫回到藻溪镇，到了 1950 年，他感到在大陆待不下去了，于是就一个人去了台湾，把我和三个孩子放在了藻溪老家。

查：您这么多年在藻溪，生活过得怎样？

良琇：到藻溪不久，我担任了当地一所小学的老师，到了"土改"时，划分成分，家里因丈夫的历史问题，我被定为反革命家属，因此老师也当不成了，于是回家带着三个孩子四处打工，日子过得十分艰难。到了 1960 年，因丈夫在台湾的原因，被人揭发，说我配合蒋介石政权有"反攻倒算"的行为，最后将我逮捕入狱，被判了八年刑。刑满后，又去了劳改农场被监督劳动四年，前后加起来十二年啊！当时，三个孩子还都小，我刚抓进去时，大的十六岁，小的才十一岁，他们兄妹间基本上凭着自力更生度日，公公婆婆偶尔帮着点。1972 年被放回来后，迫于生活，我再嫁于当地的一位农民（是在劳改农场认识的）童金旺。当时，总觉得在人前抬不起头来，自己的这种状况，怕连累孩子。于是与童金旺一头钻进山里，到了一个叫"青果里"的小山坳，搭了个小屋，过起与世隔绝的生活。一直到改革开放后，我才得到了平反，经济上也给补发了一些钱。到了2002年起，每月还有了固定的工资。后来又担任了区里（临安区）的政协委员，参政议政，从政治上得到了真正的解放。

查：您前夫去了台湾后，你跟他还有什么联系？

良琇：这也是改革开放以后的事了。当时我小阿哥转寄来一封信，这是我前夫给我的，他在信上说他还健在，也已娶妻成家，有了孩子。他的愿望就是想回一次家，看看我与三个孩子。到了1984年10月他终于获批回国。15日那天，我带着孩子们专程赶到上海，与他分别三十五年后，终于见上了面。他对我说，这辈子他最亏欠的人就是我。那次见面后，相互间还通过几次信。2004年11月，他在台湾去世了。

查：在您艰难度日阶段，您小阿哥给过您什么帮助？

良琇：应该说，我跟小阿哥的关系，在众多兄妹中，关系还是比较亲近的。我俩差两岁，小时一块在龙头阁小学堂读书，后来还跟他到浙南读了一阵书，他一直很照顾我。所以一旦了解我的状况能插得上手时，他一定会来帮助我的。他自去了香港，我与他一直到1972年，我从（劳改）农场回来后才接上头的（五十年代通过良璇曾间接地联系过）。当时，小阿哥对我主要是经济上的接济，但他的身份（香港人）与我的身份（管制对象）还不能直接通信，假如他直接寄我信，我是收不到的。他就通过在袁花的继母不定期地寄钱给我，这样持续了好多年。改革开放后，因为他的影响，市里让我当上了政协委员，这使我在政治上真正翻了身。小阿哥对我的帮助是很大的。小阿哥还曾打算给我在杭州买一套房，让我到杭州去养老。我对他说孩子都在乡下，杭州房子用不上，最后他才没有买。

查：良楠母亲顾秀英是你们的继母，她跟你们相处得怎样？

良琇：继母在我和小阿哥少年时期，曾给予很多照顾，当然包括我的两个弟弟与一个妹妹，特别对小阿哥，他在读一二年级时，人小，身体又弱，每天都是我继母背着他上下学的。我们都很尊敬继母。我虽后来落户在临安，但在她生前，我还是经常回来看望她的。89年，继母逝世，我和小阿哥及弟妹们都很悲伤落寞的，她确实辛苦了一生。

查：您现在常住在小儿子石城家里？

良琇：是的。我跟童金旺没有孩子，2017年他病故了，我就回来一直住在小儿子家。

查：现在您有没有想法，让几个孩子去跟舅舅联系，以得到他的帮助？

良琇：大儿子早已去世了（2006年去世），小儿子和女儿都有自己的家庭，他们的后代发展也很好，他们都不想沾舅舅的光，只希望舅舅他健康长寿。

查：再想问一个可能不该问的事情。

良琇：没啥关系，你说吧。

查：您可知道您小阿哥在赫山房重建后，为啥没有回去过？

良琇：上次有人来，也问了我这个问题，我真的无法回答，讲不清楚。当时（1999年）新建的赫山房落成时，我也回去了，应邀参加了庆祝典礼。小阿哥他没有回去，对此，大家确实有点失望。但是我觉得这自有他的原因，自有他的想法，我也没问过他。

查：良琇，谢谢您接受我的采访，最后我们合个影吧？

良琇：合影就不合了（她儿子悄悄上前，耳语于我，说她母亲从不与人合影，怕与人合影会借她的寿），谢谢你们过来看我。

斯杭生访谈录

时间：2022 年 2 月 10 日上午

地点：沪上斯老寓所（图 25）

被采访人：斯杭生（1923 年生，浙江诸暨人。上海船舶工业总公司教授级高工，曾任国务院上海经济区船舶行业规划组组长、《中国造船》杂志编委。离休干部、金庸中学时期的同学。）

查玉强（以下简称查）：斯老您好！向您老拜年！我叫查玉强，现住嘉兴，是金庸的本家。今天冒昧前来府上，打扰您了。您的地址与电话是您侄女斯慧敏老师向我提供的。

斯杭生（以下简称斯）：噢！好的，欢迎，欢迎！

查：斯老您高寿？

斯：我今年（虎年）虚龄已经一百岁了。

查：哟！您身子骨硬朗，就像七八十岁的样子。

斯：身体还行，生活能基本自理，就是耳朵有点聋了。

查：斯老您一个人住上海？

斯：是的，我从上海船舶工业总公司离休后一直住在上海。儿子、女儿都在国外，老伴大前年故世了。现在家里请了个全天候护工。

查：斯老，今天登门，一是向您老拜年，祝您虎年吉祥如意！二是想对您做个采访，想了解当年您与金庸同学时候的一些情况。

斯：好的。

查：您是在碧湖读联初时认识金庸的？

斯：是的。但他在联初读书时，叫查良镛，不叫金庸，他这个姓应该念"zhā"，我们一直把它念成"chá"。当时，1937年抗战爆发后，浙江省教育厅把杭州高中、杭州初中、杭州女中、杭州师范、杭州民众实验学校、嘉兴中学、湖州中学这七所省立中学迁移到浙南丽水的碧湖，成立了浙江省联合中学，内分高中、初中、师范三部，后来又分成联高、联初、联师三个学校。

查良镛原在嘉兴读初中，我在杭州读初中。当时我们都迁到碧湖，进入了联初。查良镛虽比我小一岁，但比我高一学期，因为我在中间因病休学过三个学期。一开始，我俩并不认识，我只是听我堂叔、当时联初的语文老师斯伦说起，在他任教的初三班上，有位嘉兴来的学生叫查良镛，语文基础扎实，文章写得很好，这是我们杭初的学生所不及的。

一年后，查良镛考入了联高。当时省教育厅有规定，联高只招收家在沦陷区的学生，而当时我老家（诸暨）尚未沦陷，所以我在联初毕业后，考到了衢州中学高中部。我有个在杭初读书时的同班好友余兆文，他和查良镛也是联初的同班好友，余兆文在联初毕业后与我一样也考到了衢州中学高中部，余因病休学了一个学期，所以在衢高又成了我的同班同学。

当时，查良镛在联高，因为不满学校训导主任的所作所为，在壁报上写了一篇讽刺训导主任的文章，由此得罪了这位训导主任，最后被联高除了名。受到这个处分后，查良镛就到衢州来找到余兆文，当时，余兆文正在金华的医院里治病。查良镛对余兆文说，在联高待不下去了，想转到衢中来读书。于是，余兆文不顾自己还在住院，马上去了衢州，向衢中校方提出让查良镛转学的申请，最终得到了校方的同意。这样我们就又成了同校的同学了。进衢中后，查良镛他仍比我高一学期。在衢中由于余兆文的关系，我和查良镛也开始熟识了起来。

查：金庸是个笔名，是查良镛到香港以后才取的。您是在什么时候知道香港的金庸就是查良镛？

斯：我们同学时，他有个笔名叫查理。查良镛转到衢中后，就没了救济金，他当时就用这个笔名，向《东南日报》投稿，得到的稿费成了他那时生活开销的一种补助。后来查良镛去了香港，取了个笔名叫金庸，先后写了十五部武侠小说。一开始我们好多同学还不知道金庸就是查良镛，一直到二十世纪七十年代初期，那是余兆文告诉我的。

查：您跟金庸是同学，同学之间交往直截了当的，多会以本色相处，所以也能呈现出各自的真实面目。在您的眼里，当时的金庸是个什么样的人？

斯：查良镛这个人首先给人感觉是个书生，就是个读书种子，他儒雅、稳重，喜好读书，天资很高，考试总得第一名。但他又不是一个一头扎在书堆里的人，他也爱好体育与文艺活动，有时甚至还有点贪玩。我听王浩然还讲起过，一次他们三人（江文焕、查良镛）在重庆参加西南联大的入学考试，那天上午考了一门课，下午继续考试。吃过中饭，午休时，金庸到茶馆里与人下围棋，因为太投入了，忘了下午考试的事，等他记起来，已过点了。他急忙赶往考场，但已迟到了一刻钟，最后，好说歹说，监考老师总算破例地放他进了考场，考试当然还是通过了，所以说，他还是蛮贪玩的。查良镛这个人悟性很高，头脑又活络。在读联高时，和马胡銎他们还合编过一本小学升初中的参考书，这本书当时很受欢迎，他因此也还赚了点钱。一个小小的中学生，能有这样的头脑，善于捕捉商机，这是很不简单的。查良镛待人很重情谊，1940年秋冬之交，日本人搞细菌战，当时衢州发生了鼠疫，衢中有好多同学染上了鼠疫，查良镛班上也有几个同学染上了，情况十分恐怖。但他不怕传染，作为班长，他还去看望染病的同学。后来有个姓毛的同学得了鼠疫，他还与护工一起把这位同学送到了衢江的隔离船上。在关键时刻，危难当头，他的这种有担当的表现，令人十分感佩。

查：金庸好像在哪里说起过，当时因日本侵略，家被毁，失去了经济方面的接济，过冬时连棉衣也没有，当时还是您给了他一件棉衣，有这回事吗？

斯：有这回事。当时我看他身上就穿了两件单衣，这怎么过冬啊，我就叫家里多拿点衣服，于是给了他一件棉袄和一件大衣。后来在二十世纪九十年代初，我联初的同学，堂妹斯式渊和堂妹夫张葆初编印了《联初通讯》的刊物，该刊发行后也寄到了香港查良镛那里，他随后在回信中说："《联初通讯》中提到的校友，我大多都不认识。而斯杭生曾送我棉衣御冬，绨袍之赠，永世难忘。"查良镛在多少年后又重提这件事，我本来早已忘记了，他还记着这件事，记得这个滴水之恩。所以说良镛这个人是很重情的。也因为他待人真诚，重情谊，所以同学们也都乐意与他交往，也都愿意尽自己的能力去帮助他。比如余兆文帮他申请转学，马胡鎏送他《英汉大辞典》，王浩然帮他代付伙食费等。本地的同学，在学校放假时，还把他请到家里去玩，去做客，他在同学当中有很好的人缘。

查：送棉衣这件事，发生在哪一年？

斯：现在想起来，应该是在1941年的冬天吧。这件事要不是良镛他提起，我早就忘了。

查：您中学毕业后，还跟金庸保持联系吗？

斯：我们联初出来的一帮同学，在高中毕业后就完全分散了，我和斯伯郎进了同济大学，马胡鋆去了上海交大，江文焕去了西南联大，余兆文去了中央大学，王浩然与查良镛则进了国立政治学校。上了大学后，我与查良镛就一直没见过面，一度失去了联系。直到改革开放后，也就是分别四十多年后，我们才又恢复了通信联系，他给我来过几封信，我也给他寄去过信。同学之间虽没谋面，但这份感情还在，心还是相通的。

如今，一晃八十多年过去了，往事历历在目。我在联初时的这帮同学大都已经故世，良镛他也于2018年故世了，现在剩下不知还有几人了，所以也无所谓联系了。现在一旦提起我的这帮同学，提起良镛，我更多的就是沉浸在对往事、对故人的回忆当中。

查：感谢斯老接受我的采访，辛苦您了。

斯：以后，我们还可以在微信上作交流。

查：好的，再次谢谢斯老！

微信交流　2月14日下午

查：斯老，我将日前采访您的谈话记录，作了整理，形成了这篇访谈录。现发给您，请斯老您给予修改、补充。

斯：对这篇访谈录，我还可以作点补充。但这需要花点时间。年老了，记忆力也衰退了，估计需要几天时间才能修改好，您看行吗？

查：太好了！但斯老您千万别累着自己，这事不着急，慢慢来。

微信交流　2月18日下午

斯：玉强先生，我阅访谈录后，有几点意见供你参考：

1. 大约是在1940年秋，查良镛在联高读书，因不满该校训导主任管制学生的高压手段，在壁报上写了一篇讽刺文章《阿丽丝漫游记》，把训导主任的劣迹都写了出来。全校学生都拍手称快！训导主任则大为光火，一定要开除查良镛，这样查良镛继续读书就成了问题。余兆文知道这个情况后，就劝说查良镛转到衢中来继续读书，得到查良镛的同意后，余兆文就向衢中校长说明情况，最后衢中校方同意了，这样查良镛就转到衢中读书了。

2. 查良镛在衢中读书时的生活费，除同学好友帮助一点外，还靠他在《东南日报》的副刊上写文章得来的稿费作为补贴。《东南日报》当时是我国东南地区的一张大报，原在杭州出版，杭州沦陷后就在金华出版，这份报纸是我国东南未沦陷区（包括浙、皖、赣、闽）的主要报纸。它的副刊每周或十天出版一次，都是著名文人写的文章。大约1941年下半年《东南日报》副刊上以查理的笔名刊登了两篇文章，这两篇文章在《东南日报》上登载后得到当时的文人学者们的赞扬，连当时颇具名气的衢高语文老师陈友琴（新中国成立后曾任中科院文学研究所研究员）和袁微之都称赞不已。后来他们从《东南日报》副刊主编陈向平那里了解到这两篇文章署名的"查理"，就是查良镛的笔名。过后大家对良镛更是刮目相看了。

3. 关于我送查良镛衣服的事。当时良镛没有棉衣过冬，我见他衣着单薄，就先送他一件驼绒长袍；后来再送他一件棉长大衣，他可能就是穿着这件棉大衣去内地的。他一直记着这个事儿，可见他是个懂得感恩十分重情义的人。

4. 我们联初、衢高出来的一帮同学，后来各自有了归宿。余兆文去中央大学读哲学系，后来在南京做中学教师。马胡鋆进了上海交通大学，毕业后曾任上海唱片厂总工程师。江文焕原在西南联大，抗战胜利后进入北京大学，毕业后回浙江衢州，是地下党的领导人，新中国成立前夕被捕牺牲。王浩然"中央政校"毕业后一直在杭州中学教书。我则在同济大学读了六年书后进入上海江南造船厂工作，于1984年秋在上海船舶工业总公司离休。

5. 我和查良镛在丽水碧湖联初和衢州静岩衢高一起同学了三年。

查：谢斯老再次提供宝贵信息，我会把这些内容充实到采访录里去的。

微信交流　6月25日

查：斯老，今天想向您再请教几个问题。

斯：好的，你说吧。

查：我看了您前些时候发给我的一些信件，上面提到了马胡鋆。我知道他也是良镛的同学好友，信上说他没有后人，晚年回到了海宁老家养老，由一位侄儿侍候着。您可知道马胡鋆侄儿的电话吗？

斯：胡鋆回了海宁后，我们就没再联系了。他侄儿的电话，我也不知道。

查：您当时在衢州中学读书时，还有个叫王铎安的同学，您想得起来吗？

斯：记得。王铎安是我在衢高时的同班同学，他是湖南人，父亲当时是驻衢部队的一位师长。王铎安还有个弟弟，也在衢中读书，小王铎安一级。

查：您知道王铎安的父亲是叫王堉吗？

斯：王铎安的父亲叫什么，已没有印象了。

查：王铎安跟良镛他熟悉吗？

斯：熟悉，我们经常在一起，但良镛比我们高一级。王铎安他还曾带我和良镛几个到过他父亲的部队里去玩耍。

查：您跟王铎安谁年龄大？

斯：我比他要大一二岁。

查：王铎安为人怎么样？

斯：人很好。虽然他父亲当师长，是个大官，但王铎安这个人不摆谱。1942年，日本人打过来，我们那时在读高二，良镛他们高三毕业，已在去重庆的路上了。当时我们都往南面福建方向跑。王铎安与他的弟弟跟父亲走了，离别时，他给了我一张他父亲的名片，跟我说，这张名片或许能派点用场。我和几个同学在出逃途中，就是凭着这张名片，在沿途的乡公所要到了饭吃，这张名片在当时还真的派了大用场。

查：您后来跟他还有联系吗？

斯：王铎安当时跟父亲走了，我们很快都毕业了，毕业后也没有跟他联系了。但王铎安这个人，给我的印象还是很深的。

查：谢谢斯老，给我提供这些信息。

斯：噢，再跟你说一下，上次你要我再写点关于良镛的文章，我下周交给您。

查：噢，太好了！这事不着急，您不要因为写文章累着了自己。

斯：没关系的。

微信交流 7月22日

查：斯老，您的大作《查良镛和他的同学们》已收到，这么热的天，写下如此长篇大论，真是辛苦您了，我一定认真拜读。这里我想请您进一步谈谈对几位同学的印象。

斯：好的。

查：我年初在您家里看到了一本《联初校友》，您说这个内刊是斯式渊与张葆初编的，对他们俩您有什么印象？

斯：斯式渊是我的堂妹，他父亲斯伦是我在杭初、联初时的语文老师，也是良镛在联初初三年级的语文老师。我这位堂叔很器重良镛，他经常在我们这帮原杭初的同学们面前夸良镛。张葆初是斯式渊的同班同学，后来成了夫妻，他俩比我低一级。在二十世纪九十年代初，式渊与葆初在校友们的提议之下，在上海成立了"联初校友会"，还办了个《联初校友》的内部刊物。当时一直给我寄这个刊物,他们也寄给了良镛。良镛还给他们回了信,信上提到我当年给他棉衣的事,说是"永世难忘"。后来他们夫妻俩去了澳大利亚儿子那里,这样就与我中断了联系,听说不久他俩就去世了。

查:我在您家里,看到过好几封信,都是一位叫楼学礼的同学写给您的,您对他的印象如何?

斯:楼学礼,萧山人。他是我在杭初、联初的同班好友,和我同岁。他1948年大学毕业后进入浙江大学教书。因耿直好言,反右时被打成右派分子,"文革"结束拨乱反正后摘了帽。而后,仍旧在浙大教书,任副教授。1999年,良镛到浙大出任文学院院长,他俩由同学又成为同事了。我经常在学礼那里得到良镛的一些消息。

查:还有位叫毛信仁的,您还想得起来吗?

斯:毛信仁是我在衢高时的同学,他比我低一级,也比我小几岁。他跟良镛也是很熟悉的。他从衢高毕业后,考入了上海外国语大学,他的俄文水平很高,曾翻译出版过高尔基等人的著作。良镛当年在上海举办的首婚仪式上他还做了男傧相。在反右运动中,他遭到了严重的迫害,被打聋了耳朵,后来虽然给平反了,但人已受到伤害,不能讲话了。我和他都在上海,住得也比较近,常有往来。2012年他因病去世。

查:斯老,在您这帮同学中,除了诸暨跟您一块出来的那几位同学外,还有哪几位同学与您走得相对近一些。

斯:掰起来,一个余兆文,一个王浩然。余兆文跟我认识得更早一些,我和他从杭初同学,一直到衢高。大学毕业后,我俩仍一直保持着联系,基本上没有中断过。相互往来的次数记不清了,其中印象较深的有两次:一次在1948年将放暑假时,那时他是南京中央大学毕业班的学生,我去看望他,当时兆文的样子是意气风发的。那次见面时，他还给我讲起，几个月前良镛约他一起去香港，因为家庭的原因，最后没有跟良镛走。还有一次是在 2005 年，当时我接到王浩然电话，说是余兆文病了。于是，我赶往南京。当时，兆文住在南京的一家医院里，他见到我非常激动，强打起精神跟我交谈了好长时间，特别讲到，等他这次身体康复了，准备与我一起到香港去看良镛，说自己这辈子还从来没有去过香港。我答应了他。当时，他的病情还算是稳定的，大家都认为他能挺得过去的。当时，我和他是含泪告别的。谁知，没过多久，他就去世了，对此大家都很伤心。

我跟王浩然虽然没有像跟兆文那样很早就认识，我们是在衢高时才认识的。浩然这个人为人厚道、待人真诚，朋友间很说得来话。他在衢高时虽比我高一级，但平时大家都在一起玩。高中毕业后，我们有过一次联系，那是在 1946 年夏天，我随同济大学刚从四川李庄迁回上海，王浩然、朱卿云夫妇也从重庆回衢州，他们途经上海，我去火车站接他们到我大姐家住了一个星期。但这次分手后，就没有联系了，一直到 1987 年，在衢中上海校友聚会时又联系上了。自此后，我们走动得比较多，我每年要去杭州看望我爱人家的亲戚，也总要和浩然一家聚一下，差不多每次都在奎元馆吃美味可口的片儿川。至今回想起来，还是历历在目的。他爱人走在他之前，随后他就住到女儿家去了。之后，我们还是经常通话。2014 年他走了。

查：斯老，我最近写了篇小文章——《金庸被政校勒令退学原因之我见》，在文章里我提出金庸当年被中央政治学校勒令退学，除了他看不惯国民党职业学生殴打同学，为此向学校投诉，而得罪了校方，但主要原因还是他拒服兵役，有违"领袖"意志。不知您对此怎么看？这篇文章，我前几天已发给您了。

斯：我已看了这篇文章，你提出良镛被政校勒令退学，有几方面的原因。我虽并不了解当时的详情，只是听余兆文说起过这件事，但我觉得你所作的分析比较客观，比较符合良镛的性格。

查：斯老，还想请问您一件事。最近我看了原《东南日报》编辑陈向平写的一篇文章《南迁日记》，其中讲到他于1942年5、6月份在江山与良镛初次相见，他说当时的良镛已深度近视，戴了副眼镜。现在想请您老回忆一下，良镛当时有没有戴眼镜？

斯：当时良镛没有戴眼镜，至少在平时是不戴眼镜，我是没见他戴过眼镜。

查：我还有个问题想请教您。

斯：你说。

查：你们当时从丽水往家里寄信，或家里给你们寄信，这邮路通畅吗？

斯：我记得1942年5月浙赣战役前，邮路还是通畅的。

查：知道了。谢谢斯老指教。

查良楠访谈录

时间：2022 年 5 月 21 日下午

地点：海宁市袁花镇新袁村秤钩浜查良楠家（图 26）

被采访人：查良楠（1943 年 8 月生，浙江海宁人，原金庸旧居管理员，现已退休，金庸的六弟。）

查玉强（以下简称查）：良楠好！两年前到过您家，今天我们又见面了，您还是老样子，精神不错啊！

查良楠（以下简称良楠）：老了，今年八十岁了。

查：您要比良镛小好多岁了！

良楠：是的，小阿哥他是属猪的，生在农历的 1923 年，公历的 1924 年。

查：您与良镛见过几面？

良楠：见面不多，当时还小，没有啥印象。就是 1948 年，他结婚在家办喜酒的那次，我还有点印象。

查：他不是在上海举办婚礼的吗？

良楠：是的，当时他在上海举办了婚礼，随后回到乡下补办了喜席。当时请了好多亲戚朋友来家里，喜席办了几天，场面很大，很热闹喜庆的。那年我六岁。

查：良镛去香港后，与家里联系多吗？对您家有没有经济上的接济？

良楠：父亲在世时，有联系，父亲故世后一直到1972年，这二十来年间就断了联系。到了1972年，因良琇（金庸的大妹）从监狱里释放（因丈夫的原因于1960年被捕入狱，以"反攻倒算"罪，被判刑八年，加劳改农场留场四年，于1972年释放）后，生活十分困难，小阿哥想要寄钱帮良琇，但当时小阿哥人在香港是不能直接与良琇通信联系的（良琇还属于管制对象），于是通过我母亲汇钱。每次香港汇钱来，小阿哥就让我母亲留一半，另一半转寄给良琇。到1989年，在我母亲病故后，这样的接济就停掉了。

查：良镛与您母亲的关系怎么样？

良楠：他们俩相差十一岁，相互的关系不是像别人所说的，讲小阿哥看不起我母亲。小时候，母亲在查家当丫鬟，小阿哥在村口的小学堂读书，小阿哥来去学校，每次都是由我母亲接送的，逢下雨天，还是背着他来回的。从1972年到1989年这十六七年里小阿哥不间断地寄钱给我母亲，这关系，实事求是讲真是不错的。小阿哥他还跟别人说过我母亲"是一位温柔而勇敢的女子。"

查：您母亲故世后，良镛与您及其他几位乡下的弟兄之间还有什么联系吗？

良楠：母亲故世后，联系就少了，即使有点联系，大都也是通过良琇。1996年，我与良根要翻建房屋，小阿哥知道后，给我弟兄俩寄来了三万元。

查：他平时寄钱来吗？

良楠：没有。

查：您家在房屋翻建后不久，大女儿得了脑病。听说您向良镛求助，但他没有寄钱给您？

良楠：有这回事，当时小阿哥让秘书来信，说自己也没钱，实在帮不了，当时我很失望。所以，从此我再也不给他去信问候了，本来每年都要去信问候，尽管他没有回过信。但这件事情发生后，我一直在思考，这好像不是小阿哥的做派，虽则我与他是一个爹两个娘生的，但遇到这种大事，他不会撒手不管的，连我翻建房屋他都会寄钱来，可以说这其中必定另有原因。唉！每家人家都有家长里短的，我也不想去说深说透了。所以上海的良浩（金庸的大弟）跟我说过，良镛要他去香港帮助管账，良浩觉得弟兄俩什么都好说，但良镛已有家室，到香港后天天在一起，相处久了难免会有矛盾产生，所以良浩没有接受小阿哥的邀请。现在这件事早已过去了，我也想通了，当时小阿哥他肯定也有难处，我不怪他。

查：1992年，良镛第一次回海宁，而且已到了袁花，但他为啥没到赫山房？

良楠：可能当时时间安排得紧，但主要是那时到赫山房也没有什么意思，老宅子差不多连一点影子也没有了，现在的赫山房（金庸旧居）是1998年新建的，当时小阿哥他若到赫山房又能看什么呢？听说小阿哥他在事后曾说起，到老宅子找不到一点老早的影子，看了反而使人伤心，所以他没有到赫山房。

查：噢！当时赫山房原址已没有老房子了。

良楠：是的。1996年，市里安排我小女儿参加嘉兴市小记者团当小记者，到香港去采访，我女儿见到小阿哥说："大伯伯，我们请您回家去看看。"小阿哥跟我女儿说："大伯伯家里已没房子，回不去了。"

查：听说，1992年那次良镛到袁花，还把政府赔偿赫山房老屋的一笔钱捐给了袁花中心小学（原龙头阁小学堂）？

191

良楠：是的，当时政府赔偿给我家一笔钱。那就是在土改时，政府在赫山房2000多平方米的房屋中，划出720平方米留给我们一家十来口人居住，没有没收，后来这房子没了。到了1992年，政府就按一平方米二十元的标准，赔给我家一万四千四百元。小阿哥拿这笔钱全部捐给了袁花小学，我们都听小阿哥的，没意见。

查：后来良镛又回过几次海宁，在1998年赫山房旧居复建后，他还来过两次，但为啥还是没去赫山房？

良楠：具体原因，我也搞不大清楚。但他在1994年第二次回海宁时，本来打算要到父亲坟上去祭扫的。倘若这次他去的话，那肯定会到赫山房的。但当时他听到父亲的坟已毁了，这使他十分伤心，于是掉头又回去了。这应该是其中的一个原因。

查：听说良镛为父亲坟墓被毁一事，对你们这几个乡下的弟兄很有意见？

良楠：我是事后听良琇告诉我的，说小阿哥在埋怨我们弟兄几个，连父亲的坟也管不住。

查：您父亲的坟墓究竟在哪里？人家都说埋在海塘边？

良楠：我父亲的坟墓就在赫山房的东南处，我新宅的西南角，现在成了我母亲的墓。

查：那怎么会毁掉了？又怎么会变成您母亲的坟墓了？

良楠：1964年"四清"时，公家要在公路两旁做固定的宣传牌，于是去一些地主家的坟墓里挖棺材板，我父亲的坟也给挖了。当时他们挖了棺材板后，就把父亲的尸骨倒在一边。我们虽然知道这事，但我戴了个"地主"帽子，哪敢去阻拦，而且你去阻拦也没用啊！当时对倒在一边的尸骨也不敢去收拾，这一点现在想来确实是有点说不过去。但当时连肚子也吃不饱，作为一个"四类分子"，还常常挨批挨骂，谁还有心思与胆量去做这些事？

查：那后来情况好转了，特别是改革开放以后，你们为啥不把父亲的坟墓重修呢？

良楠：改革开放后，县里的统战部对这件事还是蛮重视的。当时有位姓顾的部长，曾来找我们商量重修父亲的坟墓。但良琇认为建个空坟没有意义，坚决不同意。而上海的良浩对此始终不发表意见，我们乡下的几个弟兄都是听良琇的，所以最后没有重建。过了两年，母亲故世了，于是就把母亲葬在了父亲的墓址上。

查：那您母亲的坟墓前面怎么还有您祖父的坟呢？

良楠：祖父的坟原葬在双丰村九组，就是我母亲的娘家的村上。1999年10月，我们把祖父的墓从双丰村迁了过来。

查：那您的祖母与良镛母亲的墓又在哪里呢？

良楠：1937年日本人来了，我家逃到江对岸，后来我祖母与小阿哥的母亲都死在江对面的庵东镇。1938年的年脚边，我父亲带着全家人又从江对岸回来了。当时回家时，还运回了两具棺材，那就是我祖母与小阿哥的母亲的。回家后，我父亲就把她们都葬在了施家埭的祖坟地上。

查：良镛还有个弟弟叫良栋的，不也是在全家人逃到江对岸时死掉的吗？

良楠：不是的，良栋没有逃难，他是生病死在家里的，当时他还是个小孩子。

查：您对您父亲的印象如何？

良楠：我父亲不大愿意跟别人打交道，平时就是待在家里，独来独往的，就连吃饭也是一个人一桌，母亲和我们几个孩子一桌。他与邻里间也很少走动，听说那年许宝奎家建新房，办进屋酒，我父亲去了，许家为此还高兴了几天，觉得能请得动查楙忠很有面子。

查：您对您母亲的印象如何？

良楠：我母亲是个苦命的人，从小做丫鬟，十八九岁去上海电珠厂打工，二十五六岁嫁给我父亲，婚后连续生了六个孩子，在最小的孩子还在吃奶时，我父亲又没了。母亲三十多岁就守寡，拖着几个孩子艰难度日。她丫鬟出身，不会干农活，当时也没有经济来源，就靠着变卖老房子过日子。到真的过不下去时，好在小阿哥接着接济了点。所以家里很穷，我们弟兄几个都没读过什么书，都没文化，我哥（良钺）我弟（良炳）当时连老婆也娶不起，都给人家当了上门女婿。

查：良镛有没有给您来过信？

良楠：没有。只有他秘书来过一封信，但这信现在找不到了。

查：良镛的儿女跟您见过面吗？

良楠：他的小儿子传倜来过"金庸旧居"，我们见了面，打了招呼，我让传倜带口信给他父亲，向他父亲问好。传倜连连说，好！好！

查：良楠，很感谢您接受我的采访，我想再给您提个要求：您是否去跟当地政府提个要求，就是重建您父亲的坟墓。若能把您父亲的坟墓建起来，我们下一步就有可能再把良镛的墓建起来，那时就是建个衣冠冢也成。

良楠：办这件事，我同意，我也有这个念头，但精力不够，可能办不了了。

查：您只要去向政府汇报，争取得到政府的同意，余下来的事，我们一起来做。您不会操很多心的。

良楠：好的，我总觉得有点难，让我再考虑考虑吧。

查：好，听您的回音。

良楠：谢谢您来看望我，再见。

查竞传访谈录

时间：2020 年 6 月 13 日凌晨

地点：浙江嘉兴——葡萄牙里斯本

被采访人：查竞传（1956 年生，浙江海宁人，美国纽约竞诚国际律师事务所合伙人、驻北京办事处首席代表。查良鑑的儿子，金庸的堂侄。）

查玉强（以下简称查）：竞传好！这么晚，电话打扰您，不好意思了。

查竞传（以下简称竞传）：没关系，我在葡萄牙里斯本，现在是下午时间。

查：那好，不影响您休息吧？今天向您了解点情况。

竞传：我今天下午正好有空，您说吧。

查：金庸 1973 年 4 月首次访台，当时海峡两岸的关系因尼克松 1972 年访华后正发生微妙的变化，金庸作为在香港具有举足轻重地位的报界人物，他这次访台可不是一次随便的走访。我一直听人说，当时台湾有人在从中牵线，才促成金庸此行，我一听这话，马上就想到了您家的老人（即查良鑑），不知令尊大人从中是否起了作用？

竞传：我爸爸于 1970 年起担任"总统府"的"国策顾问"。我爸爸这个人，平时在家里从来不谈公事，更不会传播政治方面的敏感话题，所以这件事我从来没听他说起过。只是在金庸抵台前两天，他告诉家人，说香港有个"良"字辈的自家人要过来。也就在这几天里，家里先后发生了两件事，让我一直疑惑不解。您今天若不提起，我差不多也已经忘了。关于这两件事，我还从来没跟别人说起过。

查：噢，那不妨听您说说。

竞传：金庸1973年到台湾，这是他第一次来台湾。上一年他写武侠小说刚刚封笔，台湾当时对金庸的武侠小说还是禁止的，但他的武侠小说又十分受台湾读者的欢迎，流传很广，坊间充斥着盗版的书。在台湾，金庸早已成了众人周知的明星人物。可以这么说，金庸武侠小说的创作源于香港，但发扬光大却是在台湾，台湾读者特别推崇金庸。那次金庸访台，我记不清具体时间了，只知道他在台湾待了十天。他那天到台湾，从松山机场一下飞机，连宾馆也没去，行李都没放下，就被一辆"黑头车"（即政府专用公车，大八缸的美国汽车，俗称"黑头车"）直接拉到我家里，来见我爸爸。当时金庸是一个人来的，一到家，父亲让我们几个孩子与金庸打过招呼后，他俩就直接进了书房，关了门交谈了一个多小时，我爸爸没有留他吃饭（因为金庸已有安排）。金庸临走时，送了我爸爸一套签名的金庸武侠小说。当时我还不认识金庸（虽知道查家有个写武侠小说的金庸），分别时，金庸让我叫他"二叔"。

查：这就是您说的一桩事？

竞传：金庸是受台湾当局邀请来的，不是私人走访，他一到台湾，理应先与当局接待方见面。但他一到台湾，却先来见我爸爸，您不感到有点疑惑？只是因为他尊重我爸爸？这话是讲不通的。

查：那还有一桩让您感到疑惑的事呢？

竞传：金庸来家前两天，我在爸爸的书房里见到一本梁羽生写的

《萍踪侠影录》，我感到有点惊讶。因为我知道，爸爸他是从来不看闲书的，现在他怎么也在看这种书？我当时很奇怪，于是随手翻看了几页，发现书的内容虽然也是讲武侠的人和事，但不像是《萍踪侠影录》的内容，这本书我是看过的。可是一时又不知道这是本什么书，虽然封面是梁羽生的《萍踪侠影录》。直到几天后，看了金庸送我爸爸的那套武侠小说，才弄明白那天爸爸放在书桌上的那本书，其实是金庸的《射雕英雄传》，只是封面被换成了梁羽生的《萍踪侠影录》。金庸的《射雕英雄传》当年在台湾被列为禁书，在他的十五部小说中列为头号的，主要是因为"射雕"两字与毛泽东词《沁园春雪》中的"只识弯弓射大雕"相关，认为明显有为共产党宣传之嫌。事后，我虽然已弄明白爸爸在金庸来台湾之前，在看他的《射雕英雄传》。但我仍旧不明白，是什么原因能改变爸爸多少年来形成的不看闲书的习惯？仅仅就是因为金庸就要来台湾，因为要与金庸见面才去看他一直来认为不该看的闲书？这理由好像都不成立。对这件事，我一直有疑惑。

查：这两件事有什么联系？特别是后一件事，令尊想通过看《射雕英雄传》去摸清金庸的政治立场？

竞传：我也讲不清，但总觉得这两件事都发生在金庸来台前后，好像有点联系。其实您也可以分析嘛。

查：这次金庸来台，没住你家？

竞传：他是受政府邀请来的，住宾馆，由政府招待嘛。

查：这次金庸来台湾，与您父亲见了几次面？

竞传：过两天，金庸又来家了。那天我二伯伯（查良钊）也过来与金庸见面，我爸爸宴请了金庸。当时三人还合了影。这张照片在我弟弟那里，您可去跟他要一张。

查：金庸跟您父亲的关系怎么样？

竞传：那是没的说的，金庸对我爸爸可敬重了（图28），那样子让不知内情的人见了，都以为我爸爸是他的长辈。金庸在我爸爸和在我二伯伯面前，一直是很拘谨很谦恭的。我爸爸妈妈每次去香港，金庸都会热情接待，他对我爸妈的招待可讲究了，每次都是唯恐招待不周，我爸妈回来都会这么讲。

查：金庸这次访台，见到了蒋经国？

竞传：是的，他还见了严家淦等几位政要。

查：金庸这次在台湾，蒋经国给了他一个"国策顾问"的头衔？

竞传：给"国策顾问"是不太可能的，这是"总统府"的正式官位。两蒋时代，"国策顾问"基本上都是军人，所以这个职位不可能给金庸的。当时给的可能是"国家建设研究会"（当时台湾刚刚退出联合国，为维系人心，当局成立了一些如"国建会"之类的机构）之类的顾问，具体是什么机构的顾问，我也搞不明白。反正是个虚的头衔，属于荣誉性的。

查：金庸在台湾，亲朋好友虽不少，但除了与他的连襟外，就跟您家，包括您二伯伯，应该是关系最亲近的亲戚了吧？

竞传：是的。另外，金庸在台湾还有一位堂兄，查良淦将军。他是金庸二伯父的大儿子，良淦的儿子台传也是个将军，还担任过"金门防卫司令"，论血缘他们家与金庸家的关系比我们家还要近。但论互动，那可能还是与我们家要走得更近一些，也更勤一些。我们跟金庸的连襟也有联系，他连襟的女儿黎晓璐还是我台大法律系的同学。

查：金庸这次离开台湾回到香港，发表了一篇长文《在台所见、所闻、所思》。在这篇文章里，金庸讲了这么一段话："我是个很讲温情的人，自觉性格随和，注重礼貌，主人家这样客气，请了我去，怎么好意思讲不好的话？不过这次去台湾，并不是以个人身份到亲戚朋友家里做客，而是以明报记者的身份去采访消息。有关国家人民的事，做记者的应当忠于职责和良心，向读者忠实报道，如果只讲好话，有失报人的品格。我在台亲友看到这篇杂感时,也希望他们能谅解。"在这段话里,金庸请求在台亲友看到这篇文章时,能谅解他以记者身份所讲的话。金庸这里所指的"在台亲友",您认为是不是包括您父亲与您二伯伯在内?甚至可以说主要就是指您父亲与您的二伯伯?

竞传:应该是吧!金庸自己知道我爸爸对他这次访台,是很用心的。甚至说是很操心的。整个访问过程,金庸和我爸爸一直保持着联系。

查:您后来有没有听您父亲再说起这事?

竞传:我没有问过父亲,他也不会在家里谈与政治有关的事。

查:那么是否可以这么认为,金庸这次访台是与政治有关的一件事?

竞传:嘿嘿!

查:金庸来台湾一共有十次之多,您在台湾与他见过几次?

竞传:我与他在台湾见面不多,那些年,我要么在美国,要么在大陆。我弟弟重传(台湾玄奘大学社会学系教授)与金庸见得多,因为重传他一直在台湾。接待工作,基本上由重传在做。

查:好!我过两天找重传去,再向他了解点情况。现在时间已经很晚了,不打扰您了。

竞传:没关系,都是自家人嘛。保持联系。

查:好!

查传统访谈录

时间：2022 年 7 月 22 日上午

地点：浙江嘉兴——南京六合（图 27）

被采访人：查传统（1942 年生，浙江海宁人。原南京市六合区教师，区退休教师协会会长，六合区第八届政协副主席，现已退休。金庸的大侄儿。）

查玉强（以下简称查）：传统宗亲好！好久没跟您联系了，身体可好？

查传统（以下简称传统）：玉强宗亲您好！我现在身体还行。

查：今天，我跟您说件事，我最近找到了一本关于您曾祖父查文清的书——《查公沧珊哀挽录》，这本书的主要内容是讲了 1924 年 4 月 15 日与 4 月 25 日在海宁（袁花）、丹阳两地举行查文清追悼会的事。这本书十分稀见，快一百年了，基本上没有流通过。这本书里谈到了辛卯教案的经过，谈到了您曾祖父在丹阳任知县的事略等等，很有研究价值。现在我打算将这本书进行整理点校，重新出版。在出版前，我还想在此基础上再增加点内容，即再收录一点您曾祖父的诗词文稿等。现在我也找到了一点，但量不多。今天，一是告诉您这件事，二是想问问您，您手头有没有您曾祖父留下的书稿之类的文字？

传统：哟！这可是桩好事！但您向我要我曾祖父留下的书稿，这早就没有了。

查：噢！也没有关系。反正您这段时间，帮我留意一点，若发现了您曾祖父的文字，就通知我一下。

传统：好的。

查：今天，顺便向您再了解点情况：您家当年是怎样从海宁袁花迁到南京六合的？

传统：这事说来也有点巧。抗战时，父亲一度在上海任中华书局特约编辑，并应书局所约，编辑《经籍纂诂》，1941年底，因书局西迁，父亲未随往，也停止了写作，随后转行在沪设立儿科诊所。抗战胜利后，为照顾家庭，父亲回到老家，在老家附近行医。1952年秋，一次我父亲外出，在乘火车时遇到了冯其庸，冯其庸当年与我父亲在无锡前洲私立青城中学曾有过一段短暂的师生交往经历。冯其庸这时任无锡女中教导主任，见我父亲所处的状况，就介绍我父亲到江苏丹阳的省立丹阳中学去教书。我父亲随后带着全家人来到了丹阳，担任了丹阳中学的初中语文教师。到了1955年10月，父亲又从省丹中调到了与丹阳同属镇江专区的六合县中学，我们全家也随之迁往六合。父亲先在县中教了几年高中语文，随后又转到了六合教师进修学校任教。父亲因有胃病，身体一直不大好，所以在"文革"前还不到六十岁时候，就提前办了病退。这样，倒也因祸得福，在"文革"当中父亲没有受到什么冲击。到1988年，父亲因病去世，享年七十三岁。

查：噢！原一直以为您父亲到丹阳去教书，是因为您父亲凭着自己祖父的关系与影响而去的。

传统：不是的。我父亲从到丹阳，一直到调离丹阳，从来也没有跟任何人讲起自己祖父在丹阳的事，丹阳人也不知道我父亲就是查文清的孙子。

查：您母亲是哪里人？当时在干啥？

传统：我母亲也是海宁（硖石）人，她相夫教子，一直是做家务，她带大了五个孩子（二男三女）也不容易，为此也操劳一辈子。母亲去世得比较早，1971 年就因病去世了，才活了五十岁。

查：当年靠您父亲一个人的收入，维持一家人的开销，这日子过得也不容易？

传统：是啊！当时家里经济实在太困难了，我的小妹因病去世了，还有两个妹妹先后都给人家领养了，一个给了一家蒋姓的，一个给了一家王姓的。自六十年代初，我大叔不时从香港寄来些食品和旧衣裳接济我们，为啥寄食品和旧衣裳，因为这些东西是可以免税的。大叔也常给我家寄来一些港币，帮我家渡过了难关。也因为有这样的情况，所以我也知道我家在香港还有个大叔叫查良镛，但关于大叔的具体情况，我父亲没给我们细说，所以也不太清楚。

查：您家迁到六合后，您父亲跟您大叔见过几次？

传统：只见过两次。第一次里 1981 年 8 月 13 日，在杭州我小姑妈家里，那一次我也跟父亲去了杭州。第二次是在 1986 年 4 月 28 日，这一次我的两个叔叔和大姑妈都过来了，在六合我们家里，为我父亲祝七十大寿。其实我父亲七十寿辰应该在 1985 年，但这一年我大叔在国外讲学，回不来，所以推迟到 1986 年，这次是属于补办寿宴。这次寿宴没到饭店，就在家里办了两桌。

查：您大叔见了您父亲是怎么个样子？

传统：我父亲大我大叔八岁，大叔对我父亲是很敬重的，我那次在杭州时，看到我父亲每次下车时，总是大叔去开车门，走路也是搀扶着我父亲，这是一种自然流露出来的兄弟真情。我父亲平时里坚持记日记，直到临终前一周都没中断过。现在，从父亲留下的日记中看，大叔尽管去了香港，但与父亲的联系没有中断过，每遇大事，大叔总是会知会我父亲以及时沟通。

查：传统宗亲，我想跟您提个要求，您能否写篇文章，讲一讲您眼里的大叔。

传统：这也没啥好写的，我也讲不出来什么内容。

查：没关系呀，有话则长，无话则短，就是说说您的真情实感。

传统：那我试试吧，但你不要抱太大的希望。

查：另外还要向您提个可能有点过分的要求，就是您大叔写给您家里的信件，若不涉及隐私，能否提供几封给我看看，以便从中再了解点情况。不知可否？

传统：来信大都是讲家长里短的，我整理一下，挑几封发给您吧。

查：谢谢传统宗亲。

传统：没关系的。

查：好，最近天热，请保重身体，再见。

【附文】

我和大叔的两次见面

八十年代以前，我只知道我有个大叔叫查良镛，在香港。

那时候，我父亲体弱多病，加上我们弟妹年幼，家里经济十分困难。好在不时有大叔自香港寄来一些食品和旧衣服（食品和旧衣服可以免税）和一些港币，帮我们渡过了难关。

我和大叔见过两次面（幼童时可能还见过面，但没有记忆了）。一次是

1981年8月13日，在杭州的小姑母家。那次是大叔受中央首长邓小平的邀请和接见，并在内地观光后，于当年8月13日在杭州小姑母家见的面。那次因是他们兄妹分别三十余年的首次见面，和我们小辈谈话很少，但这次我认识了不少堂兄妹和表兄妹。有两件事给我留下深刻的印象：一是每次下车总是由大叔去开车门，搀扶我父亲下车；二是父亲在走路时总是由大叔和弟妹们搀扶，这不仅体现了大叔平和大度的人格，也足见其手足情深。

第二次是1986年4月下旬，他应江苏省省长邀请来江苏参观访问。28号，我大叔专程和弟妹们为我父亲补过七十大寿。（85年父亲生日时，他在国外讲学）。那天，他婉拒了省政府的公车，自己打车和弟妹们来到六合。大家也没有去宾馆，就在家聚会，那天是由我弟弟掌勺，烧了梅干菜烧肉、烂糊胶菜肉丝、糖醋鱼块、臭豆腐等家常菜，还烧了六合野菜"菊花脑"汤，开了两桌，大家欢聚一堂，其乐融融。这次见面也有两件事给我留下深刻印象。一是听说"大侠"来了，邻舍有人拿了大叔写的武侠小说请求签名。大叔他一是坚持原则，非经国家出版社正式出版的书一律不签；二是不论求签者是谁，一律认真签名留念。另一件事，是坚持要到我的住宅看看，由于我当时刚从农村插队调回县城，住所十分简陋，仅十几平方米，开门要低着头才能进去，但他坚持要去看看。于是，我和他走街串巷，走了二十多分钟才到我的住处，他走进去看过我的居住状况后，一再叮嘱我"对未来要有信心，情况会越来越好的……"这使我深受感动。

"活到老，学到老，用自己的不懈努力和奋斗，去争取自己的事业"和"无欲则刚"的精神是他一生的写照和风骨，也是我们小辈的榜样。据我所知：亲属中没有一人是由于他的地位和名望而开后门、走捷径发家致富的。

大叔离开我们快四年了，我们十分想念他！

查传统
2022年7月23日

好友余兆文记

金庸曾说过"我最要好的朋友，都是中学时代结交的。"余兆文就是金庸在中学时代结交的一位好友，且堪称是情谊最深的一位好友（图29）。金庸在1985年10月17日致信余兆文时，就是这样说的："诸同学中，你和我相交最深，共经患难。"

余兆文是浙江淳安人，1936年2月考入杭州初级中学，1938年9月转入丽水的浙江联合初中。进入联初后，他便与金庸同班，因两人志趣相投，很快结成了好友。余兆文虽比金庸大三岁，但在当时看，金庸要比余兆文要成熟得多，特别在学习成绩方面，让余兆文佩服不已。到了1939年7月，余兆文和金庸都在联初毕了业。根据当时省教育厅规定，浙江联合高中只招收家在沦陷区的学生，而余兆文的老家（淳安）尚未沦陷，所以他就近考入了衢州中学高中部，金庸则考入了联高。两人临分手时，靠吃救济粮、几乎身无分文的金庸，拿出自己平时舍不得用的一本作文簿赠给了余兆文，以作留念。

此时此刻，此情此景，看似两人就此将要各奔东西了，然冥冥中自有安排，隔了差不多一年的时间，余兆文因病在金华医院住院治疗，金庸突然找上门来。原来金庸在学校的壁报上撰文《阿丽丝漫游记》以影射训导主任，为这件事，他被学校劝退了。至此，走投无路的金庸，开始感觉到自己已陷入了"一生中最大的危机之一（金庸语）"。而在这危难关头，他首先想到了余兆文，他赶到金华，到医院找到了余兆文，想请他帮忙设法转学到衢高。此时还躺在病床上的余兆文，听完金庸的诉说，他的心情比当事人还要着急，病也不治了，赶忙起身，急匆匆地与金庸赶回学校，向校方说尽好话，提出请求，最后竟说动了校长，同意让金庸转学到衢高。至此，两人又走到了一起。

又隔了一年，进入高三时，余兆文因病休学了一段时间，过后家里让他就近转到皖南黟县的复旦中学去完成学业。而金庸于这一年，在衢高毕了业。随后，金庸与七位同学结伴西行，去了大后方报考大学。而余兆文在皖南黟县读完了高中，随后考入了浙江大学龙泉分校。到了1943年，已经在浙南的龙泉读大一的余兆文听到金庸已到了重庆，和几位同学准备报考西南联大。于是，他没有作过多地考虑，随即放弃浙大的学业，赶往重庆与金庸会合，将一同参加高考。最后，两人虽没考进同一所大学，金庸考进了国立政治学校外交系，余兆文考进了中央大学哲学系，但都在重庆一地，相互又能处在一起了。

转眼到了1944年11月，命运多舛的金庸又出事了。他由于拒服兵役，被国立政治学校除了名。离校后，他找到远房的一位表亲，时任中央图书馆馆长的蒋复璁，在中央图书馆找了份管理员的工作。而余兆文继续在中央大学念书。离校后的第二年，金庸碰到了出差来重庆的老东家王侃（1942年底，金庸在泸溪县浦市湖光农场落脚，当时的农场主即为王侃）。一直有意继续聘用金庸的王侃，在开出了诱人的条件后（完成工作任务后，即送金庸出国留学），金庸心动了，决定再去湘西农场工作。而此时，他觉得单身赴任过于寂寞。于是就想到了还在中央大学读书的余兆文，打算让他同行。而余兆文一直来就认为，只要与金庸在一起，就比什么都强。于是不由分说向学校办理了休学手续，踏上了说走就走的旅程。

在农场待了一年多时间后，抗战也胜利了，金庸发觉老板提出的出国一事相当渺茫，而常待在农场又非久长之计，遂决定辞职回家另寻出路。在1946年6月他与余兆文离开了湖光农场，金庸回了家，余兆文则去了已迁回南京的中央大学办了复学手续。过后不久，金庸在报社找了份工作，先在杭州后在上海，而在南京读书的余兆文则不时前来，与金庸相聚。

到了1948年，金庸受《大公报》社派遣，将去香港供职。刚接到调动通知，金庸自然而然又想到了余兆文。他专程去了趟南京，想要余兆文休学再同去香港。习惯了随时召唤余兆文的金庸，他却忘了，此时的余兆文已有家室之累，再也不能随自己去干那些说走就走的事了。最后两位好友互相抱着莫大的遗憾与不忍，就此别过，一人去了香港，一人留在内地。

金庸到了香港，经过多年的打拼，终于闯出了一番事业，最终以十五部武侠小说一举成为全球华人圈内的首席"大咖"，钱也赚得盆满钵满。而余兆文，大学毕业后，先在母校衢州中学任教。到1952年10月，调往南京，先后在南京四中、南京四女中任教。到了1957年，祸从天降，以博学多才被人称为"活字典"的余兆文被划为"右派"，并因"性质严重"，在1958年被发配到南京青龙山农场进行劳动改造，在青龙山农场待了三年多，一直到1961年10月才结束了"劳改"。随后，发还原单位接受群众监督。

当余兆文回到学校后，早没了居所，他先被安排在图书馆边上一间只有几平方米的小偏屋，过了一年后搬到了面积稍大一点的一间地下室里。这个地下室，每逢大雨，屋子里的水，常常要没到小腿，每次都要用泥巴拦在门槛上，然后舀水出屋。余兆文自从回学校后就沉默寡言的，平时则尽量避开人们的视线，整天只知道埋头干活，完全像变了个人似的。

到了二十世纪七十年代初，金庸通过其他同学，与余兆文接上了头，而当时南京的有关部门，当知道余兆文与金庸的关系，也要他联系金庸，于是两人又恢复了联系。但因那时尚处"文革"时期，对香港的来信，有关部门管得很严，来信都要先拆封审查过才交给余兆文。所以当时相互间也只能作一些简单的交流，写明信片要多一些。逢年过节金庸还会汇一些港币来，这样余兆文也有了点外汇券，就可以到侨汇商店去买点市面上稀缺的东西，家里的蝴蝶牌缝纫机就是在那个时期买的。直到改革开放后，两人之间才实现了真正意义上的通信联系，也再没有碰到先要拆信检查之类的事了。

1981年7月，金庸接到来自北京邀请，此时，金庸就带便联系了包括余兆文在内的几位同学，商定在8月到杭州见面。那次会面时，神采飞扬的金庸看到了早就磨光了锐气、显得拘谨木讷的余兆文，总觉得他哪地方有点不对劲，但一时又弄不明白。最后分手时金庸仍带着几分疑虑回了香港。到了1986年4月，金庸到北京参加香港特别行政区基本法起草委员会第二次全体会议，会议一结束，正好趁去六合为兄长良铿祝寿之便，准备先到南京市里去找余兆文，以进一步弄清余兆文的情况。当余兆文得知金庸要来家里，觉得自己在这种简陋的住所住了二十多年（虽已搬离了地下室），倒也习惯了，但总不能在这种寒酸的地方来接待自己的好友。于是叫来女儿、女婿，让他们将自己的住所整理一下，准备将他们家充作自己的住所来接待金庸。没多久，金庸如约而至，当他跨进余兆文女儿的家，里里外外转了一圈后，总觉得这里不像是余兆文的住所。最后，在不断追问下，余兆文才说出了实情。这时，金庸非要让余兆文带去看他居住的地方。当金庸来到余兆文家，看到自己好友竟居住在一间才十几平方米，既无厨房又无卫生间的临时搭建披屋内，有点呆住了，停顿了很长一会，然后对着余兆文，用一种不用商量的口吻说："我要给你在南京买房子！"

余兆文听了,则表示坚决不同意,而金庸也不让步,说一定要买房子,相互争了一阵子。最后,金庸看到了老友的始终不松口的样子,考虑到再坚持下去可能会伤及老友的自尊心,于是改变了主意。事后,便多次从香港汇钱过来以接济老友。(当年作为陪客,目睹整个过程的余兆文单位的魏校长,在过去了二十多年后接受笔者采访时说:时间有点久了,当时的整个过程我有点记不清了,但有两点印象极为深刻,一是金庸这个人没一点架子,很讲义气;二是他们俩关系非同一般。)

金庸到过南京余兆文家后,此后几年,只要到上海、杭州,就一定会邀余兆文前去会面,而余兆文只要老友召唤,也乐于前往。与金庸相聚,可能也是余兆文他最大的享受,年轻时,不就是这样过来的吗?

金庸很了解余兆文平日里的那种认真细致的工作作风,所以也托他办事。金庸关照余兆文,要他注意收集内地出版(盗版)的各种版本的金庸武侠小说。余兆文则认认真真照此办理,经常跑新华书店与地摊书市,只要见到内地新出版的金庸小说,就立即购买并寄往香港。

2004年,余兆文因病故世。临终前,他嘱咐家人,丧事简办,火化后江葬,所有朋友一律不作通知。金庸也是在余兆文去世好长一段时间后,才得知这个消息。那天,他把自己关在办公室里,整整一天没有见人。

好友王浩然记

鲁迅曾说：人生得一知己足矣。金庸所得知己则不止一人，光同学当中就能数出三四人来，比如：余兆文、江文焕、王浩然、斯杭生，等等。这几位都是金庸中学时代在"毫无利害关系、毫无机心（金庸语）"之下结交且都成为终生的好友。关于余兆文，笔者日前已撰文作过介绍，惜江文焕早在新中国成立前夕已英勇牺牲，成了革命烈士，本文就说说王浩然（图30）。

王浩然，1924年生，衢州柯城航埠人，金庸在自己的日记里，称其为"浩弟"。金庸认识王浩然，比认识余兆文要晚一些，那是在金庸转学到衢州中学的时候了。金庸刚到衢中，留给王浩然是这么个印象："到了1940年的春天，高中二年级开学不久，来了个插班生，住在我们宿舍。看这少年，中等身材，天庭饱满，方脸阔嘴，戴一副银边眼镜，左肩挂大行囊，右腋夹一书包，双手捧的却是黑白分明的两盒围棋。大家都知道，我们搬迁到乡下学习，哪还有心思伺候琴棋书画，但这个少年，不怕旅途劳顿，就那么捧着两盒围棋款款而来，真是很不寻常。见了人，无论是老师、学生还是校工，他总是先点头，然后谦和地笑，自我介绍，说是从碧湖的联合高中转学而来，姓查名良镛。（王浩然语）"对新同学到来，江文焕、王浩然十分欣喜，他俩把金庸接进了宿舍，几天下来都感到意气相投，三人很快结成"三驾马车"。而在日后随着金庸的才华显露，江文焕、王浩然暗中对他更加敬佩，无形中更加深了友谊。对于当时三人的关系，金庸在后来的《彷徨与抉择》一书中是这样说的："我们三个人的零用钱从来不分开，始终一起使用。我最穷，当然也是最占便宜。有一次，我们的公共财产只剩下相当于港币两三毫子，文焕拿去买了一块粉蒸肉，放在我的饭碗底下，让我吃到一半时忽然发现，得到了意外的惊喜。那时我们除了缴学费外，每学期还要缴一百多斤谷作为膳费，浩然的父亲从来不等我开口要求，有他儿子的一份，也总有我的一份。"金庸不光与江文焕、王浩然深交，可能是爱屋及乌，对王浩然父亲这位"忠厚长者"也是颇有好感。金庸曾有这样的回忆："浩然的父亲是衢州乡下的一个小地主。学校放假时，我不是到文焕家里，便是到浩然的家里度假，因为我自己的家在沦陷区，没法回家。浩然的父亲是忠厚长者，收藏着一些赵之谦、余绍宋、吴昌硕的浙江名家的字画，主要兴趣是种橘和鉴赏书画。衢州解放不久，他就在土改运动中被枪毙了。"

虽然金庸与王浩然相识时，都已过了总角之交的年纪，但相互间还是保持着十分纯真的关系。王浩然十八岁那年，与同学朱卿云（后来结成了夫妻）谈恋爱。那年寒假，金庸到王浩然家小住。金庸知道王浩然有情书要给女友，就让王浩然把情书背给他听。而王浩然居然也是一字不漏地背了情书全文，金庸听过情书大加赞赏，连声说好。王浩然则因为金庸的肯定与鼓励，也壮了胆将情书寄给了朱卿云，"果然收到回信，掀开了初恋帷幕，以后终成眷属（王浩然语）"。王浩然直到老了，有时还会说起这件事，不忘记给自己的好友记上一功。

也是在这一年，衢州市里举行乒乓球赛，王浩然被学校推选为参赛运动员，可是王浩然对于参加比赛一直犹豫不决，怕打不出好成绩，也怕影响课程。但金庸认为这是件好事，他对王浩然说不管怎么样，都应该去要参加比赛。为消除王浩然的顾虑,金庸干脆请假,全程陪同王浩然参赛,待赛后再一同找老师去补课。这事令王浩然十分感动。

到了1942年,金庸、江文焕、王浩然都在衢中毕业了。此时衢州也刚被日寇占据,为不在沦陷区当亡国奴,三人联络了另外五位同学一起商议,最后决定结伴去大后方报考大学。那天,八位同学集中在王浩然家里,各自打点好行装,一同踏上了西行之路。在出发时,仅有三位同学包括江文焕与王浩然带了点钱,以充作八个人的盘缠。到第二年,金庸与王浩然等几位同学历尽艰辛来到重庆报名考试,最后,金庸和王浩然一同考上了国立政治学校。王浩然由此成了所有中学同学中唯一与金庸在同一所大学里的同学。

后来到1948年,金庸在上海《大公报》当记者,当年3月,他被派遣去香港,临别时他专门给王浩然发去一封告别信,告知"奉命到香港设分馆。"由此之后,金庸便与王浩然包括内地的所有同学,基本上中断了联系。直到七十年代初,金庸与同学们才又陆续接上了头。而此时王浩然便是与金庸最早取得联系的几位同学之一。当时金庸的其他同学大多是从王浩然那里了解到金庸在香港的情况,都是通过王浩然才联系到了金庸。到了1981年,金庸趁晋京拜见邓公小平之便,邀集了好几位同学到杭州聚会,而此时在杭州市第九中学任教的王浩然自然又成了众同学与金庸分别三十多年后再次聚首的联络员。

虽然时光匆匆,金庸与王浩然也都步入了人生老境,但相互之间的友情却丝毫没有减弱。笔者曾见过1992年6月19日金庸致王浩然的信,在这封充满兄弟情谊的信里,金庸贴心地嘘寒问暖,其真情跃然纸上:"你的居屋要购商品房,如上次所汇之款不敷,请不客气告知,你我情若兄弟,义当相助。兆文兄新址我一时找不到,请费神转此信给他一阅,他的住屋问题情况相同,我也可以增汇款项。在海外赚钱比较容易,虽然大家年届古稀,少年情谊,丝毫不改也。"金庸一直在关心着自己的这几位好友,并在尽力地帮着他们。

改革开放后,香港与内地的往来更方便了,金庸与王浩然也有了多次的畅叙与欢宴,金庸也曾带着全家人到杭州王浩然家去探视,并一再邀请王浩然夫妇到香港家里去做客。但看着已成了明星,被大批追星族簇拥着的金庸,而金庸也在忙于应付的情形,王浩然不胜感慨。面对好友的盛情邀请,对金庸至老仍无机心的王浩然则在想,"我并不想到繁华的香港游玩购物,也不想到大观园里做刘姥姥,(只希望俩人仍能)促膝闲谈家常,不受拘束地下几盘棋(王浩然语)。"而相信此时的金庸,其内心未尝不是这样在想,他在《彷徨与抉择》一文中也曾动情地说:"难道人的生活,就必须这么残酷吗?如果我们几个人,还能像二十多年前那样,在火炉旁边吃着糖年糕,听浩然的父亲解释赵之谦书法的笔意;如果我还能像二十多年前那样,将文焕一封情意缠绵的书信,送到他爱人的手里。因而赢得一个温柔的感激的眼波……"金庸怎能忘记"每个学期开学时,他家里长工挑到学校来的谷子,有他儿子的一份,也总有我的一份。"金庸怎能忘记"浩然和他父亲冒着大风雪走了三十多里路,接我到他家去过年。"但这一切都已成过往,而过往已不可追也!成了明星的金庸,已多少有点身不由己了。

不能不说金庸成为明星后的这种状况,在这几位少年时早已结为好友的心中,一方面引以为傲,一方面也会留下一些遗憾。当然这也不能怪罪金庸,这是成为公众人物所必然要付出的一种代价,金庸概莫能外。且这种横亘在彼此之间的无奈,谁都已无法化解得了。残酷的现实使得金庸与王浩然(们)再也不能像年少时那样久长地、零距离的交流接触。王浩然(们)与金庸虽也聚首过好几回,但在更多的时候,只能远远地关注着(当然也肯定在默默地祝福着)自己的好友,以此直至终老。

辑四

海宁查氏中谁为徐志摩写挽联

目前比较受读者欢迎的几部《金庸传》《金庸评传》,都记载这么一件事:徐志摩北上,坠机身亡,第二年家中为之举办葬礼,金庸家送去了一副挽联"司勋绮语焚难尽,仆射余情忏较多"。以致哀思,但其中也隐含着查家对徐志摩婚变的不满。

事实果真如此吗?在当时那种情况下,金庸家真的会这么做吗?细思之,恐怕不会。一、两家不是很亲近的亲戚,金庸的母亲与徐志摩的父亲徐申如只是堂兄妹,这种关系,相互间已经是很客气的,一般情况下,不大会直来直去"直抒己见"的。二、金庸父亲是个明哲保身的"好好先生",从不会主动得罪人。更何况在主家还处在无比悲痛的场合,去揭逝者之短,去刺徐父之痛,且主家包括徐志摩生前也没招你惹你,这不合情理!兹经查考,事实也是如此,徐志摩家的亲戚陈从周(徐的姑妈为陈的外婆)在事后为徐志摩编写的年谱当中,明白地记载"猛济挽志摩的联'司勋绮语焚难尽,仆射余情忏较多'。"(见《徐志摩年谱》第3页)原来这副挽联是查猛济送的,在此被张冠李戴了。

凭空冒出个查猛济,此为何许人也?查猛济虽仅长金庸二十来岁,但以辈分论,却是金庸的太叔祖公了。查猛济家与徐志摩家关系相当密切，其程度远胜于徐志摩家与金庸家的关系。查猛济的父亲查桐孙是徐志摩早年的家庭老师，查猛济又是徐志摩儿子徐积锴的家庭老师，两家算是世交。查猛济只比徐志摩小五岁，又可谓是发小，两人都是文化人（查猛济后任国立英士大学教授），气质相近，志趣相投。自小到大，相互之间没大没小、没轻没重、不咸不淡、似褒实贬的调侃，早已成为常态。

有个真实的故事（见《红茶（半月刊）》1938年第5期）是这样讲的：1930年冬，徐悲鸿绘《猫》图，赠予徐志摩，其画中款识曰："志摩多所恋爱，今乃及猫。鄙人写邻家黑白猫与之，而去其爪，自夸其于友道忠也。"在处理婚姻问题上比徐志摩好不到哪里去的徐悲鸿画猫暗指陆小曼，赠此画于徐志摩，实含劝谏之意。徐志摩以此"无爪猫图"悬于室。一日，查猛济去徐家玩，见此画，即寄以句云："吾辈爱猫宁畏爪？誓随鼠首供销磨。"徐志摩见而大喜，以此告友人杨杏佛。时杨杏佛正有家庭之变，故回报以句云："记取画家珍惜意，莫贪猫爪揖群魔。"徐志摩遂将此句示以查猛济，查又寄句于杏佛云："君自畏猫防锐爪，何妨畜鼠耗前锋？"杏佛见后，以此言过谑。然陆小曼闻之，则谓此言甚合杏佛也。关系亲密的文人之间，其文字往来就是这么个样子，旁人看来，话语好像说重了，但他们之间长此以往，早已轻重不计，习惯了，有时即使说过头了一点，都无所谓。

由此看来，查猛济当时给好友徐志摩的挽联，至少在主观上不会有什么暗讽之意的。"司勋绮语焚难尽，仆射余情忏较多"此乃借黄仲则两当轩诗，挽徐志摩句也，其意思是说：你写的那些言情诗词，怎么也烧不完；你留下的情债太多了，怎么也忏悔不完（你就是走了也没用）。当时，据查猛济的另一位好友胡山源披露，查猛济自己也正在追一位漂亮的寡妇（见胡山源《文坛管窥》第48页），他还好意思去责备徐志摩之婚变？

送出这副挽联不久，到了徐志摩下葬那天，查猛济又以"斜阳一角埋诗哲，红粉青山夺此才"的诗句送别自己的发小。

以上所述，都发生在金庸年幼之时。无论怎么说，即使金庸父母真的对徐志摩的婚变有看法，但那个写挽联的事也仍旧扯不到金庸（家）身上去的。

金庸武侠小说是何时正式亮相内地的

虽然内地拥有人数众多的金庸迷，但在研究金庸方面，相对于港台，其起步还是较晚的。这主要因为金庸的武侠小说正式传到内地的时间，要比台湾地区晚了几个年头，即便说翻版书（即未经作者授权的）亦然。难怪直至今日，还会听到台湾地区的金迷们说，金庸是被台湾人捧起来的。作品是做研究的对象，是基础，内地开禁金庸武侠小说的时间晚了一步，毫无疑义，肯定影响到内地金庸研究的展开，尤其是普及，其后虽有迎头赶上之态势，但终究只是"赶上"而已。

香港是最早发行金庸武侠小说的地方，其研究金庸的起步也是最早，这自不待说。台湾地区的起步紧随其后，虽台湾地区也是先由翻版书充斥书市，然后由授权正版书占领市场。1979年9月，台湾"新闻局"下发了解禁金庸武侠小说的批文，当月7日，台湾的《联合报》在征得金庸同意后，就开始连载他的小说《连城诀》。当年11月，金庸出访台湾，即与台湾远景出版公司商定了其全部小说在台的出版事宜。而此时的大陆，距正式出版发行金庸武侠小说（即便是单行本），还要隔上好几个年头。

1981年7月，也就是在邓小平同志于人民大会堂福建厅接见金庸的同时，最早得改革开放风气之先的南国羊城，同月，由广东省体委、科学普及出版社广州分社联合创办了《武林》杂志，该杂志大胆地带试探性地从创刊号起连载金庸的《射雕英雄传》。这是一个值得纪念的日子，这标志着金庸的武侠小说已在内地首发，开始由经国家批准的出版物为载体，得以公开刊登，与内地读者见面，以此给内地读者打开了一扇窗，让人们看到一个全新的世界。此年的9月，科普出版社广州分社趁势还发行了分为上下册的《书剑恩仇录》（因此书封面为人物头像，俗称"大头版"）。

当年，《武林》甫入市，即引发巨大的轰动，这除了正好赶上国家对武术这个体育门类解禁开放由此掀起群众性的武术热之外，与连载金庸武侠小说显然也是大有关系的。所以，杂志刚发行，一时洛阳纸贵，即被一抢而空。为满足读者的需求，杂志社作出了一个异乎寻常的决定——再版（杂志再版，至今仍不多见）。《武林》创刊号起始印量是三十万册，随后一印再印，加了七十万册。第二期初印七十万册，又加印了三十万册。到发行第三期时，就干脆一下子印了一百万册。但即便印到这个数，在当时还是有点供不应求，足可见内地读者对金庸武侠小说的喜爱程度。有许多金迷于事后回忆时说，就是通过这本杂志才知道有金庸的武侠小说，并由此迷上金庸而进入快意恩仇的江湖世界。然而，当《武林》发行至第八期，即在杂志上刚连载完《射雕英雄传》的第四个回合——"黑风双煞"，急吼吼的读者还正心心念念地等着"且听下回分解"时，不知为何，《武术》登载金庸武侠小说戛然而止了，就像被点了穴似的。《武林》杂志虽只刊登了金庸小说《射雕英雄传》四个回合，连载时跨越才十一个月（1982年开始由双月刊改为月刊），但其魅力初露，早已吊足了读者的胃口。

自1982年6月起，《武林》已停载金庸的武侠小说，未几，市面上开始出现一些翻版书，但来自作者金庸方面对这种翻版的侵权行为，其反应似乎不太强烈。对书市上的翻版书，若说金庸对此完全放任吧，那倒也不是，他还郑重其事地交代住南京的老同学余兆文，要他多留意国内书市，凡见翻版书，即予告之。你说他太把它当回事吧，也非尽然，他曾与人说："此外市面上所有都是翻版，我也不是很生气，能多一些内地读者看到，我也高兴的，当然我收不到版税，就不是很高兴。"从金庸的这段话里可窥金庸当时的一种平和的态度。可能正因为有了这种近乎放纵式的容忍，当然也是带有几分无奈，到了1984年，内地则掀起了一波翻版书的高潮，至1985年达到了顶峰。在1984年，书市上出现四川文艺版的《书剑恩仇录》、时代文艺版的《神雕侠侣》、吉林人民版的《射雕英雄传》，山西《五台山》季刊则在当年用四期载完了《射雕英雄传》，翻版的还有《福建文学》杂志编辑部七册简易簿册本的《射雕英雄传》以及长江文艺出版社以"中外影视小说丛书"名义推出的《射雕英雄传》。到了1985年，更有鹭江版的，北方版的等等，纷纷出台。面对来势汹涌的翻版潮，原先"不是很生气"的金庸也终于坐不住了。从1984年下半年起，他或亲自或委托他人先后与天津、海南、深圳、吉林、河北等省市有关出版社洽谈授权出版武侠小说事宜。至1985年4月，终于有了天津百花文艺出版社被授权，出版了金庸武侠小说——《书剑恩仇录》，这也就是金庸后来在《金庸作品集"三联版"序》中提到的当时在大陆唯一授权的版本。如果说1981年7月，有属正规出版物的《武林》杂志率先连载《射雕英雄传》（四个回合），还称不上金庸作品在内地正式登场，只能算作一次露面亮相的话，那么1985年4月由天津百花文艺出版社出版的完全属于正版的《书剑恩仇录》则是金庸武侠小说在内地书市实实在在的隆重登场。此时的金庸也从内地相关的出版社拿到了第一笔版税，人民币四万元。而并不把金钱太当回事的金庸，当时随手就把这笔钱捐给了全国围棋协会。也直到此时，金庸似乎才松了口气，他在当年5月15日给他兄长查良铿的信中这样写道："（我的书在大陆）正式出版，将来翻版书当可取缔。"

当金庸授权天津百花文学出版社出版了自己的一部作品后，这对于最终取缔翻版书确实是跨出了决定性的一步，但如何将自己的作品全面推向内地与读者见面，这对金庸而言，尚有不少工作要做。特别是寻找一家更有知名度与美誉度的出版社就成了金庸接下来首先要面对的事情。金庸此时想到了儿时便已熟知并深受其惠的由邹韬奋创办的三联书店。1986年，三联书店恢复建制，成了独立的出版机构，或者说是一种心心相印吧，此时的三联书店也已瞄上了金庸。三联书店当时的总经理沈昌文说："大约是1988年左右，我们非常想出金庸作品。"尔后，沈昌文于1989年初，到香港通过罗孚（一说是潘耀明）的牵线搭桥，带着香港三联书店总经理董秀玉女士，一起去拜访了金庸，双方见了面便商谈起武侠小说的出版意向。但说来容易，而真要让一个高大上的声名远播的出版社去出版发行一直来不登大雅之堂的武侠小说，即三联的品牌究竟适不适合做金庸的作品，在三联书店的内部，即便已与金庸有了确切的意向，但真的要付诸实施，其实意见还是没有统一下来。直至1992年下半年，董秀玉从香港三联书店调回北京，接任沈昌文主持北京三联书店工作，此时精于经营管理之道的董老板，经盘桓再三，并注意到了出版一套金庸全集每年可给书店带来几千万元现金流量，此诱惑成了冲破她心理上最后一道防线的颇有分量的一击。而与此同时，金庸也一直在想找一家出版社认认真真地在内地出版其作品，加上对董秀玉在港期间的口碑金庸也十分认可，故而此时，虽还有大名鼎鼎的人民文学出版社也寻上门来，以社长的名义主动要求与金庸合作，但金庸最后还是认准了三联书店。于是，在1993年8月1日，三联书店与代表金庸的明报财务有限公司签署了授权书，9月3日，金庸亲笔签署了授权书，同时与明报财务公司指定的出版合作方香港智慧出版有限公司签订了出版合约。从此拉开了与三联书店合作的帷幕，三联书店则成了金庸作品集（十二种三十六册）之大陆地区简体字中文本的独家合法出版人。至翌年 5 月，三联书店正式推出在内地的第一部正版的《金庸作品集》。此三联版的《金庸作品集》以精美的装帧设计与编辑、上佳的印刷质量，甫一亮相，便立即赢得一片好评，受到武侠小说爱好者的欢迎。《金庸作品集》自发行始至 1996 年 2 月，不到两年，共印行三版计三百零六万册。随后几年，三联书店通过国家又加强了反盗版的力量，使《金庸作品集》继续保持较大的销量。1999 年 4 月，三联书店根据市场需求又推出了"袖珍口袋本"的金庸全集。 自此，三联版的金庸小说开始一统武侠小说江湖，不仅创造了大众读物的经典，也标志着金庸作品从此被纳入主流文化渠道。

到了 2001 年 11 月 30 日，与三联书店的"联姻"合约期满，双方为续约事进行商谈。由于双方未能就打击盗版、增加销量等新一轮合作条件达成共识，最后只能宣告版权易主。三联版的《金庸作品集》于 2001 年 11 月 30 日后全面停止发行。

金庸与三联书店合作八年，双方都明确表示满意，虽最后分了手，但都做到了所谓的好聚好散。但在此期间，金庸则与另一合作方（与三联书店无关）——文化艺术出版社为出版《评点本金庸武侠小说全集》发生过一场风波。其起因主要是金庸认为：一、评点本的评点过于简单，"就是小学生也会写"， 由此指出这是一本"聪明的盗版书"；二、文化艺术出版社擅自与云南人民出版社合作出版《新派武侠精品评点丛书·天龙八部》；三、关于对作品擅自定价的问题。而文化艺术出版社肯定也有自己的理由，对金庸的这些说法甚至觉得有点冤屈。于是，双方不饶不让，只能诉之于法律，为此，整个纠纷持续了两年之久，最后还是由当时文化部的领导出面协调，双方才以庭外和解的方式而告终。

这场纠纷对金庸来说或多或少平添了几分伤感，也不可避免地产生不论是人对己、还是己对人的一些负面影响。或许这也是让金庸感到了这种让人难以言说的南北方在思维认知上、在处事方式上的文化差异，由此也可能促使金庸在下一步会优先考虑从南方去选择自己的合作伙伴。

当金庸与三联书店结束联姻后，2001年12月，金庸亲临广州，与《广州日报》报业集团属下的广州出版社签订了为期五年的中文简体字专有出版合同。金庸之所以选择广州，明面上的理由其在《<金庸作品集>广州版新序》中说了："因为广州离香港较近，合作起来比较方便。同时，广州在打击盗版等方面也做出了相应的举措。"五年期满后，金庸又把武侠小说的版权交给了广州的另一家与广州出版社也有业务联系的民营武侠文学版权运营商——广州朗声图书有限公司。自此，与朗声合作后，就一直延续至今。而在与广州出版社及朗声合作期间，为掀起新的一波阅读高潮，金庸还应出版方的要求，加上数次金庸小说国际研讨会上专家学者们的建议，他对十五部武侠小说作了第三次的重大修改，为此也让已步入晚年的金庸又倾注了不小的精力。

金庸自从选择与朗声合作之后，朗声对金庸作品采取了一系列精细化经营的举措，以拓展《金庸作品集》的市场开发与推广，这包括对作品的包装设计、编辑校对以及市场营销，等等。金庸的武侠小说在三联之后的二十余年间，广州出版社与朗声（因为朗声不具备出版图书的资质，所以朗声依然选择广州出版社作为合作伙伴）继往开来，不断推出各种版本的《金庸作品集》，包括"广花平装版""广花口袋版""朗声平装版""朗声彩图珍藏版""朗声怀旧版""朗声文库版""朗声新修平装版""朗声宣纸线装版""朗声硬精装典藏版"，等等，从而对金庸武侠小说在内地的传播与持续发展起到了积极的推动作用，并且也与港台推出的"明河悦读大字版""远流亮彩映象版"，交相辉映，各呈异彩，可谓一时瑜亮矣。

域外金庸小说知多少

研究金庸的学者与关注金庸的粉丝多在说这句话：金庸是中国的，也是世界的。细细思之，此话不虚！旁的勿论，单就金庸的武侠小说在内地以外的出版发行情况（金庸武侠小说虽然只占其巍峨的文学大厦中的几层楼面）即可窥其一斑了。

至今，在内地以外得到金庸授权而以他国文字(新加坡用中文)正式出版的金庸武侠小说作品有：

1.日本的日文版，由德间书店出版的《金庸作品集》精装版(55册全)和袖珍文库版(55册全)。

2.英国的英文版，由麦克莱霍斯出版社出版的《射雕英雄传》（4册全）、《神雕侠侣》（已出1册）。

3.英国的英文版，由伦敦弗里欧书社出版的《射雕英雄传》。

4.美国的英文版，由圣马丁格里芬出版社出版的《射雕英雄传》（4册全）。

5.法国的法文版，《射雕英雄传》(2册全)、《神雕侠侣》(4册全)、《天龙八部》（5册全）、《侠客行》（2册全）。

6.希腊的希腊文版，有《书剑恩仇录》。

7.德国的德文版，由慕尼黑兰登书屋出版的《射雕英雄传》《雪山飞狐》。

8. 意大利的意文版，有《雪山飞狐》《射雕英雄传》。

9. 越南的越文版，已出全套作品集。

10. 泰国的泰文版，有《射雕英雄传》《神雕侠侣》《倚天屠龙记》，似未授权。

11. 韩国的韩文版，由金宁社出版的《射雕英雄传》《神雕侠侣》《倚天屠龙记》《天龙八部》《笑傲江湖》《鹿鼎记》6 部；另有作品全集本，但未授权。

12. 印度尼西亚的印尼文版，有《碧血剑》《射雕英雄传》《神雕侠侣》《倚天屠龙记》，似未授权。

13. 新加坡的中文版，由明河社发行的东南亚版全套 36 册《金庸作品集》。

14. 马来西亚的马来文版，书名不详。

15. 柬埔寨的柬文版，报刊连载，作品名不详。

16. 老挝的老挝文版，报刊连载，作品名不详。

17. 缅甸的缅文版，报刊连载，作品名不详。

18. 波兰的波兰文版，《射雕英雄传》。

19. 芬兰的芬兰文版，由莫比乌斯出版社出版的《射雕英雄传》（4 册全）。

20. 澳大利亚的英文版，由澳大利亚国立大学高等研究所出版的《鹿鼎记》。

21. 以色列的希伯来文版，书名不详。

22. 葡萄牙的葡文版，《射雕英雄传》。

23. 匈牙利的匈牙利文版，《射雕英雄传》。

24. 香港的英文版，由香港牛津大学出版社出版的《书剑恩仇录》《鹿鼎记》及香港中文大学出版社出版的《雪山飞狐》。

25. 俄罗斯的俄语版,《笑傲江湖》。

26. 挪威的挪威文版,《射雕英雄传》。

而据了解,未来几年还有西班牙、罗马尼亚、波兰、巴西等国也将以本地语言出版金庸武侠小说。一般的读者都知道,英文、法文、德文、意大利文、西班牙文、葡萄牙文都属使用范围很广的大语种,其通行的区域并不局限于本国。届时,若说金庸武侠小说通过这么多种语言得以传播,那差不多就要覆盖全球了,这话可能说得有点大。但说能居之大半,可不为过吧?纵观古今,作为一个中国作家,就其文学著作广为传播至此以走向世界,恐罕有其匹矣。

(以上相关内容由阿斐大侠、听雨楼、子衿、蓝桥等"金迷"提供)

斥"包衣"说

人生在世，想不被人辱骂，简直就像拉着自己的头发把自己提离地面一样，谁也做不到，哪怕是孔圣人，也概莫能外。这种现象究竟是人无完人（而遭人辱骂）之故呢？还是人性丑恶（总想攻击他人）之故？

金庸因十五部武侠小说问世而誉满全球华人圈，由此还收获了一大批铁杆粉丝，但即便如此，他照样也遭人辱骂，被泼脏水。在这些五花八门的辱骂当中，甚至有一说还真有不少人信以为真。此即所谓金庸祖上是包衣出身。持此说者，给金庸还按了个"查包衣"的绰号，以此来辱骂金庸是个奴才。

何谓"包衣"？包衣为满语，这是满洲贵族对家奴的称呼。其实，一个人的祖上是包衣出身，对其后代来说，也没什么丢脸掉份的。曹雪芹不就是？！曹雪芹祖上就是包衣出身，但这从来也没有影响到曹雪芹的伟大。那些闭着眼睛说瞎话的人，称金庸为"查包衣"，不过是取包衣即是奴才的意思，来辱骂金庸罢了。他们的矛头只是指对金庸，至于能不能把金庸祖上真的说成是包衣出身，他们也缺乏底气，因为他们就是制造谣言的源头，比谁都清楚，自己说的是瞎话。

说金庸祖上是包衣出身的无稽之谈，只要对海宁查家的历史稍有点了解，那就会不攻自破。真所谓谣言止于智者。

有清一代，对海宁查家人而言，就像坐过山车一样，荣于斯辱于斯。"唐宋以来巨族，江南有数人家。"这是康熙大帝对海宁查家的至高褒赞，而"明史案""科场试题案"两次文字狱则又是两朝皇帝施于海宁查家的灭顶之灾。试问：哪个包衣人家能享此殊荣，能受斯大辱？

这里，不妨将历史再稍稍展开一点：甲申 (1644 年) 国变后一年，鲁王监国于绍兴，其令兵部右侍郎熊汝霖渡过钱塘江到海宁募兵，时有查继佐、查美继等一批查氏族人踊跃应征，义无反顾地投身到抗清复明的战斗中，最后包括查美继在内的好多位查氏弟子还血洒战场！翻开后来的《海宁查氏族谱》，乙酉 (1645 年)、丙戌 (1646 年) 这两年间，故世族人的死因以"暴卒"（战死）字样标记在谱上的，触目皆是！当年，海宁查家年轻力壮的奔赴战场了，而一些有种种原因不能上战场的，也以各种方式来抵制清朝的统治。查崧继甚至不许自家的几个孩子习科举，以示对清廷的抵制。其子查慎行直到康熙七年十九岁时，始习帖括之文。如此之家族，如此之举动，清朝包衣人家能为乎？

话虽说得这么多了，其实笔者也没弄明白持包衣说者究竟是从哪地方听到看到金庸祖上是包衣出身？在经搜肠刮肚式的思考后，硬往那个方面去想，要么从金庸的十世族祖查嗣瑮与曹寅（曹雪芹的祖父）的关系上推导而来的？想了半天，历史上也就是有一点点事情与包衣沾得上边的。当年，高中进士钦点翰林后的查嗣瑮奉旨赴扬州书局，参校《全唐诗》，而《全唐诗》则由江宁织造、通政使曹寅领衔主持。在扬州近两年时间的编校过程中，查嗣瑮与曹寅接触频繁，相处融洽，建立了友好的关系。但仅凭此，与包衣出身的曹寅关系密切了，也就变成包衣出身了？这是什么逻辑？当然，存心要胡说八道的人，不要说有这么一点点说辞，即便完全凭空，他照样也能捏造出来。真搞不明白,这种卑鄙小人,真的乐意一直待在阴沟洞里煽阴风点鬼火?不想出来晒晒太阳,散散满嘴的臭气,抖抖身上的晦气,让这个世界能清爽一点?

话说金庸读博

几年前，网上曾晒出了一张金庸的北京大学博士研究生的毕业证书。证书上显示："查良镛，一九二四年×××日生，于二〇〇九年九月至二〇一三年七月在中国语言文学系中国古代文学专业学习，修完博士研究生培养计划规定的全部课程，成绩合格，通过毕业论文答辩。准予毕业。"证书上还赫然加盖了北京大学的公章与王恩哥校长的签名章。看来这张毕业证书不会是假的，那么金庸拿到这张毕业证书了？

早先，北大中文系原系主任陈平原教授曾透露，金庸将从2009年起到北大读博，师从中文系的袁行霈教授。其实这个信息早在2008年，时任北大校长的许智宏就已经向媒体披露过："金庸准备明年读完剑桥博士，再接着念北大国学研究院的博士。"现在网上亮出这张毕业证书，进一步证明了金庸在北大读博确有其事。也因为网上亮出了这张毕业证书，于是引发网友的热议，甚至招来一片哗然：金庸是怎样修满规定学分的？金庸是怎么去北大听课的？金庸是如何完成论文答辩的？对此，本文不参与议论，这是校方的事。这里只是为金庸老先生的这种为求学问，放下身段的谦恭姿态点赞！对老先生这种活到老、学到老，追求上进、永不满足的宝贵精神鼓掌！

金庸到北大师从袁行霈读博，说来也是一种机缘巧合。袁行霈为北大资深教授，北大中国传统文化研究中心主任。他的社会职务含金量更高，他是第八、九届全国政协常委、第十届全国人大常委会委员、第八届民盟中央副主席、中央文史馆馆长。特别是这个中央文史馆，可是全国名流耆宿汇集之地，其馆长可不是随便指定一个人就能担当的。从首任馆长——毛泽东的恩师符定一——到接下来的章士钊、杨东莼、叶圣陶、萧乾、启功，哪个不是如雷贯耳的学界大佬！袁行霈是接启功的任，为第七任馆长。看来北大在为金庸指定老师方面确实也是郑重其事，动了点脑筋的。作为将任金庸老师的袁行霈除了比当学生的金庸在年龄上小一折外，别的方面，无论在声望、资历、学识等，应该说都是很般配的。袁行霈出身书香门第、官宦世家，他的二伯父袁励准，是前清的翰林，曾为溥仪的老师。袁励准的儿子袁行云，也是个搞学问的，为中国社会科学院历史研究所的研究员。袁行云的妻子查良敏，是位中学教师，也是金庸的堂妹。所以论关系，袁行霈与金庸还是亲戚。那么北大当时在为金庸指定袁行霈当老师时，是否已了解到这层关系？那就不得而知了。但退一步说，即便校方事先有所了解，也可能是考虑到师生间存在这种关系，可以拉近双方在认知上的距离，便于相互间的教与学；而不是借用这层关系，可以让金庸轻松地拿到北大的博士学位。倘若如此，海峡对岸的琼瑶女士不也可以过来拿个博士学位了？琼瑶的外公袁励衡那可是袁行霈的三伯父呀。

当时的金庸在向北大报名、提出申请后，于2009年9月通过了考核，成了北大在读的博士研究生。金庸入学后，学校在不降低标准的前提下，将原先针对年轻学子所制度的读博规定，适当作一些变通与调整，以体现一种人文关怀。学校为金庸确定了四年的学制，按这个计划，金庸应在2013年7月毕业。

但金庸毕竟年事已高，特别自2011年后身体趋弱，不得不开始大幅度取消各种社会活动，最终对读博一事也无力按原定的学习计划执行了。也就是说，北大在为金庸准备的博士毕业文凭（如网上所晒），最终因为金庸不能如期完成学习计划，还是没有发给金庸，至今仍留在北大。

  本来，倘若金庸老先生身体状况允许，最终能在九秩高龄拿到博士毕业证书的话，会成为学界的一段佳话，同样也能增加北大的知名度与美誉度。对老先生来说也可以了却他的一个心愿。但天不遂人愿，最终还是留下了一段遗憾。但话又说回来，对于已活到随缘境界，早已光环遍身的老先生来说，既成，则多多益善；不遂，也不差这个香饽饽的。

金庸被"政校"勒令退学原因之我见

笔者认为金庸当年被中央政治学校（以下简称政校）勒令退学的原因主要是他没有响应学校的号召，不愿报名参军。这个说法，金庸的挚友余兆文早在二十世纪九十年代于南京的《扬子晚报》上就披露过："金庸所读的中央政治学校，在这次招兵中规定：所有学生，不论哪个年级，也不管什么科系，都要有'投笔从戎'的壮志和'为国捐躯'的决心，自己先报名，校方后审批。这是国民党官爷们搜肠刮肚，挖空心思，苦想出来的似有民主色彩的巧妙手法。这种手法妙就妙在无须强拉硬拽，就能请君乖乖地自动入瓮，上下不伤和气，是一杯'敬酒'。可是金庸偏不报名，拒不参军。后果怎样呢？那就是你不参军，他们不勉强，只是另请高就，滚出学校。"尔后，腾讯历史频道主编谌旭彬也持此说法（对谌提出金庸不愿报名参军的原因是怕死，笔者是不予认同的），并以国民党军统局的秘密报告《知识青年从军真相》中的有关内容加以印证。但上述说法一直不被主流的专家、学者所接受，其主要原因是金庸在多种场合，曾不止一次地说自己被政校勒令退学的原因是："当时学生之间，互有斗争，国民党的职业学生殴打不听命令的学生，几个学生领袖被人揪到台上打，我看不过眼，向学校投诉，结果就换来了被勒令退学的处分。"金庸自诉有异于余兆文之说。人们在一般情况下，当然更相信当事人的说法。但如果去细辨，则会发现金庸这个说法其实是不能自洽的。虽然按金庸的立场与个性，他对国民党职业学生殴打别的学生肯定是"看不过眼"的，也完全有可能会作出向学校投诉的举动。但金庸仅仅就因为投诉国民党职业学生就被学校勒令退学？若不是金庸还有别的性质更为严重的问题，校方这样做是否有点不分青红皂白、小题大做了？那么，究竟还有什么问题呢？金庸一直以来没明说，或者只是说了个起因，对于最终使事情发生质变的那个情节，他始终是语焉不详，故不免使人生疑。

1943年，金庸赶往重庆报考大学，那年被四所大学同时录取，这四所大学是：西南联大、中央大学、中央政校、四川大学。照金庸平日所说，他是十分向往西南联大的，他有这个情结。他的二伯父查钊忠是北大毕业的，他的胞兄查良铿曾就读于清华大学研究生院，他的两位堂兄查良钊与查良铮及侄儿查瑞传当时都在西南联大；对欲上西南联大的愿望，他还曾向《东南日报》的编辑陈向平表示过，并得到陈的支持；且最为现实的是他的好友、被称为"三驾马车"之一的江文焕此时也已考上西南联大，并准备前往。尽管如此，金庸最终还是选择了中央政校（这绝不是什么没路费去昆明，江文焕同样也没路费，他最后还不是去了西南联大）。因为政校是一所培养外交官的学校，而金庸一直有当外交官，通过当外交官周游世界的梦想。金庸连就读西南联大的机会都愿意舍去，可见他真的是非常看重并珍惜这次上政校的机会的。

金庸进校后，虽然发现学校的校风并不太好，有些国民党职业学生经常欺压其他学生，但金庸还是能独善其身，用他自己的话来讲："我是很个人主义化的，我对政校虽有不满，但没有兴趣加入对抗学校的政治活动，我只抱着现时西方学生的那种心态，希望多点个人发挥的自由。"金庸对自己是设定了底线的（"没兴趣加入对抗学校的政治活动"），这样做是因为他对所谓"勒令退学"的惩罚条例，是有经验教训的。当年在联高时遭遇过一次，后来在衢高时又差点儿被开除，他深知被勒令退学的严重后果，他把这种情况视为人生中"最大的危机"！当时同在重庆读书的余兆文后来也曾说过："凡是抗战时期到过重庆的人，大都会有这样一个同样的看法和印象：那时在重庆，对于一个流亡学生来说，读书和吃饭几乎是一件事情的两个方面，这两者是互相关联，互为因果的，有书读，才有饭吃。学校是读书的场所，同时也是吃饭的地方。"所以，离开了学校，失学还只是小事，而丢失了吃饭的地方，那就要挨饿，这可是大事了。所以说异常聪明且"很个人主义化"的金庸绝不会让自己再次处于"人生危机"的境地的。事实也如此，大学一年级他获得了全年级第一的成绩（而此时，国民党职业学生欺压别的学生的现象肯定也存在），在1944年暑假前夕的"总理纪念周"大会上，还受到了学校的嘉奖。当年9月初，金庸顺利地升入了二年级。但就在升入二年级才两个多月后，他却被学校勒令退学了！这种突如其来的、像坐过山车一样的情况的出现，究竟是什么原因？金庸自己说是因为看不惯国民党职业学生殴打其他同学而向学校投诉，结果被学校勒令退学。后来在别的场合金庸又说是当时国民党职业学生对一些不响应"校长号召"，没有去报名参军的学生拳打脚踢。"我自己幸而没有身受其辱，但目睹这种场面，心中气愤之极而无力反抗。经过三夜苦思，我得出了抉择，……于是我不告而别，离开了学校，从此没有回去。不久，学校中贴出了开除我学籍的布告。"金庸的说法特别是后一种说法，说只是因为"气愤之极""不告而别"，"不久"就被学校勒令退学。一个刚刚被学校嘉奖过的学生，只是因为看不惯那些职业学生的做法向学校投诉并因此离开学校而被勒令退学？事实真如金庸所说？还有没有别的原因？有的。

1944年，国民党军队在对日决战的豫湘桂战役中溃败。9月，为挽回局面，提振国民精神，蒋介石在国民参政会上提出了"一寸山河一寸血、十万青年十万军"的口号。10月12日，又亲自参加发动知识青年从军大会。11月12日，全国知识青年从军登记正式开始。自此，在大、中学生中发起了史无前例的知识青年从军运动。此时金庸就读的中央政校也不例外，学校作出了规定，所有在校学生都要有"投笔从戎"的壮志和"为国捐躯"的决心，要求所有学生先报名，然后由校方作出审批。而此时独善其身正在专心读书的金庸，可能觉得参了军就会背离自己设定的当外交官的目标，同时也很反感学校这种强制性的做法，用他自己的话来说："我这生最大的脾气就是人家指挥我什么事情都不听的，父亲母亲指挥我也不听的。"他所以没有去报名。此时的金庸虽非常珍惜在"政校"读书的机会，但当发现眼前将要发生的事情可能会偏离自己设定的目标，且面对着来自校方的强迫性要求时，毅然予以拒绝。金庸在一开始可能还没有意识到若不报名就会有被学校勒令退学的结局。其实，作为学校也是同样的，不会对一个有点过错（比如投诉、比如离校）的学生立即采取极端的做法，尤其是对一个优秀学生。也就是说，只有当学校发现这个学生已违反了原则，触碰了底线（比如违反"领袖意志"拒服兵役），作出极端的决定，才会不再顾及你是不是优秀学生，而拉出去"祭旗"，以儆效尤。最后，因为有了金庸的拒绝报名，事情也就朝着金庸不愿看到却又是必然会发生的方向而发展下去了。

时过境迁，多年后，对于自己究竟是什么原因被政校勒令退学的，金庸在多种场合提起过这件事，但他前后的说法不尽一致。他除了说是因为投诉了几个国民党职业学生欺压别的学生而被学校勒令退学；他还说："国民党特务学生把很多人看作'异党分子'，甚至还乱打人。我因为不满意这种状况，学校当局就勒令我退学(1995年3月，与严家炎对话)。"2007年，在接受主持人杨澜采访时说，他因反对一些职业学生用暴力让所谓的"异党分子"下跪忏悔，于是，学校就告诉他"你在我们学校，思想不是完全党国化，所以应该退学。"2009年，他在接受《时代》周刊采访时，又说自己看不惯学校"一听到蒋介石的名字要立正敬礼"的规矩，说那样搞像希特勒，"后来学校就把我开除了，说：'你污辱校长。'"说因为不尊敬校长蒋介石而被学校开除的话，他在接受鲁豫采访时也说过。而在他的个人回忆录——《彷徨与抉择》一书中，他又是这样讲的："1944年秋天，日军从湖南、广西一直进攻到贵州，重庆大为震动。那时我在中央政治学校读二年级。学校当局经政府授意，要发起全体大学生参军。中央政治学校的校长是蒋先生，应当作为全国大学的模范，所以参军运动进行得最是热烈，有些学生赞成，也有些学生不赞成。我们读外交系的，大多数都报名参加国防部外事局，做美军和英军的翻译。但不久日本军队就撤退了，重庆复归平静，大学生参军的事也不了了之。可是学校中对付'异己'的运动却紧张地进行了起来，与国民党组织有密切关系的学生，开始清算不响应'校长号召'的学生。接连半个多月，学校中的气氛非常紧张，凡是平时对政府有不满言论的，对校长个人或党团说个讽刺话的，许多人被拉到介寿堂去，跪在'校长'的戎装油画大像前面，一面予以拳打足踢，一面要他对校长忏悔。我自己幸而没有身受其辱，但目睹这种场面，心中气愤之极而无力反抗。经过三夜苦思，我得出了抉择：这样的政权是不值得拥护的，我不愿意再听这位校长的训话，不愿再穿'校长鞋'。于是我不告而别，离开了学校，从此没有回去。不久，学校中贴出了开除我学籍的布告。"关于被学校勒令退学，金庸事后多次作过说明，但当细心的读者把金庸的这些说明归集到一起，就会发现他在不同场合的说明是不尽相同的，他常会作一些"调整"。有时说是因为向学校投诉而被勒令退学；有时说是因为看不惯职业学生的行为，不满现状而被勒令退学；有时说是因为不尊重校长，看不惯学校一听蒋介石的名字要立正敬礼而被勒令退学；有时甚至说就是因为看不惯那些职业学生殴打同学，"心中气愤"遂"不告而别"，而被勒令退学，等等。人们在看到金庸的这几种有差别的说明后，不免会产生一些想法，对金庸这种"闪烁其词"的表述，很难不产生出一些疑问。如果仔细辨读，人们还可以看出，金庸在作出说明时还有意作了一些省略（这不仅仅是当时的语言环境所致），而这些被省略的内容，恰恰正是造成他被学校勒令退学的重要的情节！

至于有人提出，说金庸被"政校"勒令退学是由于拒绝服兵役，这话最早是余兆文提出来的。余兆文当年虽在重庆读书，但他不是"政校"的，当年金庸在"政校"的同学是王浩然，王浩然应该更了解金庸，但至今也没有听到王浩然讲过金庸是因为拒服兵役才被学校勒令退学的话。其实这个问题也好解释。余兆文说金庸因拒服兵役（金庸事实上确实也没有服过兵役）被学校勒令退学，最早是在1994年下半年（其文章发表时间是1995年）。而金庸自己讲被"政校"勒令退学，除了在二十世纪六十年代所写的《谈〈彷徨与抉择〉》曾提及（当时还不为人们所注意），其余都是余兆文在《扬子晚报》发表文章之后才说的。而余兆文当时说金庸被"政校"勒令退学的原因，应该还没读过金庸的这篇文章；余兆文只是根据当年的情况所作的回忆（无论从哪个角度分析，余兆文都不可能去编造故事，特别是对好友的重大事件的回顾）。而王浩然说金庸被"政校"勒令退学的原因，是因为金庸"挑战专横的学校训导长"。王浩然说这话的时候，已经知道金庸对此事所持的口径与态度了。对王浩然来说，无论是按"为尊者讳"的通常做法，还是照拂朋友之意，对这种不属于原则性问题的话，他肯定会顺着朋友的说法。"亲亲相隐"也是人之常情。且王浩然的说法与金庸的说法也不尽相同，他也没有明确地否定余兆文的说法。

如今，经过岁月的沉淀，有些往事会渐趋模糊，直至销声匿迹，而有些往事则会更容易让人看清。说到金庸当年被"政校"勒令退学一事，现在看来，其实已是明了的。我们只要弄清一个事实，即金庸究竟报名参军了没有，其答案也就随之出来了。若当年金庸没有参军，那不管金庸在事后有没有向公众披露，他的同学王浩然有没有向别人讲过，都无所谓了，其因拒服兵役而被勒令退学的结果那就是客观存在的。勒令退学决定是学校出的，至于金庸自己怎么披露，王浩然有没有跟别人讲过，这些都没有关系。在当时，不报名就是拒服兵役，就是违抗"领袖意志"！因违抗"领袖意志"被除名，这样的处理结果是毋庸置疑的。聪明的金庸不会不知道（一开始，他可能还没有意识到），所以不等学校动手，他就"不告而别"了。而金庸在事后所讲的是因为见到职业学生殴打别的同学，他向学校投诉无果，"气愤之极而无力反抗"，"于是不告而别"。金庸所说的这些，应该也是事实。但须强调的是，仅仅因此，于情于理，校方都是不可能勒令其退学的。是否可以这样说，对金庸这批不愿报名参军的学生如何处置（当时没有报名的不仅金庸一人，那些被职业学生殴打的同学差不多都是），学校可能也是颇费思量的，但你金庸在此时此刻，竟又"不告而别"，这如同压垮骆驼的最后一根稻草，学校也没退路了，遂勒令退学。

以上说法虽仅为推理，但是能自圆其说的。而现在最关键的是要弄清金庸当时是否报名了。金庸没有报名参军，这应该是个事实。依据一，他的好友余兆文说过；依据二，他自己也说过。在《谈〈彷徨与抉择〉》一文中，他看到国民党职业学生对一些不响应"校长号召"的没有报名参军的学生拳打足踢，"我幸而没有身受其辱"。此处所谓的"幸而"，笔者解读为：金庸虽然也没有报名，但也没有身受其辱，所以称之为"幸而"；依据三，若报名参军了，哪里还需要由学校对金庸作勒令退学的处罚；依据四，他在后来填写的各种履历表中从未提到参军的经历。

最后，笔者以与年届百岁的金庸中学时期的同学斯杭生老先生的一段对话，作为本文的结束：

查问："斯老，我最近写了篇小文章——《金庸被'政校'勒令退学原因之我见》，在文章里我提出当年金庸被中央政治学校勒令退学的原因，除了他看不惯国民党职业学生殴打同学，为此向学校投诉，而得罪了校方之外，更主要的原因还是他拒服兵役，有违'领袖意志'。不知您对此怎么看？"

斯老答："我已看了这篇文章，你提出良镛被'政校'勒令退学，有几方面的原因。我虽并不了解当时的详情，只是听余兆文说起过这件事，但我觉得你所做的分析比较客观，也比较符合良镛的性格。"

如何看待金庸对自己经历的失实表述

随着对金庸身世的深入探究,阅读更多相关的资料后,发现金庸有时会对自己的经历作出前后不一,甚至有一些失实的表述。

比如,他在 1945 年 8 月给湖南大学校长胡庶华的求学信上,说自己从浙江突破日军数道封锁线辗转来到湖南,称自己本是在上海读书,高中毕业后进入私立持志大学外文系,只因日军占领上海,身受压迫无法忍受而于春间休学,为此,要求插班湖大,以完成大学学业。其实稍稍了解金庸经历的人都知道,他是在浙江衢州完成高中学业的,而大学则就读于重庆的中央政治学校;其休学(其实是被劝退)的时间是在 1944 年 11 月,至于休学的直接原因那更不是日军占领上海后遭受压迫所致。

又比如,他于 1946 年进入《东南日报》社,在填写的简历时,说自己是中央政治学校外交系毕业,曾任中农行沅陵农场场长、《太平洋杂志》主编。这里所填写的三部分内容,除第三部分有点对路(也只能说"有点对路",他只编了一期),其余内容在表述上都是有问题的。一、他在中央政治学校外交系只读了一学年另两个月就被学校除名,没有毕业。二、他工作过的农场,不属于中农行(中国农民银行),而是一家私营农场;关于农场的地点也不在沅陵,而是泸溪县的浦市镇；他在那个名叫湖光的私营农场里，只是协助农场主王侃（同学王铎安的哥哥）抓经营管理，担任农场主任。

再比如，他在与池田大作对话时说："祖父设立了一座义庄，买了几千亩地收租，租金用于资助族中孤儿寡妇。"其实查氏义庄早在明万历三十八年（1610年）就已设立，而义庄有3000多亩地（最高峰时达3600亩），早在清乾嘉年间，由查懋与两子查莹、查世倓分别捐银2万两，捐田2000余亩，再加上义庄设立初期就有近千亩地，以及清道光年间查世倓之子查元偁又捐田700亩。所以义庄早就有了这些田地。金庸的祖父只是承担了管理义庄的职责。

再比如，湖南卫视节目主持人张丹丹（其夫家在沅陵，故对沅陵较熟）在采访金庸时，曾提问："我也是半个沅陵人。您的小说写沅陵的不少，您怎么知道沅陵呢？"金庸回答说："抗战时，我曾随国立艺术专科学校迁址到沅陵读书，我是个好动的人，好奇嘛，休假日我就和同学往乡下到处跑。沅陵山川秀美，文化神奇，叫我终身难忘。"这里，金庸显然有点"虚晃一枪"了。

金庸这种失实的表述，甚至还出现在他的小说中。最近，见金庸胞兄良铿写给金庸的一封长信，在信中查良铿对金庸所著的《连城诀》指出"当然和生的事，是你故作虚玄，随你胡扯"。肯定比金庸更了解和生的查良铿，他不认可金庸在《连城诀》里对和生"故作虚玄"的写法，要不是金庸写的是小说，这位说话办事都很认真执着的兄长，说不定真要和自己的弟弟掰扯掰扯的。只因为是写小说，故查良铿也就不那么执着了，所以对金庸说"随你胡扯"。

那么如何看待发生在金庸身上的这种现象呢？笔者认为人们无非会有三种反应：一是视而不见，避而不谈；二是紧抓不放，大肆攻击；三是实事求是，客观分析。

所谓视而不见，避而不谈。可能大部分"金粉"都会抱这种态度，他们不愿意让自己心中的偶像哪怕沾上一丁点的污点，让人说哪怕是一句难听的话语。所以笔者清楚地知道，本文在众多"金粉"眼里肯定是"不讨喜"的，"金粉"们可能认为本文这样写，是一种"揭短"，所以本文发表后，大概率会让这些金粉心头不爽的。

所谓紧抓不放，大肆攻击。这种人虽属少数，但始终存在，他们一直就躲在阴暗的角落里，时不时地施放出一些暗箭中伤金庸。但这些人之所谓，大多是些陈词滥调，杀伤力已经不强了。而现如今有笔者所揭示的这些事例，这对他们来说犹如天上掉馅饼，有人递弹药，不亦乐乎哉！所以笔者在写这篇文章时，也曾认真考虑过，发表这样的文章是不是在为虎作伥？

所谓实事求是，客观分析。笔者在写这篇文章时不是没想到，论常理应为尊者讳。但再仔细一想，所谓讳言即避而不谈，其实不是一个正确的态度与做法，这是一种消极的回避，犹如一头鸵鸟，把头钻进沙堆里，但屁股还是翘在外面，这是躲避不了的。正确的做法是如实道来，勇于面对。

回顾金庸的一生，特别是他的前半生，基本上处在一个动荡的时代，欲谋生不易，要行路甚难！虽然说金庸出生于一个富有的家庭，但自日本侵华之后，家园毁弃，父母带着弟妹避走他乡，金庸只身在外，一度完全失去了家庭的接济，冬天无棉衣御寒，平日连伙食费也交不上，其实早就饥寒交迫，仅靠着社会救助与友人接济而艰难度日。其时之金庸为谋生，为求学求职，在不得意的情况下，在不突破道德底线、不伤害他人利益的前提下，搞点小噱头、耍点小伎俩，用现在的话来讲，也就是包装一下自己，以得到一些帮助、救助，如此而为，从求生本能的层面上去衡量，想来不应该求全责备于他吧？！另外，他还有一些表述有违于事实，可能连他自己也没有搞清楚事情的原委。比如说自己的祖父设立了一座义庄，并购买了数千亩地。因为他很小的时候就已离家，对家里的一些情况也不太了解。当然，还有些"虚晃一枪"的表述，这是否就是深谙媒体周旋之道的金庸欲一定程度上保持一种应有的神秘感，对此当然还需作进一步的探究。

当然按完美主义者的理想要求，在日常生活中，在与人交往中，即使不突破道德底线，不伤害他人利益，相互间也不要去搞噱头、耍伎俩，应坦诚相见。说这话没错，就好像老师对学生就会经常用这样的口吻去说，经常会作出这样一些取之乎上（其实最多能）得之乎中的教导。但在现实生活中，当你还没有夯实自己的物质基础时，按着这样的要求去做，你不妨去试试，准保你碰个头破血流！只能说明你还缺少在底层生活的历练。为啥在金庸的后半生，这种如本文所列举的事情，就不大找得见了，这除了他本身是位正人君子外，更重要的是因为他已经实现了物质生活的满足。

笔者撰写本文的目的，不单纯是将金庸对自己的经历作出失实表述给以客观的呈现，更想通过具体的分析使读者即便见了金庸的这些失实表述后，也不至会引起对金庸品行方面的猜疑；同时也想通过本文，让想要了解金庸的读者们能更深入地透过表象去认识一个并非完人的真实的金庸。写到这里，突然想到苏州大学汤哲声教授的一句话，倒是可以用来当作本文的结束结："我觉得，对金庸先生的无原则的贬低，是不应该的；对金庸先生无意义的说好，也没有意思。我觉得，作为一个学者来说，应该是客观地、冷静地并尽量科学地分析金庸小说，包括金庸先生这个人。"

别误读了金庸

金庸创作的十五部武侠小说,描绘了一个五光十色的江湖世界,塑造了"为国为民、侠之大者"的侠者形象。有心的读者,透过这些外在物象,还会发现金庸小说所描绘的江湖世界、塑造的侠士形象与其积淀厚重的家族历史文化背景,以及自身坎坷多舛的身世历程,并由此形成的隐秘幽深的内心世界,存在着某些内在的深刻的联系。金庸深受家族历史文化的熏陶与浸染,追求自由,不愿受权力控制,"希望脱离名利牵绊"(金庸语)。其不畏强权、畅遂不拘的性格都可以从其祖辈身上找到缩影。远则如不惧权贵、不畏强暴的查约、查秉彝、查慎行;忠贞不贰的查继佐、查美继、查崧继;为民请命、不计私利的查志文、查诗继、查文清;疾恶如仇的查容、查人伟;乐善好施的查懋、查莹等,由此得诸先贤之垂范。近则有其叔公、伯父及多位堂兄,其中有秉笔直书人间冷暖的查猛济;饿死不吃嗟来之食的查忠礼;永葆赤子之心,人称"查菩萨"的查良钊;铁面无私、忠于职守的查良鑑等,从而受众前辈所陶染。对此,金庸曾经说过:"因为我的伯父、父亲、兄长都是大学毕业。我自小与书为伍……中国文化是我生命的一部分,有如血管中流着的血,永远分不开。"金庸前半生,生活在一个动荡、变革的年代,其经历包括:日寇侵华,家园焚毁,祖母、母亲死于逃难中；求学期间，两次被学校除名劝退；"土改"运动中父亲蒙冤错杀；抵港不久发妻背离；惨淡经营的《明报》刚上轨道即遭围攻，自己一度被列为香港二号暗杀目标；事业初见起色，长子又跳楼自尽等一系列对其具有极为深彻甚至具有人伦隐痛的遭遇。所以在这十五部武侠小说的主题表达、人物塑造、场景描绘、情节构思包括整个创作过程的所有环节，家族历史文化之影响及与自身曲折经历之联系或隐或现，始终贯穿其中。由此形成了金庸武侠小说所独具的真实性、思想性。诚如已故的华东师大胡河清教授所指出："金庸是海宁查氏的后人，有着一个古老的名宦世家的血液。他的情感体验，尤其具有一种饱经沧桑的家世感，'接通'到了中国文化传统的深处。"

金庸于 1955 年创作的首部小说《书剑恩仇录》，就讲了家乡一直流传着的一个故事。金庸说："我是浙江人，乾隆皇帝的传说，从小就在故乡听到了的……因此第一部小说写了我印象最深的故事，那是很自然的。"《书剑恩仇录》的主人公是海宁望族陈家人。海宁查家与陈家两大家族是世代通婚，有着十分密切的关系。讲到陈家往往离不开查家，讲到查家常常绕不开陈家。倘说乾隆是海宁陈家儿子的传说是真，那么乾隆便是查家的外甥了。创作这部小说，金庸是有备而为的，当时"曾翻过海宁陈家的许多资料"（金庸语），他正是通过《书剑恩仇录》演绎了一曲家国恨、儿女情的苍茫悲歌。在这部作品中，金庸深情描写了魂牵梦萦的故乡，着意塑造主人公陈家洛，以此作为自身的一种寄托。因此，读者不难在陈家洛身上找到作者的影子，甚至由此还可隐约地窥视到海宁查氏的踪迹。

而在 1972 年封笔的《鹿鼎记》中，金庸更是直接提到了自己的家事——康熙、雍正时期的两次文字狱。金庸是这样说的："在构思新作之初，自然而然地想起了文字狱，我自己家里有过一场历史上著名的文字狱。"在这部小说里，作者引出了几位自己十分崇敬的真实的历史人物：顾炎武、黄宗羲、吕留良、查继佐以及他们的故事，由此使《鹿鼎记》增添了历史的波澜，具有了一种"历史的视野"（冯其庸语），产生了"一种饱经沧桑的家世感"（胡河清语）。金庸在撰写这部小说时，异乎寻常地倾注了自己的情感，以至其妻朱玫在《鹿鼎记》连载过程中，要求丈夫变换撰写方式，很少动怒的金庸竟生气得拍起了桌子。而他的好友倪匡倒是完全读懂了金庸的心思，始终认为《鹿鼎记》在金庸十五部小说中是要排第一位的，尽管金庸自己从来没这样明说过，但他在拍了桌子后对妻子还是说出了自己的真心话："倪匡说好就行了。"《鹿鼎记》整部小说五十回，金庸在后来的修订版上还精心设计了五十个回目，最终竟全部采用先祖查慎行诗歌中的句子，可见其良苦用心！对此他也坦承："也有替自己祖先的诗句宣扬一下的私意。"

而在十五部小说当中作为前后期分野标志的《连城诀》，金庸则写到了与自己最敬重的长者——海宁查家最后一位进士、祖父查文清有关的事情。明确地点出《连城诀》这部小说，就是在其祖父救出并带回家来的连生这个真人真事基础上演绎出来的。整部小说通过生动的描绘叙述，揭示出人性的黑暗，同时也展示出作者自我的忧患与悲悯。

《碧血剑》《射雕英雄传》《神雕侠侣》《倚天屠龙记》《侠客行》《鹿鼎记》，这六部小说都有对大海的描写，有几部小说还专门写到了故乡的钱江潮："只见远处一条白线，在月光下缓缓移来。蓦然间寒意逼人，白线越移越近，声若雷震，大潮有如玉城雪岭，自天际而来，声势雄伟已极。大潮越近，声音越响，真似百万大军冲锋，于金鼓齐鸣中一往无前……潮水愈近愈快，震撼激射，吞天沃月，一座巨大的水墙直向海塘压来……月影银涛，光摇喷雪，云移玉岸，浪卷轰雷，海潮势若万马奔腾，奋蹄疾驰……但潮来得快，退得也快，顷刻间，塘上潮水退得干干净净……潮水渐平，海中翻翻滚滚，有若沸汤。"《书剑恩仇录》"钱塘江浩浩江水，日日夜夜无穷无休地从两浙西路临安府牛家村边绕过，东流入海。江畔一排十株乌桕树，叶子似火烧般红，正是八月天时。村前村后的野草刚起始变黄，一抹斜阳映照之下，更增了几分萧索。"《射雕英雄传》这些都是金庸魂牵梦萦的故乡景象。这种具有象征意义的描写，既显现了作者的一种故国情怀，同时也隐含着对自己家族历史文化的一种溯本求源。正如红旗出版社总编辑徐澜所谈到的："金庸很愿意写钱塘江潮，因为这是他家乡的一个特质，钱塘江潮一路裹胁着让他走了很远很远。"

有人曾经问过金庸，写小说是否以真实事迹作蓝本。金庸答道："除正式史实外，小说的故事全部是虚构的，没有以哪件真事为蓝本。《连城诀》有一点真实内容，但只是很小部分。"金庸写小说的确没有以真事实情作为蓝本。但是，在他的小说中，作者的影子却又无处不在。他的小女儿传讷就是这样说她父亲的："他的小说就是他的平生，所以他写了一本又一本，每本都是他的人生经历。"曾任《明报》副总编辑的陶杰也曾这样说过："金庸不需要写传记，他每一部小说，如果做平行阅读，都有他的影子，反应那个时期的心态。例如《书剑恩仇录》《射雕英雄传》写的都是非常平面的正面的人物，爱情甜蜜。到了写《神雕》时，他经营困难，心境颇为凄凉，又遭前同事冷嘲热讽，一腔孤愤，所以杨过是个性格倔强叛逆的人、绝望的人，反映了他当时的心态。到后来他生意越做越好，赴台采访蒋经国，甚至做了国民党政府的'顾问'，和殖民政府关系也非常亲密，正式和左派全面决裂，受到不少攻击。他写《天龙八部》里聚贤庄乔峰一一回应各个所谓名门正派对他的攻击，几乎可以一一对照他旧同事领了政治任务或者出于妒忌对他的攻击。另外就是当时金庸已经在经济上远远地甩开这些旧同事了，所以，安排乔峰所在那个帮派不是武当，不是少林，是丐帮。"陶杰还进一步说:"实际上金庸每一部小说的男主角,都是他不同阶段的自传,自我性格的折射。"金庸在北大的朋友严家炎教授读过《射雕英雄传》后,认为这部小说中郭靖的形象里面有金庸的影子。严家炎后来在采访金庸时提到此事,金庸没有否认,他还告诉严家炎:"作家其实都有折射自己的时候,都会在作品中留下某种烙印。"另一位金庸小说的资深研究学者陈墨,则认为《碧血剑》中袁承志对其父袁崇焕和夏青青对其父夏雪宜的往事追寻,即藏有金庸怀念父亲的情感动机。还认为《神雕侠侣》中杨过先后被桃花岛、全真教开除,与金庸当年先后被中学劝退、大学除名之事相似且相关。作家荆欣雨在看过《倚天屠龙记》后,认为书中那个张无忌被八大门派围攻光明顶的情节,其实是由金庸办报纸被香港左派围攻而产生的孤独和愤恨所演变而成的。金庸在学生时代有过一段离家十年的经历,他在《书剑恩仇录》中写到陈家洛时,也说他离家十年后回到了家乡。而在《射雕英雄传》二十九回中,金庸设计了黄蓉精通高等数学以此难倒了瑛姑这么一个情节,这是在浓重武侠色彩氛围当中颇显突兀的一种描写,其实这也与作者自身经历有关。金庸曾这样说过:"数学是我故乡的学术强项,清代大数学家李善兰即海宁人,传世的数学著作甚多。黄药师是浙江舟山桃花岛人,虽与我故乡相距不远,但学术上应该不相干了。我在嘉兴中学求学时,数学老师章克标先生亦海宁人,当代著名数学家陈省身先生是嘉兴人,可惜作者虽对数学有兴趣却乏天资,只在初中时经俞芳老师之教,于几何学略窥门径,其后于构思小说结构时,颇有助于逻辑思维及推理,对老师感恩不忘。"在《射雕英雄传》中,他还提到了义庄,这对金庸来说,更是熟悉了,他的太爷爷、爷爷、父亲几辈人都主管着海宁查氏的义庄,若再往前推,他的祖上还是查氏义庄的主要捐助人。

　　金庸性格内向,加之讷言,对己之遭遇,多藏于胸,与人甚少交流。

甚至可以说他的一辈子还未曾找到过一个完全可以为之敞开心扉、尽情诉说的对象。其对外界如此，估计对家人亦然。兄弟姐妹少小分离，各奔东西。三任妻子中，首任似乎貌合神离，第二任始终忙于打拼，第三任更多的是对丈夫生活上的照料。所以就情感交流这个层面，上天给金庸关上了一扇门，当然，也给他打开了一扇窗，这十五部小说成了他宣泄情感的通道与寄托精神的家园。笔者十分赞同著名的金庸研究学者刘国重先生的观点："《金庸作品集》中数百人物，每一人物说出的每一句每一字，合在一起，写出的是金庸的'心灵史'。""金庸的人生经历、情感经历，他的读史心得，他作为报人对于国内国际问题的观察与判断，都在小说中，留下印记。"

他在《倚天屠龙记》中写到殷素素在临终时，给儿子传授自己的人生经验，说道："孩儿，你长大了后，要提防女人骗你，越是好看的女人越会骗人。"他在《白马啸西风》里写到了李文秀，书中有这么一段话："如果你深深爱着的人，却深深爱上了别人，有什么法子？"对稍稍了解金庸家事的人，当读到这两段话，大都会理解他心中的悲哀与无奈。金庸每每与人谈及发妻杜冶芬离他而去的事，眼中常会噙着泪花。

他在《倚天屠龙记》第三章当中，不吝笔墨地描写了一个对这部小说的铺陈展开作用不大、本可以略写的地方——庵东镇。因为这里是他母亲在1938年7月15日逃难到钱塘江对岸时的埋骨之地，金庸对此始终难以忘怀。在1981年回大陆与众兄妹会面时，金庸由其大妹陪同，还专程到了庵东镇，当时的金庸在那里凭吊着自己母亲，拈香跪拜，伏地不起。

他在《侠客行》里写石清在庙中向佛像祷祝时，是这样叙说的："（他）心中突然涌起感激之情：'这孩儿虽然不肖，胡作非为，其实我爱他胜过自己性命。若有人要伤害于他，我宁可性命不在，也要护他周全。今日咱们父子团聚，老天菩萨，待我石清实在恩重。'双膝一屈，也磕下头去。"金庸在1975年《明报月刊》创办十周年时，引用了这段话，以此表示其创办刊物的初衷（做了一堵小小墙壁，保藏了一些中华文化中值得珍爱的东西）、决心（宁可性命不在，也要护他周全）。在1977年修订《侠客行》后记重校旧稿时，金庸又重新提及，当时"眼泪又滴湿了这段文字"。

而在《雪山飞狐》中，有两个人物形象是值得玩味的：一是胡斐，此乃金庸心中之大丈夫。金庸在这部小说的结尾，特意不安排一个确定的结局，而是意味深长地给读者留下了一个永远的悬念：胡斐的这一刀究竟劈下去了呢，还是没劈下去？二是商老太，这个人物其实更具有指向性。金庸为啥设计这么一个人物，他自己是这样说的："武侠小说中，反面人物被正面人物杀死，通常的处理方式是认为'该死'，不再多加理会。本书中写商老太这个人物，企图表示：反面人物被杀，他的亲人却不认为他该死，仍然崇拜他，深深地爱他，至死不减，至死不变，对他的死亡永远感到悲伤，对害死他的人永远强烈憎恨。"要知道写此书时，金庸的父亲尚未平反，从法律层面上讲，当时就是个"反面人物"。

读金庸的小说，人们只要稍微注意一下，还会发现他小说里所写主人公的父亲总是缺位的，这些小说都有一个共同的主题，就是寻找父亲：杨过在找父亲，乔峰在找父亲，段誉在找父亲，虚竹在找父亲，石破天在找父亲，张无忌没找父亲但他在找义父，他们都在找父亲！作者如此构思情节，如此表达主题，其实就是反映在金庸的内心深处，有缺失父亲而欲寻找父亲这样的一种心结，一种诉求！若不是因为自己父亲的缺位，作者是不会让这么多人去找自己的父亲的。

金庸行事低调，不事张扬，其小说虽早已成为大众心仪的读物，研究其小说已形成为一门专门的学问——金学，但他在许多场合仍旧在讲自己写武侠小说就是为扩大报纸的发行量,只是给人一种消遣、娱乐。写武侠小说扩大报纸的发行量,不假,但真的就是单纯地给人提供消遣、娱乐吗?其实,友人陶杰早就窥破了金庸真正的意图。陶杰在讨论金庸的小说创作时曾经说:"那个化名金庸的武侠小说家总试图夹带点私货,《碧血剑》最后附上袁崇焕的评传;对蒙古史感兴趣,《射雕英雄传》附录一并考证了成吉思汗家族;《鹿鼎记》一开始是想写成历史小说的,只不过后来'走样了'。"这就指出金庸所写的小说并不真的为了消遣、娱乐。金庸的说法,不过是一种谦辞,随便说说而已。关于金庸真实的写作意图,《金庸识小录》的作者严晓星先生就说得更为直接了:"他的小说大多是反映了对理想政治的追求,对政治异化人性的厌恶,对政治人物的批判,对政治现实的失望。"而北大的陈平原教授就干脆将金庸定位为"有政治抱负的小说家"。其实金庸在写《笑傲江湖》后记时,也曾泄露过自己的创作意图,他说:"这部小说通过书中一些人物,企图刻画中国三千多年来政治生活中的若干普遍现象。"总之,金庸在写这十五部武侠小说时是有诉求,是有"企图"的。所以严晓星先生才会带着点揶揄地口吻,去说那些不明就里的传记作者们"可惜多少庸碌的传记作者,还在卖力地喊他'金大侠'"。

  金庸小说具有独特的真实性与思想性,具有"历史的视野"与"饱经沧桑的家世感"。如何使读者能够真正地读懂金庸的这些作品,进而去解读金庸?其中一个重要的途径,就是要结合金庸积淀厚重的家族历史文化背景,联系金庸坎坷多舛的人生经历,以及由此形成的隐秘幽深的内心世界,进行一种"平行阅读"。这与目前的"金学"研究领域相似,近几年里,其研究呈现出一种徘徊不前的状况,少有突破性的成果,似乎进入了一个瓶颈期。如何去突破这种瓶颈,如何使金庸小说研究向更加纵深的空间去发展呢?其中一个有效的途径,就是要把金庸小说的研究置于一直在源源不断地为金庸创作小说提供养分的家族历史文化的丰腴的土壤里,结合作者的人生历程与内心世界,只有这样,才能实现金庸小说研究的突破,再创研究金庸小说的新高。而我们阅读金庸小说,也是同样,唯有如此才能真正读懂金庸的作品,才能真正读懂金庸。

金庸小说创作为何终于《鹿鼎记》

金庸写就十五部武侠小说后,为何金盆洗手退隐江湖了?论年龄,当时才四十八岁,精力充沛,正处创作的旺盛时期。对此,金庸自己是这样回答的:"关于武侠小说,我自己有个原则,希望不要重复:这样的性格的人写过,我希望不要写了,这样的一个故事写了,我希望不要重复。我一共写了十五部,很多事情都写过了,很多人物都写过了,再写下去就都重复了,读者就会觉得不好看,我自己也觉得不好看了,也可以这样说吧,已经是'江郎才尽'了。"照此说来,金庸真的是"江郎才尽"了?回答当然是否定的。

金庸最后一部小说《鹿鼎记》杀青于1972年9月22日。撰写这部小说时,金庸采用写历史小说的创作手法,别出心裁地引入几位自己十分崇敬的历史人物——顾炎武、黄宗羲、吕留良、查继佐,同时还有康熙、鳌拜、吴三桂等。他还一改常态,出人意料地塑造了一个具痞子个性的主人公——韦小宝;正是因为用了这么一种创新手法,已经熟悉金庸(前十四部)小说套路与口味的读者,对这样的构思与风格一时不能完全适应,由此还产生了一些异议。金庸的夫人朱玫听到后,就劝说丈夫不要再这样写下去了。平时很少动怒的金庸听罢,竟生气得拍起了桌子,朱玫被惊得目瞪口呆。倒是金庸的好友倪匡完全读懂了金庸的心思,他始终认为《鹿鼎记》在金庸的十五部小说中是要排第一位的。也就因为持有这样的观点,倪匡"和查生才聊得来"(倪匡语)。《鹿鼎记》的创作花了近三年时间,整部小说五十回,在后来的修订版上金庸为此还精心设计了五十个回目,全部采用了自己的先祖查慎行《敬业堂诗集》中的诗句,可见金庸对创作《鹿鼎记》用心之诚、用心之专。

金庸对《鹿鼎记》的构思与风格为啥与前十四部小说存有这么大的差距?有人曾问过金庸,他回答说:"是因为不想重复以前的小说,想要创新,所以故意让它和其他的作品差距大一点。""不想重复"确实是个原因,但此仅属表象,应该还有更深层次的原因,可是金庸没说。

回顾金庸创作武侠小说的历史,都知道当时国内一位知名作家姚雪垠正在创作一部巨著——历史小说《李自成》。1963年,《李自成》第一卷发行,随即引起了不小的轰动,大有一书难求、洛阳纸贵之势!其首发的爆炸力与影响力,一时难有别的小说能出其右。在不算太短的一段时间里,(能读到金庸小说的)读者将金庸的武侠小说与姚雪垠的历史小说作比较,大多觉得武侠小说似乎低了一个档次,认为其文化价值不如《李自成》。在当年,对这种历史小说受到读者偏爱与热捧的现象,金庸不会一点不知道。

与此同时,金庸的武侠小说自问世起,用"俗文学""通俗小说"为之定位定调的说法也一直没有停止过,持此观点者坚持认为金庸小说难登文学殿堂。对此金庸当然是不会接受的,他曾不止一次地做过回应:"俗文学也是文学。文学之雅或俗,只是欣赏者的范围较小或较大,并不表示何者较高,何者较低。雅文学中有极低品位者,如打油诗、堆砌性之辞赋;俗文学中有极高品位者,如《西游记》、宋词、元曲等。武侠小说的读者人数多,普及于各阶层,可以说是俗文学。但'纯文学'有好有坏,有些品位极为低劣。"直到2004年,金庸在厦门接受记者采访时，还在作解释："其实中国文学总是有这样过程的：起初通俗的东西，总有一些士大夫不习惯接受。比如唐诗，开始兴起的时候也不太被接受，后来考试要考诗了，唐诗地位才开始提高。宋词也一样，宋词本来是大家喝酒的时候由歌女拿来唱唱，但到了后期，宰相、皇帝都在写，地位就高了。小说《红楼梦》《水浒》《三国演义》在当时地位不高，是通俗作品，但到后来多数人都接受之后，相应的文学观念也会改变的。"金庸一面不遗余力地分辨着，相信他一面也在暗自思虑自己的创作也该做点创新，比如增加点历史小说的元素。

当然以上所述都属外因，虽然对金庸的创作也会产生影响，但还不能起决定作用。真正起决定作用的是来自金庸自身的因素。

金庸在创作这十五部武侠小说的过程中，即自1955年至1972年这十七年间，走过了一段漫长的心路。他起初写武侠，写的是胡家刀法、东邪西毒、百花错拳……当时的金庸，写得兴致勃勃，就像一个孩子，在光怪陆离的世界里忘情地玩耍。那时候，他相信人定胜天，相信"侠"能改变世界格局，浪漫主义、理想主义显然是那段时间的创作基调。但是到了后来，风云骤变，在他的笔下，渐渐多起来的是对人性的无奈，理想主义、浪漫主义开始显得苍白无力，什么降龙十八掌、凝血神爪，也都不再那么厉害神奇了！

到了1969年10月，他开始创作《鹿鼎记》，此时的金庸伫立在浪漫主义小径的尽头，看前方已无路可走了。其笔下的江湖，已被一个毫无武功的小痞子玩弄于股掌之间，众多的江湖侠客都成了愚蠢无能之辈，江湖的黑暗已到了极致，若再往下演变，就只能是虚无了。而此时，已有多年武侠小说创作经历并具有成熟历史观的金庸已不再相信"侠"真能解决什么现实问题，他已知道"侠"不能救赎世人，世人也根本不需要"侠"的救赎。加上对自己的小说创作上又"不想重复"，他已不可能再返身重新去写以前的那些热闹、乐天的东西，去写黄药师布下的二十八宿大阵了。于是，他卸剑解甲，转身去寻求与自己此时思想认识相吻合的创作构思，始有意别出心裁地在小说中引入许多位历史人物，由此使小说具有了一种"历史的视野"（冯其庸语），增添了历史的波澜，从而也产生了"一种饱经沧桑的家世感"（胡河清语）。使新创作的《鹿鼎记》显示出一种现实主义的倾向，呈现出迥异于前十四部小说的全新的风格，书中的主人公已不再是什么"英雄侠客"，书中的江湖武侠故事则被历史化，历史则被传奇化了。全书面目为之一新！

总之，金庸以创新的手法，潜心创作《鹿鼎记》，最终使之跳出了前十四部小说的窠臼，从而将其武侠小说的创作推向了一个新的高峰。

金庸封笔后曾说过："现在写小说已经没有动机了，以前是为了报纸销路，现在报纸也不办了，写小说是相当辛苦、相当痛苦的。"这里，金庸还是讲了个表象。他绝不是怕辛苦，他以创新的手法撰写《鹿鼎记》，以全新的构思与风格把武侠小说推到了天花板，筑起了一个连自己也一时无法逾越的高墙，使他不可能，至少在很长一段时间内再写出比《鹿鼎记》更好的作品来，此时，他已有点无路可走了。对金庸封笔的原因，著名学者陈墨先生从文化的角度也曾作过一个很好的解释："在他写最后一部小说《鹿鼎记》时，他对整个武侠世界进行了调侃与反思，而在调侃与反思的过程中，呈现出一种文化的真相。这时武侠对他已经不是第一位了，文化才是第一位，所以到这个时候，他不再写武侠小说了。"

到了这个时间节点，个性追求卓越、追求完美又不甘寂寞的金庸于鸣金收兵后，则以华丽的转身置身于学界，始热衷于学子（读博）、学者（当教授）的营生，由此再一次引起了众人的热议与喝彩，形成了新的一波"金庸热"。当然这些都是后话了。

刘国重《金庸评传》读后

前不久，笔者结合金庸生平以及金庸家族背景写了《傅国涌的〈金庸传〉读后》，对傅国涌先生在《金庸传》部分章节中的相关论述作了一些订正。随后，又将此文转发给了刘国重老师，试与其讨论交流，并企望得其指正。谁知此举动引起了刘老师的强烈反响，他要我照样给他也写一篇《刘国重的〈金庸评传〉读后》，说是为下一步将发行的大陆版《金庸评传》（现在的《金庸评传》是香港版的）所用。一开始，我还以为这是刘老师的一种客套，于是我也"客套"地回绝了。但接下来刘老师的反应，则明白无误地告诉我，刘老师是由衷的！他一而再、再而三地向我提出要求。面对这样一位在当下金庸研究领域大咖级的人物，竟屈尊"求教"于我这个连玩票也玩不像样的庸碌之辈，真有点受宠若惊！在此情形之下，除了遵命，还能有别的办法吗？

实话说来，刘老师的《金庸评传》是笔者案头常置之物，为寻求对金庸深入全面的了解，笔者拜读刘老师的《金庸评传》也不止一遍了。每每捧读大作总有一种强烈的感觉，作者在占有大量资料的基础上，采用以评为主，深入浅出，特别注重在人性把握上的探索与突破，其所著自有其高度与深度。书中高论屡见、金句迭出；古今中外之论据，信手拈来，深透精准之分析，鞭辟入里；作者更以其形散神不散的体例编排与别开生面的解读方式,让每一位读者,都获益匪浅,笔者便是其中的一位得益者。

《金庸评传》分为四册,其所评涵盖之时间,止于金庸十五部武侠小说最后一部《鹿鼎记》封笔的1972年。本文,笔者拟从相对熟悉的关于金庸生平及其家族背景方面着手,就《金庸评传》第一册中笔者以为有待商榷的地方,提出一点浅见,以与作者以及读者讨论之。拟作更改的条目如下:

3页:注释①:"我对自己2008年提出的金庸生于1923年的推断,已有十成把握。"建议:能否稍留点余地?不宜把话说得太死。

4页:"1935年,海宁始归嘉兴管辖"。应为:海宁于1932年6月6日起,由杭州改属嘉兴。

19页:"'良镛'是学名,金庸的乳名叫作'宜孙'。祖父查文清给取的,家里人叫他'宜官'。"应为:祖父给金庸取了学名(而不是乳名)。

20页:"查瑜和他长子查恕,皆为名医。"更正:当时的查瑜虽懂医,但最多算个乡下郎中,称不上名医;其子查恕给皇帝看过病,并治愈了,(此家谱上也有记载)这倒可以称为名医。

20页:"海宁查氏,到第三世,分为'南查''北查''小查'三支。"应为:海宁查氏到第三世,始分为"南支""北支""小支"三支。

20页:"查良镛(金庸)属'南查'。"更正:所谓"南查"是相对于"北查"而言的。"南查"为海宁查氏,相对的北查是指宛平查氏(明万历年间从江西临川迁入的)。南查、北查的共祖为华夏查氏统宗四十八世查道。"南查"与"南支"是两个不同的概念。从行文的意思上看,这里的"南查",应改为"南支"。

20页:"他解释说,他祖籍河南汝南郡,是后来迁徙到浙江海宁的。"更正:金庸当年在接受安徽电视台记者高健健采访时,曾说过这句话,这显然是受原先的海宁查姓来自河南汝南郡说法的影响,这种说法因缺少史实依据,早已不为学界与家族修谱时所采用。文徵公(金庸祖上)一支,直至其祖上,在从北方向南方迁徙过程中,从未定居过河南汝南郡,所以不存在"祖籍河南汝南郡"一说。

20页:"查慎行的族叔查继佐。"更正:查继佐(1601—1676),查慎行之父查崧继(1626—1678年),查继佐比查慎行父亲长25岁。

21页:"河洛,中原,在地理上是金庸的故乡。"更正:此话则是"祖籍河南汝南郡"的另一种说法,这是不准确的。

26-27页:"登进士第者三十人,举人一百有三人。"应为:举人一百有七人。

27页:"陈其元生于1812年,殁于1882年。"应为:陈其元生于1812年,殁于1881年。

28页:"从乾隆往前推溯二百五十年,陈家洛的祖先们,都还姓'高'呢?"更正:明洪武五年出生的第二世,已经姓陈了,叫陈荣。同时更正陈其元所言:"自有明中叶,由高氏而承陈姓。"由高氏而承陈姓,应该在元末明初之时。

30页:"当全盛时期,海宁查氏'一门七进士'。"更正:海宁查氏全盛时期在康熙一朝,时乃"一门十进士"矣。

31页:"查慎行是金庸的祖上,查慎行的堂姐妹查氏,是陈诜的正妻,陈世倌的母亲。"更正:从严格意义上说,不能将查慎行称为金庸的祖上,称"族祖"是可以的。陈诜正妻查氏(查继甲之女)为查慎行的堂姐(其子世仁生于1676年,查慎行是1650年生的,查慎行比陈世仁大16岁),是陈世倌的嫡母。

32页:"蒋百里的原配查品珍,是金庸的堂姑母。"更正:查品珍是海宁查氏的"济"字辈,要比"良"字辈的金庸高三辈,不能称"姑母"。

34页:"至康熙年间查慎行兄弟时,查家科甲继起,'一门七进士,叔侄五翰林'。"更正:关于"七进士、五翰林"在多种资料上确实是这么说的,但此说法是不准确的。因为说这句话有个前提,那就是指在康熙一朝。而康熙一朝,海宁查氏一门出了十位进士(查嗣韩、查昇、查嗣珣、查克建、查嗣瑮、查慎行、查洪、查嗣庭、查雲标、查祥)不是七位;当时在这十位进士中又有六位进士被钦点翰林(查嗣韩、查慎行、查嗣瑮、查嗣庭、查昇、查祥),而这六位翰林之间存有叔侄关系。

37页:"查氏的十二世祖查何,随汉武帝出征塞外,封济阳伯。"应为:查氏十二世祖查何,随公孙贺西征,汉武帝称之"守西河之国珍",封济阳伯。

38页:"查氏二十九世祖查柏任海陵太守,晋怀帝时避勒乱,由济阳迁丹阳,复迁九江。"应为:查氏二十九世祖查柏任海陵太守,擢安福殿侍中,三任后,封海陵子。晋怀帝时避石勒之乱,由涿鹿迁丹阳,复迁九江。

38页:"三十世祖查乂由九江迁济宁州。"应为:三十世祖查乂宏由九江迁济宁州。

38页:"三十七世祖查义祖为隋安阳令,由高邮迁安徽歙州。"应为:三十六世祖查义祖为隋安阳令,由高邮迁安徽歙州。

38页:"康熙皇帝在还没做皇帝的时候,为海宁查家题写了'唐宋以来巨族,江南有数人家'的对联。"更正:康熙为查家题联事,其实一直来存有两说。一说,此联由康熙所题;另一说此联为皇太子胤礽所题。但没有康熙在没做皇帝时为海宁查家题联一说。

39页："查元修的两个儿子查甄、查陶均走上科甲之道。"更正：查甄是查元修之子，查陶是查元规之子。查元规三十岁殁于王事，其子查陶自幼至婺源随叔祖父查文徵读书。

44页："查文清闲居故乡时，设立一座义庄。"更正：查文清没有设立过义庄，只是代管过义庄。海宁查氏义庄早在明万历三十八年（1610年）就已设立了。

45页："由此可知，查文清纳妾三四人。"更正：查文清原配陈氏，继室何氏，侧室黄氏（金庸父为黄氏所生），查文清正儿八经纳妾只有一人（黄氏）。

45页："金庸出生时，查家还拥有三千六百多亩地。这三千六百亩地……是查文清留给查枢卿三兄弟的共同财产。"更正：查文清留给三个儿子只有三百来亩土地，另三千多亩为查氏义田，当时只是由查文清，随后由金庸父亲代管，两者相加为三千六百多亩，而到抗战后只剩下二千多亩了。

47页："1981年，金庸确实回过大陆，这一年，他也去过丹阳？这种可能性，不能完全排除。"更正：1981年（5月1日）金庸不可能去丹阳，因为当时由接待方确定的行程表上没有丹阳这个地点，当时金庸是不可以擅自行动的，且当年金庸到内地的时间是在7月份。而1986年4月底5月初金庸确实在苏南一带，他先在六合（查良铿家）后去丹阳，最后到了苏州。

48页："后来又拿出310万元人民币给家乡嘉兴的一所中学盖了座图书馆。"更正：金庸为嘉兴高等专科学校（现为嘉兴学院）捐了三百万元港币以建造图书馆，另捐二十万元港币以购置图书。

51页："这下滑的主要责任，确在查老先生身上"。更正：金庸家的败落是在其祖父晚年，因当时自家的当铺（全家经济的主要来源）被托管人卷走财物后又被烧毁，随后查文清只得拿出家里的老底去赔付当物的当款,由此被掏空了家底。金庸其父经营不善虽也是个原因,但成不了主因。

55页:"查实有二子,查恒与查益。"更正:查实有四子:查恒、查益、查蒙、查巽。

58页:"金庸的父亲,用过四个名字:查枢卿、查树勋、查荷祥、查楙忠。其中,哪个是名,那个是字,还不清楚。"更正:查楙忠为谱名,查树勋为字,查枢卿为号,查荷祥为家名(小名)。

61页:"海宁查氏至第三世,分为南、北、小三支。金庸所属'南支',世居海宁。'北查',则于明中叶迁居北京、天津一带,经商为主,家资豪富,民间称为'阔查''查半城'。"更正:南查相对北查而言,南支相对北支而言,为两组不同的概念,其互不搭界。北查于明万历十八年(1590年)从江西临川举家北迁,落户于北京的宛平。康熙二十二年(1683年),北查的查日乾经人介绍,投身于津门大盐商张霖门下,自此逐步发展,最后成了长芦盐区的大盐商,又因经销盐而富甲天下。南查与北查之间自明末起一直有来往。北查因人口不多,故没有分支。而南查即海宁查氏,至第三世,则内分为南、北、小三个支,金庸家为"南支"。

67页:"徐禄在金庸十三岁时就去世了。"应为:徐禄在金庸十五(虚岁)时就去世了。徐禄去世的具体时间在1938年农历七月十五日。

70页:"可能还因为查家对徐志摩的'生活作风'一直看不惯。'司勋绮语焚难尽,仆射余情忏较多'的挽联是查家送的,反映了查枢卿在内的整个查氏家族的态度。"更正:此挽联是查猛济送的,送挽联一事跟金庸及金庸家没有关系,扯不到一块。查猛济与徐志摩是好友,交往甚密。查猛济的父亲查桐孙是徐志摩的家庭老师(塾师),查猛济则是徐志摩儿子徐积锴的家庭老师,两家可谓世交。与徐志摩三观相近的查猛济决计不会对徐志摩的"生活作风"提出任何异议的。当时，在送出挽联没几天，徐志摩下葬，查猛济又以"斜阳一角埋诗哲，红粉青山奔此才"句相送别。

75页："读《月云》，也能感觉出来，'男工万盛'，也是长期（而不是偶尔）接送金庸上学的。"更正：当年金庸在读初小时，长期接送金庸上学的人是后来成了他继母的顾秀英。

81页："徐禄在抗日战争时期去世，三年后，查枢卿娶顾秀英为妻。"更正：徐禄在1938年去世，两年后，即在1940年，查枢卿娶顾秀英为妻。

102页："幸好，网上老友填下乌贼，曾经当面询问金庸另一弟查良楠，得知金庸确是生于1923年3月22日。"建议：此段文字应是误传，可删去。笔者最近又面询了查良楠，他说从未讲过上面的话。

102页："查枢卿老先生，与原配徐禄女士，生有四子：良铿、良镛（金庸）、良浩、良钰。"应为：生有五子：良铿、良镛、良浩、良栋、良钰。

105页："这张毕业证，应该是经过金庸阅看、认可的。"笔者浅见：金庸没拿毕业证书，事先更不可能看过这张证书。

146页："祖父查文清有两个儿子，金庸的叔祖父去世很早。"应为：祖父查文清有三个儿子，金庸的叔祖父文荣去世很早。

215页："硖石还有一位比较著名的人物，就是章克标先生。"更正：说实在，在硖石，章克标无论如何称不上"著名的人物"（海宁的"著名人物"实在太多了，章无论怎么说，也都轮不上的）。章在改革开放后，只不过从一个反派人物（曾为汪伪政权服务）改变为一个（已经改造的）中间人物而已，在硖石要不是因为与金庸这层关系，章不会有后来的声誉。当然章因为百岁征婚，曾引起一阵热议，但这仅是一则社会新闻。

216页:"1992年12月3日,嘉兴一中九十校庆,同时'金庸图书馆'奠基,金庸听说章老师来了,赶忙赶到宾馆会客室迎接。"更正:①金庸图书馆建在嘉兴高等专科学校(现嘉兴学院)。②那天金庸见章克标是在海宁。

221页:"9月,嘉兴中学师生转移到二十里外的新塍镇。"应为:10月,嘉兴中学师生转移到二十里外的新塍镇。

221页:"11月5日,二十万日军在杭州湾登陆。"更正:话这样说不算错,但若将杭州湾改成金山卫,则更加精准了。

221页:"11月23日,海宁县城沦陷。"应为:12月23日,海宁县城(盐官)沦陷。

222页:"海宁查氏六十六支之第三支九世查尚贤。"更正:海宁查氏分支,只分南、北、小三支。所称"六十六支",实为六十六派。一般称谓,只需讲"海宁查氏南支九世查尚贤"即可。

228页:"1938年7月,七所省立中等学校组成浙江省立临时联合中学。"更正:成立时间应在1938年8月。

229页:"1992年12月,金庸重返母校,来到了张校长铜像前,深深地三鞠躬。"更正:1992年张印通校长的雕像尚未建成(建成于1995年)。金庸是在2003年10月第三次回母校时,到了张校长的雕像前,深深地鞠了三个躬。

233页:"《献给投考初中者》另外两位编者,后来是在上海交大读书。"更正:《献给投考初中者》另外两位编者,一位马胡蓥后来在上海交大读书,另一位张凤来后来在中央警官学校读书。

235页:"1939年上半年,金庸等三人编撰出版《献给投考初中者》一书。"更正:1939年12月,金庸等三人准备合编《献给投考初中者》,翌年5月,此书在丽水出版发行。

237页:"因这篇《漫游记》,金庸被联合高中开除了。"应为:

因这篇《漫游记》，金庸被联合高中劝退了。尽管金庸自己也说被开除，其实是劝退，倘若被开除的话，那就不能转学了。

257 页："金庸本人的四个妹妹查良琇、查良璇、查良琪、查良玟。"应为：金庸本人的四个妹妹查良琇、查良璇、查良敏、查良琪（金庸有个堂妹也叫查良敏）。

317 页："到了湘西，带的钱已经剩下不多了。好在有同学家在这里，可以借住。"更正：金庸到湘西，并非借住在同学家，而是住在同学哥哥办的农场里。

324 页："那个学校国民党控制很严，国民党特务学生把很多人看作'异党分子'，甚至还乱打人。我因为不满意这种状况，学校当局就勒令我退学。"笔者浅见：金庸把退学的原因说成如此，恐怕不真实。当时的金庸"是很个人主义化的，校中派系斗争很激烈，但却没有兴趣加入对抗校方的政治活动。我只是抱着现时西方学生的那种心态，希望多点个人发挥的自由。读书归读书，不要有太多的管束"（金庸语）。金庸既抱有这种态度，不加入对抗校方的政治活动，那怎么又被人看作异党分子呢？倒是他的好友余兆文所说的因为金庸他拒绝兵役而被劝退，这才是实情。（当然真相如何，还有待考证。）

345 页："因为钱穆先生说的是无锡方言，同学们都听不懂，而金庸是上海人，正好懂一些。"更正：此为作者笔误，把出生海宁的金庸说成是上海人了。

356 页："金庸的堂姑查品珍是蒋百里的原配妻子。"更正：查品珍高出金庸三辈，不能称姑母。

362 页："金庸第一次到湘西，傅国涌说他'在同学哥哥开办的私人农场一边干活，一边复习功课'"，严晓星则说金庸"受委托开办农场，经营得很成功"，稍加斟酌，便知严先生为说法更可信。笔者浅见，傅说比较符合实情。

367页："沈从文的湘西，金庸的民歌。"这一章显得有点单薄，建议再版时增加点新内容。

379页："当年年底，他可能回了一趟海宁老家，住了约半个月，旋即重回湘西。"笔者浅见：这一说法来自查良钰的回忆，笔者认为这种可能性不大（理由不展开了），良钰记忆可能有误。

382页："徐禄病逝于1938年，约三年后，查枢卿续娶顾秀英为妻。"更正：应是二年后续娶顾秀英。

384页："妹妹查良琇住杭州，查良璇住临安。"应为：妹妹查良琇住临安，查良璇住杭州。

386页："金庸的大妹查良琇曾对记者说……"更正：这段话（包括省略号部分）可能引自海宁的一位记者的文章，这中间所说好多地方都是那位记者编造出来的，比如讲金庸到临安去看望良琇等。建议删去整段话，以免以讹传讹。

以上更改之条目，虽计有六十余处，但细辨之，觉得都不是什么硬伤，大多属"微瑕"等级。盖存此状态，其实也无伤大雅；当然，倘能更正，则更助于深入解读金庸。

拉杂说来，笔者心里还是很明白的，以上所作的更改，其作用充其量也就是打打边鼓而已。这其实是刘老师给了个机会，让笔者偶尔显显寸之所长矣，而寸永远是胜不了尺的。

行文至此，笔者更多想到的是，本文这些所谓的更正，多少还是有点揭短的味道，这虽然不是什么上纲上线的，但对此，笔者心中还是惴惴不安的。然转念一想，如此而为那是遵刘老师所嘱，想到这一点，这罪业好像又轻了一点。对！是他要我揭他的短。嗨！持这种气度、格局的人已不大多见了。我在思忖着，像这样的人，假以时日，不让他成气候恐怕也难。

后记

金庸先生去世,并没有使金庸热降温,各种评价、论述的文章书籍依然不断出新,充斥于网络与书肆。这些居主流的评价、论述,持真知灼见,具真情实感,更有理论深度,从而对金庸研究起到积极的引领作用。然而也有一些文章或因基调把控失度,或因材料引用失实,有意无意对金庸先生作出过度的诠释与解读,或拔高或贬低,带偏了一部分读者。更有甚者,一些网络键盘手,更是别有用心炮制出所谓的告密说、入旗说、包衣说等,极尽肆意恶评竭力诋毁之能事,由此给读者也给金庸研究带来极坏的影响。

在解读、研究金庸空前活跃的当下,评价、论述之正反两方面论调时常鱼龙混杂,各种信息真真假假、虚虚实实搅成一团,充斥于坊间,甚至泛滥于学界,致金庸先生的真实身世云遮雾罩,也使得金庸研究的主流引领步履艰难。笔者见之,颇有五味杂陈之感,为此常暗自思忖:总不能任这些失真变相的论调甚至是奇谈怪论的说辞恣意传布,使金庸先生至正至大形象久处扑朔迷离而不能脱颖,最终使先生"侠之大者,为国为民"的崇高人文思想蒙尘。

发掘、整理金庸生平相关史料,是研究金庸的一项基础性工作。可能金庸先生一直认为自己的身世经历过于复杂,所以其生前鲜少披露，间或流露一二，也常是语焉不详，故使读者对之不甚明了。而在学界，对于金庸生平研究这一环节，长期以来也处相对薄弱的状态（这种薄弱状态并不体现在相关文章书籍的数量上，而主要体现在质量上），而金庸自身鲜少披露与学界对金庸生平研究相对薄弱又互为因果，这就造成了金庸研究至今依然存在一些误区甚至是盲区，使之成了不能向更高层次拓展的一个制约。同样，这也是当下存在各种乱象的一个重要原因。

基于此，笔者虽有点不自量力，但仍想凭着自身微弱的力量，对当下的状况作点敲击。试问：少数人如此而为，能挽狂澜于既倒乎？答曰：谈何容易！然，聊胜于无吧。多一个人讲述些纠错正本的话语；多一个人提供些拾遗补阙的史料，总比无所作为、听之任之要强吧。当然，笔者很明白，依照自身有限的能力，欲撰一大部头论著以张皇幽眇，实力所不逮，而即便有一大部头论著，恐一时也难改变现状。然凭着身为查氏后裔，借家族内部之便利，与金庸（的信息源头）有相对近距离的条件，则可趁此优势，针对性地写些真实而又人所未知的补遗、求证之类的文章；脚踏实地去寻找那些已越来越少的当事人、关联人，作些抢救性的发掘、采访以补苴罅漏，就这些方面，也许还是能发挥点小作用的。与此同时，当然更要做到对信息的采集与披露务求真实，对所写文章不刻意去追求理论有多深，不过分去讲求文笔有多美（本身也没有这个本事），而重在其史料价值。笔者相信，只要持之以恒，假以时日，集腋成裘，尽管最终还是不能够起到根本性的消除诸多乱象的作用，但至少也能吹进几缕新风，从而给那些满嘴跑火车的写手们降降温，给有些不辨真假、人云亦云的善良的金粉们醒醒脑。当然，更是想给那些多年来深耕金学研究领域而不辍，成就卓著的专家、学者们提供一些基础性的资料，哪怕就是一星半点的。

这几年来，笔者陆续写了三十来篇介绍金庸生平史实的小文章，除一小部分为议论文章，大多为叙事性的，这些文章散见于一些地方性的报纸杂志上。但由于这些小文章影响力本身就十分有限，且东鳞西爪呈散布状，犹如"月黑见渔灯，孤光一点萤"，所以很难发出多少声响。伸展五指，莫如紧握一拳，笔者现将这些小文章归集起来，再添上几篇近作而集为一册，以祈"微微风簇浪，散作满河星"，以此呈献给读者，冀能为再现真实的金庸，做一点点有用功。

当将这四十多篇文章归拢后，一时想不好该取个什么书名。为此请教了著名的金庸研究学者刘国重老师，刘老师瞧了我这个白头老翁一眼，不假思索即赐书名《闲坐说金庸》。斯名不错，"白头老翁在，闲坐说金庸"，此甚合我意，遂采用之，顺致谢意。

最后，还想再多说两句。本文辑四有些文章可能不大讨"金粉"所喜，有朋友曾好心劝我，不要去写这种文章，但我还是坚持写了一些。这为何呢？话得说回到早先，我看过金庸在《鹿鼎记》中评价其先祖查慎行的诗，说："清人王士禛、赵翼、纪晓岚等评他的诗与陆游并驾齐驱，互有短长，恐怕有点过誉了。"当时，我看了很不舒服。心想，人家（都是一言九鼎的文坛巨擘）都这么肯定，还要你轧在中间，去降调降格。在过了很长一段时间后，我慢慢明白金庸的用心了。所以在写这本书时，我也是学着金庸写金庸。当然写这些文章，还有一个原因，那就是这些都是真实发生过的。

2024年2月6日于嘉兴南湖畔之穆旦斋